빈도별
토픽

문법

새로 바뀐 토픽을 위한

빈도별 토픽

개정판 1쇄 인쇄   2014년 5월 7일
개정판 6쇄 발행   2023년 8월 31일

지 은 이   조윤경·김장식·양희진

펴 낸 이   박찬익
펴 낸 곳   ㈜박이정출판사
주   소   경기도 하남시 조정대로45 미사센텀비즈 8층 F827호
전   화   031)792-1195
팩   스   02)928-4683
홈페이지   www.pijbook.com
이 메 일   pijbook@naver.com
등   록   2014년 8월 22일 제2020-000029호

ISBN 978-89-6292-652-1(13710)
*책 값은 뒤표지에 있습니다.

개정판

새로 바뀐 토픽을 위한

빈도별
토픽

T O P I K

01 읽기　02 듣기　문법　03 쓰기

조윤경 | 김장식 | 양희진

(주)박이정

○ 머리말

『새로 바뀐 토픽을 위한 빈도별 토픽』은 토픽을 준비하는 외국인 학습자를 위한 책입니다. 기존의 『한 권으로 끝내는 빈도별 토픽』을 새로 바뀐 토픽의 유형에 맞게 수정 보완하였습니다.

이 책은 다른 한국어 문법서와는 달리 빈도별로 문법을 구성하였습니다. 그러므로 첫 페이지부터 차근차근 공부해 간다면 빈도가 높은 문법부터 공부하게 되는 것입니다.

많은 학습자들이 토픽을 공부할 때 여러 가지 어려움을 호소하고 있습니다. 특히 토픽에 자주 출제되는 문법이 어떤 것인지 그리고 토픽에서 접해 본 많은 문법들 중에서 어떤 것이 중요한 것인지를 잘 모르는 경우가 많습니다.

이러한 문제로 어려움을 겪고 있는 학습자들에게 이 책은 토픽 공부를 위해 알아야 할 빈도별 문법항목을 잘 알려줄 것입니다.

이 책에 대해서 좀 더 자세하게 말하자면

1) 이 책은 문법을 선정할 때 빈도별로 선정하고 배치하였습니다.
2) 문법 항목을 연습할 수 있는 연습문제도 충분히 배치하였습니다.
3) 문법 항목을 연습한 후에 토픽 실전문제를 충분히 풀 수 있도록 하였습니다.

끝으로 이 책이 나오기까지 많은 도움을 주신 선생님들과 학생들에게 감사드립니다. 그리고 저희 집필자의 의도를 잘 이해하고 아낌없는 지원을 해 주신 출판사 분들께도 감사의 말씀을 드립니다.

2014. 5. 개정판을 내면서 집필자 일동

○ 일러두기

(1) 문법 항목

각 장마다 문법 항목과 그 문법의 기능을 함께 제시했다

---

5. 연결표현

–았/었다가

의미

① 앞 문장의 일이 끝난 다음에 반대되는 일이 올 때 사용한다.

▪ 가 : 방 안의 공기가 안 좋은 것 같아요. 추워도 잠시 창문을 열**었다가** 닫아요.
　나 : 네, 알겠어요.

② 어떤 일을 계속 하면서 다른 일을 할 때 사용한다.

▪ 가 : 어제 도서관에 **갔다가** 스티브 씨를 만났어요.
　나 : 클럽이 아니라 도서관에서 스티브 씨를 만나다니 놀랍네요.

예문

(1) 잠시 10분만 **쉬었다가** 다시 시작합시다.
(2) 친구하고 남포동에 **갔다가** 영화배우 장동건 씨를 봤어요.
(3) 학교에 **갔다가** 머리가 아파서 다시 집으로 돌아왔어요.
(4) 가 : 왜 그렇게 정신없이 옷을 입**었다가** 벗**었다가** 하는 거니?
　나 : 옷을 입으면 덥고, 벗으면 추워서 그래요.
(5) 가 : 제시카 씨, 어제 하나 씨와 쇼핑은 잘 하셨어요?
　나 : 네, 옷을 사러 백화점에 **갔다가** 이 구두도 샀어요.

자세히 알아봅시다

–았/었다가	동사	형용사	명사+이다
	가다 → **갔다가**	크다 → **컸다가**	학교 → 학교**였다가**
	먹다 → **먹었다가**	많다 → **많았다가**	집 → 집**이었다가**

1 '-았/었다가'가 ①의 뜻일 때에는 앞 문장의 동사와 뒤 문장의 동사가 반대로 온다.

　예 잠이 오면 앉**았다가** 일어나는 것도 좋아요.
　방 안의 공기가 안 좋으니까 문을 열**었다가** 닫읍시다.
　신발을 신**었다가** 작아서 다시 벗었다.

　☞ 이때 앞 문장의 주어와 뒤 문장의 주어는 같아야 한다.

　예 (나는) 옷을 입었다가 (나는) 옷을 벗었어요. (○)
　(나는) 옷을 입었다가 명수 씨는 옷을 벗었어요. (×)

2 '-았/었다가'가 ②의 뜻일 때에는 보통 '가다, 오다, 타다'와 같은 동사와 같이 사용된다.

　예 이번에 여행을 **갔다가** 가방을 잃어버려서 고생했어요.
　백화점에 옷을 사러 **갔다가** 구두도 샀어요.
　약속 시간에 늦을까 봐 택시를 **탔다가** 길이 많이 막혀서 제시간에 못 갔어요.

31

---

(2) 의미 설명 및 예문

문법에 대한 의미 설명과 함께 문법의 의미를 잘 이해할 수 있도록 대표 예문을 제시했다.

또한, 두 개의 의미가 있을 경우, ①, ②로 나누어 각각의 의미를 설명했으며, 그 의미에 대한 대표 예문도 제시했다.

또한, 대표 예문을 제외한 다섯 개의 예문을 제시하여 학습자들이 예문을 통해 문법의 의미를 확실하게 이해할 수 있도록 하였다.

(3) 자세히 알아봅시다!

'자세히 알아봅시다!'에서는 문법 항목에 대한 형태 변화와 주의해야 할 점들을 제시하였다. 주의해야 할 점에서는 문법의 제약과 바꾸어 사용할 수 있는 문법 등을 예문과 함께 제시하여 학습자들이 잘 이해할 수 있도록 하였다.

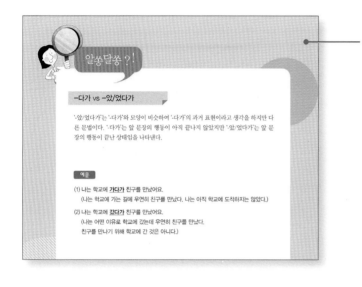

(4) 알쏭달쏭

　'알쏭달쏭'에서는 형태나 의미가 비슷한 문법들을 비교하여 그 쓰임과 의미 차이를 구별할 수 있도록 하였다. 학습자들이 보다 쉽게 이해할 수 있도록 표를 넣었고, 예문과 함께 예문에 대한 설명도 함께 제시하였다.

(5) 연습문제

　학습자들이 연습문제를 통해 각 문법 항목들을 잘 이해했는지 스스로 연습할 수 있도록 하였다.

(6) 실전문제

　'TOPIK 실전 문제'에서는 학습자들이 TOPIK 시험에 대비할 수 있도록 실제 각 문법 항목들을 TOPIK에서 출제되는 문제 유형대로 문제를 제시하였다.

⚬ 차례

 PART 3

이것도 알면 고득점 (저빈도)

PART

1

이거 **모르면** 떨어진다.
(최다빈도)

1. 간접화법

의미

보고 들은 것을 다른 사람에게 말할 때 사용한다.

■ 가 : 오늘 스티브가 왜 학교에 안 왔는지 알아요?

　나 : 오늘 아침에 저한테 아프**다고 했어요.**

자신이 한 말을 확인하거나 다시 말할 때 사용한다.

■ 가 : 오늘 무슨 요일이죠?

　나 : 네? 뭐라고요?

　가 : 오늘이 무슨 요일이**냐고** 물었어요.

예문

(1) 히로미 : "나는 오늘 친구를 만났어요."

　→ 히로미 씨가 오늘 친구를 만**났다고 했어요.**

(2) 스티브 : "나는 미국사람이에요"

　→ 스티브 씨가 미국사람**이라고** 말했어요.

(3) 탕홍 : "히로미 씨, 공부하세요."

　→ 탕홍 씨가 히로미 씨에게 공부하**라고 했어요.**

(4) 민호 : "히로미 씨, 운전 중에 전화하지 마세요."

　→ 민호 씨가 히로미 씨에게 운전 중에 전화하지 말**라고 했어요.**

(5) 제시카 : "히로미 씨, 우리 등산갈까요?"

　→ 제시카 씨가 히로미 씨에게 등산가**자고 했어요.**

(6) 왕홍 : "히로미 씨, 시간이 없으니까 오늘 공원에 가지 맙시다."

　→ 왕홍 씨가 히로미 씨에게 시간이 없으니까 오늘 공원에 가지 말**자고 했어요.**

자세히 알아 봅시다

◎ 평서문

	동사	형용사	명사 + 이다
과거	가다 → 갔**다고 하다**	예쁘다 → 예**뻤다고 하다**	학교**였다고 하다**
	먹다 → 먹**었다고 하다**	작다 → 작**았다고 하다**	학생**이었다고 하다**
현재	가다 → **간다고 하다**	예쁘다 → 예쁘**다고 하다**	학교**라고 하다**
	먹다 → 먹**는다고 하다**	작다 → 작**다고 하다**	학생**이라고 하다**
미래	가다 → **갈 거라고 하다**	예쁘다 → 예**쁠 거라고 하다**	학교**일 거라고 하다**
	먹다 → 먹**을 거라고 하다**	작다 → 작**을 거라고 하다**	학생**일 거라고 하다**

☞ ・짧은 형태로 '–대요'가 있다.

　・간다고 했어요 = 간대요

　・먹는다고 했어요 = 먹는대요

◎ 의문문

	동사	형용사	명사 + 이다
과거	갔(느)**냐고 하다**	예**뻤냐고 하다**	학교**였냐고 하다**
	먹었(느)**냐고하다**	작**았냐고 하다**	학생**이었냐고 하다**
현재	가(느)**냐고 하다**	예쁘**냐고 하다**	학교**냐고 하다**
	먹(느)**냐고 하다**	작**냐고 하다**	학생**이냐고 하다**
미래	갈 거**냐고 하다**	*	*
	먹을 거**냐고 하다**	*	*

☞ • 짧은 형태로 '-내요'가 있다
   • 가냐고 했어요 = 가내요
   • 먹냐고 했어요 = 먹내요

◎ 명령문

	긍정	부정
가다	가**라고 하다**	가지 말**라고 하다**
먹다	먹**으라고 하다**	먹지 말**라고 하다**

☞ • 짧은 형태로 '-래요'가 있다
   • 가라고 했어요 = 가래요
   • 먹으라고 했어요 = 먹으래요

◎ 청유문

	긍정	부정
가다	가**자고 하다**	가지 말**자고 하다**
먹다	먹**자고 하다**	먹지 말**자고 하다**

☞ • 짧은 형태로 '-재요'가 있다.
   • 가자고 했어요 = 가재요
   • 먹자고 했어요 = 먹재요

✿ '주다'의 간접화법

(1) 히로미 : (나에게) 펜을 주세요.
→ 히로미가 펜을 <u>달라고 했어요.</u>

(2) 히로미 : 명수 씨에게 책을 주세요.
→ 히로미가 명수 씨에게 책을 <u>주라고 했어요.</u>

13

연습문제 exercise

01 보기 와 같이 간접화법으로 만들어 보십시오.

> 보기 **스티브** 나는 한 시간 전에 숙제를 다 했어.
> → 스티브 씨는 한 시간 전에 숙제를 다 했다고 합니다.

(1) 히로미 : 내년에 캐나다에 여행을 할 거예요.

→ _____.

(2) 히로미 : 수영아, 내일 같이 영화를 보자.

→ _____.

(3) 히로미 : 나는 여자들에게 인기가 많아.

→ _____.

(4) 히로미 : 수영 씨, 언제 학교에 갈 거예요?

→ _____.

(5) 히로미 : 나는 영어 선생님이에요.

→ _____.

02 다음 글을 읽고 틀린 부분이 있으면 바르게 고쳐 보십시오.

> 동생이 어제 나에게 여행을 ①가자고 했다. 언제 ②갈 거라고 물었더니 동생은 언니가 가고 싶을 때 아무 때나 ③가자고 했다. 동생이 나에게 여행 장소와 날짜를 ④결정하라고 했다. 나는 이번 주말이 ⑤좋겠냐고 말했다.

① ○ × _____

② ○ × _____

③ ○ × _____

④ ○ × _____

⑤ ○ × _____

TOPIK 실전문제 actual test

01~03 다음 (   )에 알맞은 말을 고르십시오.

01

> 가 : 명수 씨가 여자들에게 인기가 많은 것 같아요.
> 나 : 네, 맞아요. 명수 씨 룸메이트가 그러는데 매일 여자와 (   )

① 전화를 한다고 해요　　　　　　② 전화를 하냐고 해요.
③ 전화를 하라고 해요　　　　　　④ 전화를 하자고 해요.

02

> 가 : 약속 시간이 다 되었는데 명수는 왜 이렇게 안 오지?
> 나 : 문자 못 받았어? 차가 너무 막혀서 10분만 (   ) 하던데.

① 기다린다고　　　　　　　　　② 기다리자고
③ 기다려 준다고　　　　　　　　④ 기다려 달라고

03

> 가 : 오늘 어디에서 만나기로 했지요?
> 나 : 히로미 씨가 부산역에서 같이 만나서 (   ).

① 가재요　　　　　　　　　　　② 가내요
③ 간대요　　　　　　　　　　　④ 가래요

2. 사동

의미

다른 사람에게 어떤 행동을 하게 하는 것을 나타낸다.

- 가 : 아기가 울어요. 배가 고픈가 봐요.

  나 : 옆에 우유 있지? 그 우유를 **먹여** 봐.

예문

(1) 여자 친구의 사진을 좀 **보여** 주세요.

(2) 형이 동생을 **울렸어요**.

(3) 가 : 죄송하지만 지하철역까지 **태워** 주시겠어요?

  나 : 타세요. 저도 그쪽으로 가는 길이에요.

(4) 가 : 요즘 아이가 공부에 관심이 없나 봐요.

  나 : 아이가 공부에 관심이 없다면 재미있는 책을 **읽혀** 보는 것도 좋은 방법이에요.

(5) 가 : 지금 나가는데 혹시 부탁이 있어요?

  나 : 그래요? 그러면 이 양복을 세탁소에 **맡겨** 주세요.

자세히 알아 봅시다

◎ 자주 나오는 사동사

-이-	-히-	-리-	-기-	-우-	-구-	-추-
보**이**다	눕**히**다	들**리**다	맡**기**다	세**우**다	일**구**다	맞**추**다
먹**이**다	접**히**다	날**리**다	굶**기**다	깨**우**다	돋**구**다	낮**추**다
죽**이**다	입**히**다	돌**리**다	옮**기**다	태**우**다		
녹**이**다	읽**히**다	울**리**다	숨**기**다	재**우**다		
끓**이**다	앉**히**다	살**리**다	씻**기**다			
	더럽**히**다		웃**기**다			

1️⃣ 사동으로 문장을 만들 때는 아래와 같이 만든다.

> **자동사(웃다, 깨다) · 형용사**

  예 지희 씨**가** 웃어요. → 히로미 씨**가** 지희 씨**를** 웃겼어요.

  방**이** 더러워요. → 아이들**이** 방**을** 더럽혔어요.

> **타동사(보다, 읽다, 듣다)**

  예 히로미 씨**가** 사진**을** 봐요. → 지희 씨**가** 히로미 씨**에게** 사진을 보여줬어요.

  히로미 씨**가** 책**을** 읽어요. → 지희 씨**가** 히로미 씨**에게** 책을 읽혔어요.

2️⃣ 사동사는 '-게 하다'를 붙여서도 만들 수 있다. '-게 하다'는 모든 동사에 사용되고 주어가 직접 다른 사람에게 어떤 행동을 하는 것이 아니라 그 행동을 하도록 시킨다.

  예 엄마는 아이를 씻겼어요. (엄마가 직접 씻긴다는 의미)

  엄마는 아이를 씻게 했어요. (엄마가 아이에게 말이나 몸짓으로 '씻어라'고 하는 의미)

연습문제 e x e r c i s e

01 다음 괄호 안의 단어 중 맞는 것을 고르십시오.

(1) 엄마는 아침 마다 7시에 나를 (깨웁니다, 깹니다).

(2) 이 바지는 남자아이에게 (입히세요, 입어요).

(3) 아이들에게 동화책을 많이 (읽는, 읽히는) 것이 좋아요.

02 다음 빈칸에 알맞은 조사를 써 보십시오.

(1) 바지가 너무 길어서 길이 _____ 좀 줄이고 싶어요.

(2) 친구가 팔을 다쳐서 머리 _____ 감겨 주었어요.

(3) 엄마가 동생에게 _____ 책 _____ 읽혔어요.

(4) 지희가 고양이 _____ 밥 _____ 먹이고 있어요.

(5) 가 : 오늘 날씨가 쌀쌀해요.

　　나 : 아이들 _____ 두꺼운 옷 _____ 입히세요.

(6) 가 : 부탁이 있어요.

　　나 : 이 양복 _____ 세탁소에 맡겨 주세요.

03 사동사를 이용하여 다음 대화를 만들어 보십시오.

(1) 가 : 저 개그맨 너무 _____ 않니? (웃다)

　　나 : 응. 요즘 저 사람이 제일 재미있는 것 같아.

(2) 가 : 무슨 일이 있어요? 표정이 안 좋아요.

　　나 : 편지를 썼는데 우표를 안 _____ 우체통에 넣어 버렸어요. (붙다)

(3) 가 : 여보세요. 거기 수리점이지요? 오늘 시계를 _____ 언제까지 고칠 수 있어요? (맡다)

　　나 : 내일까지 고칠 수 있어요.

3. 피동

주어의 희망이나 의지가 아니고 다른 일이나 사람 때문에 상황이 바뀔 때 사용한다.

- 가 : 요즘 장사가 잘 돼요?
  나 : 물론이에요. 오늘도 옷이 벌써 다 **팔렸어요.**

예문

(1) 그 살인 사건의 범인이 어젯밤 경찰한테 **잡혔대요.**

(2) 아이가 엄마 품에 **안겨서** 자고 있어요.

(3) 바람이 세게 불어서 문이 저절로 **열렸어요.**

(4) 가 : 밤새 눈이 많이 왔나 봐요.
   나 : 그러네요. 밤새 눈이 많이 **쌓였어요.**

(5) 가 : 벽에 **걸린** 저 그림은 뭐예요?
   나 : 저 그림이요? 어머니께서 취미로 그리신 거예요.

자세히
알아
봅시다

◎ 자주 나오는 사동사

-이-	-기-	-히-	-리-
보**이**다	안**기**다	먹**히**다	팔**리**다
쓰**이**다	씻**기**다	읽**히**다	몰**리**다
놓**이**다	감**기**다	잡**히**다	밀**리**다
쌓**이**다	찢**기**다	밟**히**다	풀**리**다
섞**이**다	쫓**기**다	접**히**다	열**리**다
깎**이**다	*	업**히**다	걸**리**다
바**뀌**다	*	*	들**리**다

1️⃣ 동사를 피동사로 바꿀 때는 앞의 조사가 바뀐다.

예 나는 방에서 바다**를** 봐요. → 방에서 바다**가** 보여요.
   옆집에서 싸우는 소리**를** 들었어요. → 옆집에서 싸우는 소리**가** 들렸어요.

2️⃣ '읽히다, 보이다, 날리다'는 사동과 피동의 형태가 같다. 조사를 보고 알 수 있다.

예 내용이 쉬워서 이 책**이** 잘 읽힙니다. (피동)
   선생님**이** 학생**에게** 책**을** 읽힙니다. (사동)

3️⃣ 피동사가 없는 동사들은 '-게 되다', '-아/어지다'를 사용하여 피동의 의미를 나타낸다.

예 아버지 회사 때문에 부산으로 가**게 되었어요.**
   이 배는 100년 전에 **만들어졌어요.**

01 다음 괄호 안에 단어 중 맞는 것을 고르십시오.

(1) 책상 위에 꽃병이 (놓여, 놓아) 있다.

(2) 바람 때문에 문이 저절로 (열려요, 열어요).

(3) 밤새 눈이 많이 와서 허리까지(쌓았어요, 쌓였어요).

(4) 내가 사려고 한 옷이 벌써 다 (팔렸다, 팔았다).

02 다음 빈칸에 알맞은 조사를 써 보십시오.

(1) 히로미 씨가 문 _____ 열어요. → 문 _____ 열려요.

(2) 경찰 _____ 도둑 _____ 잡았어요. → 도둑 _____ 경찰 _____ 잡혔어요.

(3) 고양이 _____ 쥐 _____ 쫓고 있어요. → 쥐 _____ 고양이 _____ 쫓기고 있어요.

(4) 시끄러운 음악 _____ 들어요. → 시끄러운 음악 _____ 들려요.

(5) 문 _____ 잠갔어요. → 문 _____ 잠겼어요.

03 다음 그림을 보고 보기 와 같이 피동 문장으로 대화를 만들어 보십시오.

보기

가 : 신발이 왜 그렇게 더러워요?

나 : 아침에 버스에서 발을 밟혔어요.

(1)

가 : 무슨 일 있어요? 얼굴이 안 좋아 보여요.

나 : 어제 옆집에서 음악 소리가 크게 _____ 잠을 못 잤거든요.

(2)

가 : 왜 저 창문이 _____ 있어요?

나 : 모르겠어요. 집에 오니까 _____ 있었어요.

01~03 다음 밑줄 친 부분이 맞는 것을 고르십시오.

01 ① 제 방에서 바다가 <u>봅니다.</u>
② 아빠는 6시에 동생을 <u>깨웁니다.</u>
③ 이 치마를 여자 아이에게 <u>입어요.</u>
④ 아이들에게는 동화책을 많이 <u>읽는</u> 것이 좋아요.

02 ① 현관문이 저절로 <u>열어요.</u>
② 좋은 옷이 벌써 다 <u>팔았다.</u>
③ 책상 위에 꽃병이 <u>놓아</u> 있다.
④ 눈이 많이 <u>쌓여서</u> 너무 예뻐요.

03 ① 학생 여러분께 <u>알아</u> 드립니다.
② 다친 사람을 <u>업어서</u> 병원에 갔어요.
③ 지갑 같은 중요한 물건은 저에게 <u>맡으세요.</u>
④ 미안하지만 저 대신 이 모자를 <u>걸려</u> 주세요.

4. 높임

의미 다른 사람을 높여서 말할 때 사용한다.

- 가 : 엄마, 할아버지**께서** 어디 가**셨**는지 아**세**요?
  나 : 글쎄, 잘 모르겠는데 방에 안 **계시니**?

예문

(1) 아버지**께서**는 무역회사에 **다니십니다.**

(2) 선생님, 이 음식 좀 **잡숴** 보세요.

(3) 하나 씨가 할아버지**께 생신** 선물로 장갑을 **드렸습니다.**

(4) 가 : 김 부장님 자리에 **계십니까**?
  나 : 지금 잠시 외출 중**이십니다.**

(5) 가 : 명수야, 주말에 뭐 했어?
  나 : 오랜만에 할머니를 **모시고** 바다에 갔다 왔어.

① 형태가 바뀌지 않는 동사나 형용사에는 '−(으)시−'를 사용하여 높임을 나타낸다.

과거	현재	미래
가다 → 가**셨**어요	가다 → 가**세**요, 가**셔**요	가다 → 가**실** 거예요
많다 → 많**으셨**어요	많다 → 많**으세**요, 많**으셔**요	좋다 → 좋**으실** 거예요

② 다음의 단어들은 높임 표현을 사용할 때 형태가 달라진다.

자다 → **주무시다**	주다 → **드리다**	먹다 → **드시다 / 잡수시다**
말하다 → **말씀하시다**	만나다 → **뵈다 / 뵙다**	죽다 → **돌아가시다**
묻다 → **여쭈다 / 여쭙다**	데리고 가다/오다 → **모시고 가다 / 오다**	
있다 → **계시다**	아프다 → **편찮으시다**	
집 → **댁**	말 → **말씀**	집 → **댁**
이름 → **성함**	밥 → **진지**	이/가 → **께서**
생일 → **생신**	나이 → **연세**	에게/에게서 → **께**
아내 → **부인**	(이) 사람, (한) 명 → (이) **분**, (한) **분**	

☞ '뵈다'는 '-아/어요', '-(으)려면', '-(으)면'과 같은 표현과 같이 사용할 수 있지만 '-겠습니다', '-고' 등과 같은 표현은 같이 사용할 수 없다. 그때는 '뵙다'를 사용하면 된다.

예 내일 **뵙겠습니다.** (○)　　내일 **뵈겠습니다.** (×)

　　내일 **뵙어요.**　(×)　　내일 **뵈어요.**　　(○)

☞ '여쭙다'는 '-아/어요', '-(으)려면', '-(으)면'과 같은 표현과 같이 사용할 수 없다.

예 우리들은 어려운 문제가 있으면 선생님을 찾아뵙고 **여쭙어요.** (×)

　　우리들은 어려운 문제가 있으면 선생님을 찾아뵙고 **여쭈어요.** (○)

　　하지만, '여쭈다'는 '-고자', '-고' 등과 같은 표현과도 같이 사용할 수 있다.

예 할아버지께 새해 인사를 **여쭙고자** 찾아왔습니다. (○)

　　할아버지께 새해 인사를 **여쭈고자** 찾아왔습니다. (○)

	-아/어요	-(으)려면	-(으)면	-고	-겠다
뵈다	○	○	○	X	X
뵙다	X	X	X	○	○
여쭈다	○	○	○	○	○
여쭙다	X	X	X	○	○

☞ '드리다'는 나이가 어린 사람이 나이가 많은 사람에게 줄 때 사용한다.

예 **동생이** 아버지 생신 때 선물을 **드렸다.**

　　할아버지께서 동생 생일 때 선물을 **드렸다.** (×)

　　→ **할아버지께서** 동생 생일 때 선물을 **주셨다.** (○)

③ 높여야 하는 대상이 가지고 있는 물건도 높임을 사용한다.

예 우리 할아버지께서는 **수염이 많으십니다.**

　　('수염'을 높이는 것 같지만 실제로 높이는 대상이 '할아버지'이다. 그래서 '할아버지'를 간접적으로 높여서 '많으시다'라고 한다.)

☞ 이렇게 간접적으로 높일 때는 '있다'를 '계시다'가 아니라 '있으시다'라고 해야 한다.

예 지금부터 사장님의 말씀이 <u>계시겠습니다.</u> (×)

　　지금부터 사장님의 말씀이 <u>있으시겠습니다.</u> (○)

01 다음 그림은 명수 씨의 가족사진입니다. 그림을 보고 상황을 친구에게 이야기해 보십시오.

며칠 전에 동생에게 편지와 사진을 받았습니다. 사진 안에는 오랜만에 보는 가족들의 모습이 있었습니다. 동생은 그림을 그리고 있고, 어머니 _____

_____

_____

_____

_____

_____

02 다음 문장 중 맞으면 O, 틀리면 X를 하고 바르게 고치십시오.

(1) 사장님의 말씀이 계시겠습니다.　　　　　　　□ O　　□ X

(2) 오랜만에 할머니를 데리고 경복궁에 갔어요.　　□ O　　□ X

(3) 이 시계는 아버지께서 생일 선물로 드린 거예요.　□ O　　□ X

(4) 선생님 미리 연락을 드리지 못해서 죄송합니다.　□ O　　□ X

(5) 아버지께서는 어렸을 때 돈이 많으셨대요.　　　□ O　　□ X

01~02 다음 (   )에 알맞은 말을 고르십시오.

01

> 가 : 선생님, 다음 주쯤에 찾아 (   ) 하는데 언제쯤 시간이 괜찮으신지요?
> 나 : 다음 주에는 언제든지 괜찮아.

① 뵈고자   ② 뵙고자
③ 보시고자   ④ 보고자

02

> 가 : 명수야, 선생님께서 오늘 사무실로 (   ).
> 나 : 몇 시까지 가야하는데?

① 오시라고 했어   ② 오라고 했어
③ 오시라고 하셨어   ④ 오라고 하셨어

03~04 다음 밑줄 친 부분이 맞는 것을 고르십시오.

03 ① 아버지께서 생일 선물로 <u>드린</u> 지갑이에요.
    ② 방학 때 부모님을 <u>모시고</u> 제주도에 가려고 해요.
    ③ 할머니께서 형한테 <u>여쭐</u> 말이 있다고 찾으셨어요.
    ④ 선배는 모르는 문제가 있으면 언제든지 <u>도와 드린다고</u> 했다.

04 ① 선생님께서 나에게 선물을 <u>드렸어요</u>.
    ② 요즘 할아버지께서 많이 <u>아프십니다</u>.
    ③ 할아버지께서는 아마 집에 <u>계실 거예요</u>.
    ④ 입맛이 없으신지 제대로 못 <u>먹으시는 것</u> 같아요.

–아/어도

의미 앞의 행동이나 상태와 관계없이 어떤 행동이 나타나거나 반대의 결과가 올 때 사용한다.

- 가 : 왕홍 씨는 열심히 공부**해도** 성적이 오르지 않는 거 같아요.
  나 : 그러게요. 왕홍 씨도 많이 속상하겠어요.

예문
(1) 아무리 어려운 문제**라도** 끝까지 풀어 보세요.
(2) 스티브 씨는 아무리 화가 나는 일이 있**어도** 웃어요.
(3) 제시카 씨는 밥을 많이 먹**어도** 살이 찌지 않아서 부러워요.
(4) 가 : 명수 씨 집은 학교에서 많이 멀어요?
  나 : 아니요, 아무리 차가 막**혀도** 15분밖에 안 걸려요.
(5) 가 : 탕홍 씨, 운동은 잘 하고 있어요?
  나 : 네, 매일 운동을 **해도** 살이 빠지지 않아요.

자세히
알아
봅시다

	동사	형용사	명사+이다
과거	가다 → 갔**어도**	크다 → 컸**어도**	학교 → 학교**였어도**
	먹다 → 먹**었어도**	작다 → 작**았어도**	집 → 집**이었어도**
현재	가다 → 가**도**	크다 → 커**도**	학교 → 학교**여도** / 학교**라도**
	먹다 → 먹**어도**	작다 → 작**아도**	집 → 집**이어도** / 집**이라도**

1 '–아/어도'는 '–(느)ㄴ다고 해도', '–(느)ㄴ다고 하더라도', '–더라도'와 바꿔 사용할 수 있다.

  예 문제가 어려**워도** 끝까지 풀어 보시기 바랍니다.
    = 문제가 어렵**다고 해도** 끝까지 풀어 보시기 바랍니다.
    = 문제가 어렵**다고 하더라도** 끝까지 풀어 보시기 바랍니다.
    = 문제가 어렵**더라도** 끝까지 풀어 보시기 바랍니다.

2 '–아/어도'는 '비록', '아무리' 등과 같이 사용하여 그 뜻을 강조하기도 한다.

  예 이번 모임은 중요하니까 **아무리** 바빠도 꼭 참석해 주시기 바랍니다.
    비록 외국에 있어도 메일이라도 보내도록 하세요.

③ '-아/어도' 뒤에 '좋다, 괜찮다, 되다'와 같은 말이 오면 '허락'의 뜻을 나타낸다.

  예 가 : 수업 시간에 중국어로 이야기**해도 돼요?**

  나 : 네, 수업 시간에 중국어로 이야기**해도 괜찮아요**.

④ 명사의 현재를 나타낼 때 '-여/이어도'를 '-(이)라도'로 바꿔 사용할 수 있다.

  예 어려운 문제**여도** 끝까지 풀어보시기 바랍니다.

  = 어려운 문제**라도** 끝까지 풀어보시기 바랍니다.

  아무리 아까운 것**이어도** 상했으면 버리세요.

  = 아무리 아까운 것**이라도** 상했으면 버리세요.

☞ '명사+-(이)라도'는 선택의 의미를 나타내기도 한다. 이때의 선택은 가장 마음에 들지는 않지만 그 선택이 나쁘지 않음을 나타낸다.

  예 음료수가 없으면 물**이라도** 한 잔 주세요.

  직접 찾아뵙지 못하면 전화**라도** 하시기 바랍니다.

연습문제 e x e r c i s e

01 다음의 표현을 맞게 연결한 후 보기 와 '–아/어도'를 사용해서 문장을 만드십시오.

보기

피곤하다 •	• 버스가 오지 않아서 택시를 탔다
(1) 아무리 기다리다 •	• 계속 졸려서 커피를 다섯 잔이나 마셨다
(2) 푹 자다 •	• 이 일을 다 끝내야 집에 갈 수 있다
(3) 아무리 비싸다 •	• 맛이 있으면 사람들이 많이 먹으러 간다

보기 → <u>피곤해도 이 일을 다 끝내야 집에 갈 수 있다.</u>

(1) → _____ .

(2) → _____ .

(3) → _____ .

02 보기 와 같이 대화를 완성하십시오.

보기

가 : 이 문제는 어려워서 못 풀 것 같아요.
나 : 아무리 어려워도 끝까지 풀어보세요.

(1) 가 : 이거 뭐예요? 옷에 뭐가 묻은 거 같아요.

　　나 : 아무리 _____ 지워지지 않아요.

(2) 가 : 탕훙 씨가 술을 잘 마신다면서요?

　　나 : 네, 탕훙 씨는 아무리 술을 많이 _____ 안 마신 것처럼 보여요.

(3) 가 : 자야 씨, 다이어트는 잘 하고 있어요?

　　나 : 매일 _____ 살이 빠지지 않아서 걱정이에요.

(4) 가 : 현우 씨, 그 영화 얼마 전에도 봤잖아요.

　　나 : 이 영화는 _____ 다시 보고 싶어요. 영화의 스토리도 재미있고, 화면도 예쁘고요.

(5) 가 : 제시카 씨, 이번에 중급 한국어능력시험을 칠 거예요?

　　나 : 네, 중급은 저한테 조금 _____ 경험이라고 생각하고 치려고 해요.

–다가

의미

① 어떤 행동이나 상태가 중단되거나 다른 행동이나 상태로 바뀔 때 사용한다.

- 가 : 하나 씨, 왜 학교에 가**다가** 다시 왔어요?
  나 : 지갑을 놓고 갔더라고요.

② 어떤 일을 계속 하면서 다른 일을 할 때 사용한다.

- 가 : 히로미 씨, 어제 본 영화는 어땠어요?
  나 : 얼마나 슬픈지 몰라요. 처음으로 영화를 보**다가** 울었어요.

예문

(1) 잠을 자**다가** 꿈을 꿨어요.

(2) 어제 공부하**다가** 잠이 들었어요.

(3) 교실이 조용하**다가** 갑자기 시끄러워졌다.

(4) 가 : 밥을 먹**다가** 어디 가니?
    나 : 죄송해요. 친구한테서 급한 연락이 와서요.

(5) 가 : 왜 이렇게 늦게 왔어?
    나 : 집에 오**다가** 초등학교 때 친구를 만나서 이야기를 하느라고 늦었어요.

자세히 알아 봅시다

–다가	동사
	가다 → 가**다가**
	먹다 → 먹**다가**

1️⃣ 앞 문장과 뒤 문장의 주어가 같아야 한다.

예 **하나 씨가** 학교에 가다가 (**하나 씨가**) 다시 집으로 왔어요. (○)
    하나 씨가 학교에 가다가 **내가** 다시 집으로 왔어요. (×)

☞ '앞 문장과 뒤 문장의 주어가 다를 때도 사용하기도 한다. 단, 이때는 **시간에 따른 상황이** 바뀌는 것을 나타낸다.

예 이 방은 **할아버지가** 쓰시<u>다가</u> 요즘은 **제가** 씁니다.
    이 일은 **명수 씨가** 담당하<u>다가</u> 이번 달부터 **제가** 담당하게 되었습니다.

2️⃣ 앞 문장이 뒤 문장의 부정적인 원인이 될 때도 사용된다.

예 과속을 하다가 **사고를 냈어요.**
    늦잠을 자다가 **회사에 늦었습니다.**
    하나 씨가 무리하다가 결국 **병이 났어요.**

③ '-다가'가 ②의 뜻이 될 때는 '-(으)면서'와 바꿔 사용할 수도 있다.

  예 잠을 자**다가** 꿈을 꿨어요.
    = 잠을 자**면서** 꿈을 꿨어요.

    영화를 보**다가** 웃었어요.
    = 영화를 보**면서** 웃었어요.

④ '-다가'가 '어디에 가는 도중에'라는 뜻을 나타낼 때는 '-는 길에'와 바꿔 사용할 수 있다.

  예 집에 오**다가** 초등학교 때 친구를 만났어요.
    = 집에 오는 **길에** 초등학교 때 친구를 만났어요.

⑤ '-다가'가 '-다가는'의 형태로 사용되면 앞 문장의 행동을 하면 뒤 문장과 같이 나쁜 결과가
  생길 거라고 예상할 때 사용한다.

  예 그렇게 어두운 곳에서 책을 보**다가는 눈이 나빠질 거예요.**
    매일 술을 마시**다가는 건강이 안 좋아질 거야.** 그러니까 술 좀 줄여!

⑥ '-다가'는 '-다가도'의 형태로 사용하여 어떤 행동이나 상태가 다른 행동이나 상태로 쉽게
  바뀜을 나타낸다.

  예 나는 버스에서 졸**다가도** 내려야 할 곳에서는 눈이 떠진다.
    돈은 원래 있**다가도** 없고 없**다가도** 있는 것이다.

⑦ '-다가'는 ①의 뜻이 될 때, 일부 형용사와 결합하여 사용되기도 한다.

  예 요즘에 환절기라서 그런지 아침에는 춥**다가** 오후에는 덥**다가** 하네요.

연습문제 exercise

01 다음 보기 와 같이 두 문장을 한 문장으로 만드십시오.

> 보기
> 요리를 하다 / 전화가 와서 친구와 통화하다
> → 요리를 하다가 전화가 와서 친구와 통화를 했어요.

(1) 텔레비전을 보다 / 피곤해서 자다

　→ _____ .

(2) 아침에 비가 오다 / 지금은 비가 안 오다

　→ _____ .

(3) 집에 가다 / 슈퍼마켓에 들르다

　→ _____ .

(4) 하늘이 맑다 / 갑자기 흐려지다

　→ _____ .

(5) 그 사람은 계속 여자 친구가 있다 / 지금은 없다

　→ _____ .

02 다음 보기 와 같이 대화를 완성하십시오.

> 보기
> 가 : 제시카 씨, 오늘 왜 지각했어요?
> 나 : 죄송해요. 버스에서 졸다가 내릴 곳을 지나쳤어요.

(1) 가 : 오늘 왜 이렇게 늦게 왔니?

　나 : 죄송해요. 학교에 _____ 오랜만에 초등학교 때 친구를 만나서 이야기를 하느라고요.

(2) 가 : 탕훙 씨, 이 영화를 봤어요? 어땠어요?

　나 : 정말 감동적이었어요. 저는 영화를 _____ 운 적은 처음이에요.

(3) 가 : 명수 씨가 얼마 전에 교통사고 났다고 하던데 많이 다치지 않았나요?

　나 : 네, 다행히 많이 다치지는 않았어요.

　가 : 왜 교통사고가 났대요?

　나 : 명수 씨가 잠시 _____ 사고가 났대요.

–았/었다가

의미

① 앞 문장의 일이 끝난 다음에 반대되는 일이 올 때 사용한다.

- 가 : 방 안의 공기가 안 좋은 것 같아요. 추워도 잠시 창문을 열**었다가** 닫아요.
  나 : 네, 알겠어요.

② 어떤 일을 계속 하면서 다른 일을 할 때 사용한다.

- 가 : 어제 도서관에 **갔다가** 스티브 씨를 만났어요.
  나 : 클럽이 아니라 도서관에서 스티브 씨를 만나다니 놀랍네요.

예문

(1) 잠시 10분만 **쉬었다가** 다시 시작합시다.

(2) 친구하고 남포동에 **갔다가** 영화배우 장동검 씨를 봤어요.

(3) 학교에 **갔다가** 머리가 아파서 다시 집으로 돌아왔어요.

(4) 가 : 왜 그렇게 정신없이 옷을 입**었다가** 벗**었다가** 하는 거니?
   나 : 옷을 입으면 덥고, 벗으면 추워서 그래요.

(5) 가 : 제시카 씨, 어제 하나 씨와 쇼핑은 잘 하셨어요?
   나 : 네, 옷을 사러 백화점에 **갔다가** 이 구두도 샀어요.

자세히 알아 봅시다

	동사	형용사	명사+이다
–았/었다가	가다 → **갔다가**	크다 → **컸다가**	학교 → 학교**였다가**
	먹다 → 먹**었다가**	많다 → 많**았다가**	집 → 집**이었다가**

1 '–았/었다가'가 ①의 뜻일 때에는 앞 문장의 동사와 뒤 문장의 동사가 의미상 반대이거나 관련이 있는 말이 온다.

   예 잠이 오면 앉**았다가** 일어나는 것도 좋아요.
   방 안의 공기가 안 좋으니까 문을 열**었다가** 닫읍시다.
   신발을 신**었다가** 작아서 다시 벗었다.
   신발을 신**었다가** 전화를 받았어요.(×)

   ☞ 이때 앞 문장의 주어와 뒤 문장의 주어는 같아야 한다.

   예 (나는) 옷을 입었다가 (나는) 옷을 벗었어요. (○)
   (나는) 옷을 입었다가 명수 씨는 옷을 벗었어요. (×)

2 '–았/었다가'가 ②의 뜻일 때에는 보통 '가다, 오다, 타다'와 같은 동사와 같이 사용된다.

   예 이번에 여행을 **갔다가** 가방을 잃어버려서 고생했어요.
   백화점에 옷을 사러 **갔다가** 구두도 샀어요.
   약속 시간에 늦을까 봐 택시를 **탔다가** 길이 많이 막혀서 제시간에 못 갔어요.

−다가 vs −았/었다가

'-았/었다가'는 '-다가'와 모양이 비슷하여 '-다가'의 과거 표현이라고 생각을 하지만 다른 문법이다. '-다가'는 앞 문장의 행동이 아직 끝나지 않았지만 '-았/었다가'는 앞 문장의 행동이 끝난 상태임을 나타낸다.

예문

(1) 나는 학교에 **가다가** 친구를 만났어요.

(나는 학교에 가는 길에 우연히 친구를 만났다. 나는 아직 학교에 도착하지는 않았다.)

(2) 나는 학교에 **갔다가** 친구를 만났어요.

(나는 어떤 이유로 학교에 갔는데 우연히 친구를 만났다.

친구를 만나기 위해 학교에 간 것은 아니다.)

연습문제 e x e r c i s e

01 다음 보기 와 같이 두 문장을 한 문장으로 완성해 보십시오.

> 보기
>
> 옷을 사다 / 마음에 들지 않아서 교환하다
> → 옷을 샀다가 마음에 들지 않아서 교환했어요.

(1) 방 안에 공기가 안 좋아서 문을 열다 / 추워서 닫다

→ _____ .

(2) 아침에 코트를 입다 / 더워서 벗다

→ _____ .

(3) 우체국에 가다 / 문이 닫혀서 돌아오다

→ _____ .

(4) 물건을 찾으려고 불을 켜다 / 다시 끄다

→ _____ .

02 다음 보기 와 같이 대화를 완성하십시오.

> 보기
>
> 가 : 서울에 잘 갔다 왔어요?
> 나 : 네, 명동에 갔다가 연예인을 봤어요.

(1) 가 : 어제 쇼핑은 잘 하셨어요?

나 : 네, 옷을 사러 백화점에 _____이 구두도 샀어요.

(2) 가 : 왕홍 씨, 시험은 잘 봤어요?

나 : 아니요, 밤을 새워서_____시험을 칠 때 너무 졸려서 시험을 망쳤어요.

(3) 가 : 하나 씨, 제주도 여행은 재미있었어요?

나 : 네, 재미있었어요. 그런데 제주도에 _____ 우연히 히로미 씨를 만났어요.
히로미 씨도 가족들과 여행을 왔더라고요.

(4) 가 : 자야 씨, 왜 이렇게 늦게 왔어요?

나 : 지각을 안 하려고 택시를 _____ 길이 많이 막히는 바람에 늦었어요.
이럴 줄 알았으면 지하철을 타고 올 걸 그랬어요.

–(으)나 마나

의미　앞 문장의 행동을 하거나 안 하거나 결과는 마찬가지라고 생각할 때 사용한다.

- 가 : 탕훙한테도 방학 때 제주도에 갈 수 있는지 물어봐야겠다.
- 나 : 물어보**나 마나** 안 갈 거야. 방학 때 아르바이트를 한다고 했거든.

예문
(1) 지금 9시인데 뛰어가**나 마나** 지각이니까 천천히 가자.
(2) 그 사람 이야기는 들**으나 마나** 항상 같은 이야기를 한다.
(3) 현우 씨에게 부탁하**나 마나** 안 들어줄 거예요. 요즘 바쁘다고 했거든요.
(4) 가 : 왕훙 씨가 왜 오늘 학교에 안 왔을까요?
　　나 : 보**나 마나** 어제 밤늦게까지 게임하고 자고 있을 거예요.
(5) 가 : 이번 여행에 몇 명이 갈 수 있는 지 물어봐.
　　나 : 물**으나 마나** 모두 간다고 할 거야. 졸업여행이잖아.

자세히 알아 봅시다

–(으)나 마나	동사
	가다 → 가**나 마나**
	먹다 → 먹**으나 마나**

1 '–(으)나 마나'는 '–(으)나 마나이다'의 형태로도 사용한다.

　예　명수는 **말하나 마나** 말을 안 들을 거예요. 자기가 하고 싶은 것만 하잖아요.
　　　= 명수는 **말하나 마나예요.** 자기가 하고 싶은 것만 하잖아요.

2 '–(으)나 마나' 앞에는 부정적인 말은 사용하지 않는다.

　예　**안 물으나 마나** 모두 간다고 할 거예요.(×)

3 '–(으)나 마나'는 '–아/어 봤자'와 바꾸어 사용할 수도 있다.

　예　뛰어가**나 마나** 지각이니까 천천히 가자.
　　　= 뛰어**가 봤자** 지각이니까 천천히 가자.

연습문제 exercise

01 보기 의 단어와 '-(으)나 마나'를 사용하여 문장을 완성하십시오.

| 보기 | 치다 | 뛰어가다 | 물어보다 | 가다 |

(1) 히로미 씨는 사람들을 만나는 것을 안 좋아해서 _____ 파티에 안 간다고 할거야.

(2) 공부를 하지 않고 시험을 치면 _____ 결과가 안 좋아요.

(3) 지금 9시인데 _____ 늦었으니까 그냥 걸어서 가자.

(4) 공연이 7시에 시작하는데 지금 _____ 이미 끝났을 거야.

02 보기 와 같이 대화를 완성해 보십시오.

| 보기 | 가 : 탕홍 씨에게 이번 여름방학 때 제주도에 갈 수 있는지 물어봐야겠어요.
나 : 물어보나 마나 안 갈 거예요. 방학 때 베트남에 간다고 했거든요. |

(1) 가 : 히로미 씨에게 통역을 부탁하면 해 줄까요?

　　나 : _____ 안 들어줄 거예요. 지금 시험기간이라서 바쁘다고 했거든요.

(2) 가 : 자야 씨, 김 선생님 결혼하셨는지 물어 보세요.

　　나 : _____ 결혼하셨어요. 결혼반지를 끼고 있잖아요.

(3) 가 : 오늘 모임에 탕홍한테 같이 가자고 할까? 전화해 봐.

　　나 : _____ 안 갈거야. 저녁에 아르바이트를 하잖아.

(4) 가 : 지금 늦었으니까 뛰어 가자.

　　나 : 어차피 _____ 늦었는데 천천히 가자.

-(으)ㄴ/는/(으)ㄹ 만큼

의미

① 뒤 문장의 내용이 앞 문장의 내용과 그 정도가 같거나 비슷할 때 사용한다.

- 가 : 아직도 도착하려면 멀었어요?
  나 : 지금까지 **온 만큼**만 더 가면 돼요.

② 앞 문장의 내용이 뒤 문장의 원인이나 근거가 될 때 사용된다.

- 가 : 스티브 씨가 오늘은 학교에 올까요?
  나 : 몇 번이나 오라고 이야기**한 만큼** 올 거예요. 오늘 아침에도 이야기했어요.

예문

(1) 먹**을 만큼**만 가져가세요.
(2) 노력**한 만큼** 좋은 결과가 있을 거예요.
(3) 돈이 많지 않**은 만큼** 절약해서 써야 해요.
(4) 가 : 왕홍 씨, 어제 술을 많이 마셨어요?
   나 : 제가 보통 마시**는 만큼** 마셨는데 속이 안 좋네요.
(5) 가 : 시험이 다가오니까 걱정이에요.
   나 : 걱정하지 마세요. 열심히 **한 만큼** 꼭 합격할 거예요.

		동사	형용사	명사 + 이다
과거	하다 → **한 만큼**		*	*
	먹다 → 먹**은 만큼**			
현재	하다 → 하**는 만큼**		크다 → **큰 만큼**	학교 → 학교**인 만큼**
	먹다 → 먹**는 만큼**		작다 → 작**은 만큼**	집 → 집**인 만큼**
미래	하다 → **할 만큼**		*	*
	먹다 → 먹**을 만큼**			

1 ②의 뜻일 때에는 '-(으)ㄹ 만큼'의 형태는 사용할 수 없다.

예 열심히 **한 만큼** 합격할 거예요. (○)
열심히 **할 만큼** 합격할 거예요. (×)

☞ 이때의 '-(으)ㄴ/는 만큼'은 '-(으)니까'나 '-(으)니'로 바꿔 사용할 수 있다.

예 열심히 **한 만큼** 합격할 거예요.
= 열심히 **했으니까** 합격할 거예요.

2️⃣ '-(으)ㄹ 만큼'은 '-(으)ㄹ 정도로'와 바꿔 사용할 수도 있다.

　예　공부가 안 **될 만큼** 밖이 시끄럽다.
　　　= 공부가 안 **될 정도로** 밖이 시끄럽다.

3️⃣ '명사+만큼은'은 '적어도'의 의미를 강조한다.

　예　내 아이**만큼은** 키가 좀 컸으면 좋겠다.
　　　이번**만큼은** 꼭 합격하고 싶어요.

연습문제 exercise

01 보기 와 같이 문장을 바꾸십시오.

> 보기
> 가 : 민호 씨는 얼마나 운동을 하길래 1등을 해요?
> 나 : 그냥 평소에 운동하는 정도로 해요.
> → 그냥 평소에 운동하는 만큼 해요.

(1) 가 : 지희 씨는 술을 잘 마시는 편이에요?

　　나 : 그냥 다른 사람이 마시는 정도로 마셔요.

　　→ _____ .

(2) 가 : 명수 씨는 밥을 많이 먹는 것 같아요.

　　나 : 아니에요. 다른 사람들이 먹는 정도로 먹는 걸요.

　　→ _____ .

(3) 가 : 스티브 씨는 여자 친구가 그렇게 보고 싶어요?

　　나 : 네, 아무 일도 할 수 없을 정도로 여자 친구가 보고 싶어요.

　　→ _____ .

02 보기 와 같이 대화를 완성하십시오.

> 보기
> 가 : 내일 면접이 있는데 잘 할 수 있을지 걱정이에요.
> 나 : 걱정하지 마세요. 열심히 노력한 만큼 좋은 결과가 있을 거예요.

(1) 가 : 시험이 얼마 안 남으니까 너무 불안하네요.

　　나 : 너무 걱정하지 마세요. 지금까지 열심히 _____ 결과가 좋을 거예요.

(2) 가 : 이 약은 너무 써서 먹기 힘들어요.

　　나 : 약이_____ 몸에 좋다는 말이 있잖아요.

(3) 가 : 여행 경비가 조금 부족해서 걱정이네요.

　　나 : 괜찮아요. _____ 그 비용에 맞춰서 쓰면 되지요.

(4) 가 : 선생님까지도 전화해서 오라고 했으니까 오늘은 왕홍 씨가 오겠지요?

　　나 : 걱정하지 마세요. 전화해서 _____ 오늘은 올 거예요.

–더라도

의미 앞의 상황을 가정하거나 혹은 그 사실을 인정해도 뒤의 내용은 앞 내용에 큰 영향을 받지 않음을 나타낸다.

■ 가 : 엄마, 오늘 피곤해서 그러는데 내일 숙제를 해도 돼요?
　나 : 아무리 피곤하**더라도** 숙제를 하고 자. 내일은 더 하기 싫어질 거야.

예문 (1) 히로미 씨는 무슨 일을 하**더라도** 열심히 하네요.
(2) 아무리 대통령**이더라도** 죄를 지으면 벌을 받아야 한다.
(3) 이번 모임은 중요하니까 바쁘**더라도** 꼭 참석해 주시기 바랍니다.
(4) 가 : 탕홍 씨, 고향에 가**더라도** 자주 연락하세요.
　나 : 알겠어요. 자주 연락드릴게요.
(5) 가 : 왕홍 씨, 지난 주 토픽 시험을 쳤어요?
　나 : 아니요. 안 쳤어요. 공부를 안 해서 시험을 **쳤더라도** 떨어졌을 거예요.

자세히 알아 봅시다

		동사	형용사	명사+이다
과거		가다 → **갔더라도**	크다 → **컸더라도**	학교 → 학교**였더라도**
		먹다 → **먹었더라도**	작다 → **작았더라도**	집 → 집**이었더라도**
현재		가다 → 가**더라도**	크다 → 크**더라도**	학교 → 학교**더라도**
		먹다 → 먹**더라도**	작다 → 작**더라도**	집 → 집**이더라도**

1 '–더라도'는 '–아/어도'와 바꿔 사용할 수 있다.

　예 그 사람은 어떤 음식을 먹**더라도** 맛있게 먹는다.
　　= 그 사람은 어떤 음식을 먹**어도** 맛있게 먹는다.

2 '–더라도'는 '비록', '아무리' 등과 같은 말과 사용하여 그 뜻이 강조된다.

　예 이번 모임은 중요하니까 **아무리** 바쁘더라도 꼭 참석해 주시기 바랍니다.
　　비록 외국에 있더라도 메일이라도 보내도록 해요.

–아/어도 vs –더라도

문장에 따라 '–아/어도'와 '–더라도'는 바꿔 사용할 수 있지만 다음과 같은 의미 차이가 있다.

	(1) –아/어도	(2) –더라도
행동의 실현 가능성	–아/어도 〉 –더라도	
가정의 의미	–아/어도 〈 –더라도	
뒤 문장의 과거 표현 사용	○	거의 사용 할 수 없다

예문

(1) 중국에 돌아**가도** 연락하며 지내요.

　 (중국에 돌아가는 것이 정해질 가능성이 높다.)

　 운동을 열심히 해도 살이 빠지지 **않았어요.** (○)

(2) 중국에 돌아가**더라도** 연락하며 지내요.

　 (고향에 돌아가는 것이 아직 정확히 정해지지 않은 느낌이 있다.)

　 운동을 열심히 하더라도 살이 빠지지 **않았어요.** (×)

연습문제 e x e r c i s e

01 보기 와 같이 두 문장을 한 문장으로 완성하십시오.

> 보기 중국에 돌아가다 / 메일로 연락하다
> → 중국에 돌아가더라도 메일로 연락을 해요.

(1) 조금 귀찮다 / 어머니의 심부름을 해야 하다

→ _____.

(2) 아무리 화가 나다 / 친구와 싸우면 안 되다

→ _____.

(3) 비록 돈이 많다 / 나중을 위하여 돈을 아껴 쓰다

→ _____.

(4) 어렵다 / 끝까지 포기하지 말다

→ _____.

02 보기 와 같이 대화를 완성하십시오.

> 보기 가 : 아르바이트 때문에 피곤해서 학교를 자주 빠져요.
> 나 : 아무리 아르바이트 때문에 피곤하더라도 학교를 빠지면 안 돼요.

(1) 가 : 한국어 공부가 어려워서 포기하고 싶어요.

　　나 : 한국어 공부가 _____ 꾸준히 노력하다 보면 실력이 좋아질 거예요.

(2) 가 : 요즘 일이 바빠서 부모님께 자주 연락을 못 해요.

　　나 : 일이 _____ 일주일에 한 번 정도는 연락하세요.

　　　　부모님이 많이 걱정하실 거예요.

(3) 가 : 요즘 날씨가 너무 더워서 선풍기를 켜고 자요.

　　나 : 아무리 날씨가 _____ 선풍기를 켜고 자면 안 돼요.

(4) 가 : 아침에 출근 시간에 늦을까 봐 운전할 때 신호를 무시할 때가 많아요.

　　나 : _____ 신호를 무시하면 안 되지요.

　　　　급할수록 천천히 가라는 말도 있잖아요.

-(으)ㄹ 텐데

의미 앞 문장의 내용은 말하는 사람의 추측을 나타내며, 뒤 문장의 상황이나 배경을 나타낸다.

- 가 : 이 시간에는 차가 많이 막**힐 텐데** 조금 후에 갈까요?
  나 : 그러면 늦잖아요. 지하철 타고 갑시다.

예문

(1) 오후에는 비가 **올 텐데** 우산을 가지고 가세요.
(2) 내일까지 이 일을 끝내야 **할 텐데** 걱정이에요.
(3) 수영 씨가 그 이야기를 들**었을 텐데** 아는 척을 안 해요.
(4) 가 : 내일은 바**쁠 텐데** 주말에 만나면 안 될까요?
  나 : 좋아요. 그럼, 연락할게요.
(5) 가 : 휴가철이라 비행기 표가 없**을 텐데** 어떻게 하지요?
  나 : 그러니까 미리 사 둬야지요.

	동사	형용사	명사+이다
과거	가다 → 갔**을 텐데**	크다 → 컸**을 텐데**	학교 → 학교였**을 텐데**
	먹다 → 먹**었을 텐데**	작다 → 작았**을 텐데**	학생 → 학생**이었을 텐데**
현재	가다 → **갈 텐데**	크다 → **클 텐데**	학교 → 학교**일 텐데**
	먹다 → 먹**을 텐데**	작다 → 작**을 텐데**	학생 → 학생**일 텐데**

1 '-(으)ㄹ 텐데'는 '-(으)ㄹ 텐데요'의 형태로도 사용된다.

   예 오늘 오후에는 비가 **올 텐데요**.
   스티브 씨는 오늘 바**쁠 텐데요**.

2 '-(으)ㄹ 텐데'는 추측의 '-(으)ㄹ 테니까'와 바꿔 사용할 수도 있다.

   예 주말에는 사람이 많**을 텐데** 미리 예약해야 해요.
   = 주말에는 사람이 많**을 테니까** 미리 예약해야 해요.

   ☞ 하지만, '-(으)ㄹ 텐데'가 질문의 문장에서는 '-(으)ㄹ 테니까'와 바꿔 사용할 수 없다.

   예 휴가철이라서 비행기 표가 없**을 텐데** 어떻게 **하지요**? (○)
   휴가철이라서 비행기 표가 없**을 테니까** 어떻게 **하지요**? (×)

   ☞ 또, '-(으)ㄹ 텐데' 뒤에 '고민이다, 걱정이다'와 같은 표현이 왔을 때도 '-(으)ㄹ 테니까'를 바꿔 사용할 수 없다.

   예 내일까지 이 일을 끝내야 할 텐데 **걱정이에요**. (○)
   내일까지 이 일을 끝내야 할 테니까 **걱정이에요**. (×)

연습문제 e x e r c i s e

01 보기 와 같이 문장을 완성하십시오.

> 보기
> 주말에는 사람이 많다 / 걱정이다
> → 주말에는 사람이 많을 텐데 걱정이에요.

(1) 오후에 비가 오다 / 우산을 가지고 가다

→ _____.

(2) 탕홍 씨는 아르바이트가 힘들다 / 힘들다고 말하지 않다

→ _____.

(3) 백화점은 비싸다 / 시장에서 사다

→ _____.

(4) 배가 많이 고프다 / 먼저 드시다

→ _____.

(5) 도와 달라고 하면 도와주다 / 왜 부탁을 안 하다

→ _____.

02 다음 보기 와 같이 대화를 완성해 보십시오.

> 보기
> 가 : 숙제가 내일까지예요?
> 나 : 네, 내일까지 끝내야 할 텐데 걱정이에요.

(1) 가 : 이번 여름에 같이 제주도에 가요.

　　나 : 그런데 이번 여름에 제주도에 가려면 미리 _____ 표가 있을까요?

(2) 가 : 백화점에 쇼핑하러 갈까요?

　　나 : 지금은 _____ 다음 주에 세일을 하면 가요.

(3) 가 : 내일 명수 씨랑 같이 연극을 보러 갈까요?

　　나 : 요즘 명수 씨가 아르바이트를 하느라고 _____ 우리끼리 갑시다.

–(으)ㄴ/는 대로

의미

① 앞의 동작이나 상태와 똑같이 뒤의 상태가 되거나 행동을 한다는 의미를 나타낸다.

- 가 : 현우 씨, 설명서를 봐도 이 제품을 어떻게 사용해야 하는지 모르겠어요.
  나 : 그렇게 어렵지 않아요. 제가 하**는 대로** 해 보세요.

② 어떤 일이 일어나는 그때라는 뜻을 나타낼 때 사용한다.

- 가 : 지희 씨만의 건강을 관리하는 방법이 있나요?
  나 : 저는 아침에 일어나**는 대로** 물을 한 잔 마셔요.

예문

(1) 무엇을 해도 좋으니까 하고 싶**은 대로** 하세요.

(2) 세상 모든 일은 마음먹**은 대로** 되지 않는다.

(3) 도착하**는 대로** 바로 연락주시기 바랍니다.

(4) 가 : 이번 시험은 선생님이 말씀하**한 대로** 조금 쉬웠던 거 같아.
   나 : 이번 시험이 쉬웠어? 난 어렵던데.

(5) 가 : 내일 아침에 일어나**는 대로** 소포를 꼭 부쳐야 해요.
   나 : 알겠어요. 소포를 보내**는 대로** 연락을 할게요.

①		동사
과거	보다 → **본 대로**	
	읽다 → 읽**은 대로**	
현재	보다 → 보**는 대로**	
	읽다 → 읽**는 대로**	

②		동사
현재	보다 → 보**는 대로**	
	읽다 → 읽**는 대로**	

1 '–(으)ㄴ/는 대로'가 ②의 뜻일 때에는 '–자마자'와 바꿔 사용할 수 있다.

예 도착하**는 대로** 연락주시기 바랍니다.
   = 도착하**자마자** 연락주시기 바랍니다.

☞ 이때 '–(으)ㄴ/는 대로' 앞에는 동사만 온다.

예 **도착하**는 대로 연락주세요.
   바쁜 대로 연락주세요. (×)

2 '–(으)ㄴ/는 대로'가 ②의 뜻일 때에는 뒤에 과거형을 사용할 수 없다.

예 도착하는 대로 연락했어요 (×)

연습문제 e x e r c i s e

01 보기 와 같이 두 문장을 한 문장으로 완성하십시오.

> 보기   중국에 돌아가다 / 취직을 하다
> → 중국에 돌아가는 대로 취직을 할 거예요.

(1) 집에 도착하다 / 바로 전화를 하다

→ _____.

(2) 첫 월급을 타다 / 부모님께 선물을 하다

→ _____.

(3) 아침에 일어나다 / 물을 마시면 건강에 좋다

→ _____.

(4) 회의가 끝나다 / 집으로 돌아오다

→ _____.

(5) 편지를 받다 / 답장을 하다

→ _____.

02 다음 보기 와 같이 대화를 완성해 보십시오.

> 보기   가 : 설명서를 봐도 어떻게 사용해야 하는지 모르겠어요.
> 나 : 그렇게 어렵지 않아요. 제가 하는 대로 따라서 해보세요.

(1) 가 : 히로미 씨, 이번 시험은 조금 쉽지 않던가요?

나 : 네, 선생님이 _____ 조금 쉬웠던 것 같아요.

(2) 가 : 글을 쓸 때 항상 어떻게 글을 써야 할 지 고민이에요.

나 : 걱정하지 말아요. 탕홍 씨가 머릿속에 _____ 쓰면 돼요.

(3) 가 : 아이들은 엄마가 _____ 따라하는 걸 보면 참 신기해요.

나 : 그만큼 행동도 조심히 해야겠지요.

–(으)ㄹ지

의미

추측이나 걱정에 대한 의문을 나타낸다.

- 가 : 이 영화 볼까?

  나 : 이 영화가 재미있**을지** 모르겠어.

예문

(1) 어떤 옷이 더 좋**을지** 말해 주세요.

(2) 그 사람이 일을 잘 끝낼 수 있**을지** 모르겠어요.

(3) 할머니가 미국으로 여행을 가셨는데 음식이 입에 맞으**실지** 모르겠어요.

(4) 가 : 내일 서울공원에 갈까요?

  나 : 10년 전에 가 봐서 잘 찾을 수 있**을지** 모르겠어요.

(5) 가 : 이 사건을 어떻게 해결**할지** 결정했어?

  나 : 아니, 아직 결정하지 못했어.

자세히
알아
봅시다

–(으)ㄹ지	동사	형용사	명사+이다
	가다 → **갈지**	예쁘다 → **예쁠지**	여자 → 여자**일지**
	먹다 → 먹**을지**	작다 → 작**을지**	학생 → 학생**일지**

① '–(으)ㄹ지' 뒤에 '말지'를 붙여서 의문을 강조한다. 이 경우에 '–(으)ㄹ까 말까'로 바꿔서 사용할 수 있다.

- 예 이 아르바이트를 해야 **할지 말지** 모르겠습니다.

  = 이 아르바이트를 해야 **할까 말까** 모르겠습니다.

  그 사람과 결혼**할지 말지** 아직 모르겠어요.

  = 그 사람과 결혼**할까 말까** 아직 모르겠어요.

  이번 방학에 여행**할지 말지** 아직 결정하지 못했어.

  = 이번 방학에 여행**할까 말까** 아직 결정하지 못했어.

② '–(으)ㄹ지도 모르다'의 형태로 사용하여 말하는 사람의 추측이나 가정을 강조한다.

- 예 그 사람이 범인**일지도 몰라요**.

  명수가 아직 밥을 안 먹었**을지도 모르니** 물어 보세요.

01 보기 와 같이 '-(으)ㄹ지'를 사용하여 문장을 완성하십시오.

> 보기   내일 날씨가 <u>좋을지</u> 모르겠어요.(좋다)

(1) 그 사람이 누구를 _____ 아무도 몰라. (선택하다)

(2) 저 여자가 어떤 _____ 만나 봐야 알 것 같아.(사람)

(3) 민호가 이번 시험에 공부를 많이 못해서 시험에 _____ 모르겠어.(합격하다)

(4) 히로미가 이 선물을 _____ 모르겠어. (좋아하다)

02 보기 와 같이 '-(으)ㄹ지'를 사용하여 대화를 완성하십시오.

> 보기   가 : 이 영화 볼까?
> 나: 이 영화가 <u>재미있을지</u> 모르겠어.

(1) 가 : 저 여자 일본 사람 같아요.

　　나 : 말도 안 해 보고 어떻게 _____ 알아요?

(2) 가 : 이번 말하기 대회에서 누가 1등을 _____ 궁금하네요.

　　나 : 그러게요. 저도 궁금해요.

(3) 가 : 이 문제를 어떻게 _____ 결정했어?

　　나 : 아니요, 아직 해결할 방법을 못 찾았어요.

(4) 가 : 왜 이렇게 얼굴이 어두워 보여요?

　　나 : 제 딸이 멀리 여행을 갔는데 밥은 잘 챙겨 _____ 모르겠네요.

(5) 가 : 이번에 제출할 서류를 다시 검토해야 할 것 같아요.

　　나 : 네, 맞아요. 제출할 서류에 문제가 _____ 모르니까 다시 봐야 해요.

–든지

의미

① 무엇을 선택해도 상관없을 때 사용한다.

　■ 가 : 선생님 언제 사무실에 계세요?
　　나 : 오늘은 수업이 없는 날이니까 언제**든지** 와도 돼.

② 둘 이상의 선택 중에서 하나를 선택하는 것을 나타낸다.

　■ 가 : 이번 방학에 무슨 계획이 있어요?
　　나 : 여행을 하**든지** 친구들을 만날 거예요.

예문

(1) 이번 방학에 중국을 가**든지** 일본을 가**든지** 꼭 여행을 할 거예요.
(2) 내일은 주말이니까 친구를 만나**든지** 쉴 거예요.
(3) 오늘 내가 살 테니까 먹고 싶은 거 뭐**든지** 먹어.
(4) 가 : 다음 주부터 아르바이트를 시작해요.
　　나 : 주인이 있**든지** 없**든지** 열심히 하세요.
(5) 가 : 히로미가 일본에 잘 도착했겠지?
　　나 : 궁금하면 전화를 하**든지** 메일을 보내 봐.

자세히 알아 봅시다

–든지	동사	형용사	명사+이다
	가다 → 가**든지**	예쁘다 → 예쁘**든지**	여자 → 여자**든지**
	먹다 → 먹**든지**	작다 → 작**든지**	학생 → 학생**이든지**

1 '–든지'는 ②의 경우에 '–든가'나 '–거나'로 바꿔 쓸 수 있다.

　예 저에게 연락하려면 편지를 쓰든지 메일을 보내세요.
　　= 저에게 연락하려면 편지를 쓰**든가** 메일을 보내세요.
　　= 저에게 연락하려면 편지를 쓰**거나** 메일을 보내세요.

2 ②의 경우에 '–든지'는 '–든지 –든지 하다' 로 바꿔 쓸 수 있다.

　예 내일은 주말이니까 친구를 만나**든지** 쉴 거예요.
　　= 내일은 주말이니까 친구를 만나**든지** 쉬**든지** 할 거예요.

3 '–든지 말든지'(=거나 말거나)로 사용하여 앞 문장의 행동과 상관없다는 것을 강조할 수 있다.

　예 네가 오늘 모임에 오**든지 말든지** 우리 마음대로 결정할 거야.
　　= 네가 오늘 모임에 오**거나 말거나** 우리 마음대로 결정할 거야.
　　먹**든지 말든지** 알아서 하세요.
　　= 먹**거나 말거나** 알아서 하세요.

연습문제 exercise

01 보기 와 같은 의미로 '-든지'를 사용하여 문장을 완성해 보십시오.

> 보기
> 가 : 선생님 언제 사무실에 계세요?
> 나 : 오늘을 수업이 없는 날이니까 <u>언제든지</u> 와도 돼.

(1) 가 : 이 집은 언제 이사 올 수 있어요?

　　나 : 이 집은 비어 있으니까 ＿＿＿＿＿＿＿ 오세요.

(2) 가 : 이번 여름에 어디로 여행을 갈까요?

　　나 : 히로미 씨가 좋아하는 곳이라면 저는＿＿＿＿＿ 괜찮아요.

02 보기 와 같은 의미로 '-든지'를 사용하여 대답을 하십시오.

> 보기
> 가 : 이번 방학에 무슨 계획 있어요?
> 나 : 여행을 <u>하든지</u> 친구들을 만날 거예요.

(1) 가 : 이번 주말에 뭐 할 거예요?

　　나 : ＿＿＿＿＿＿＿＿＿＿＿＿＿＿＿＿＿＿＿＿＿＿＿.

(2) 가 : 내일 소풍을 어디로 갈까?

　　나 : ＿＿＿＿＿＿＿＿＿＿＿＿＿＿＿＿＿＿＿＿＿＿＿.

03 보기 와 같은 의미로 '-든지 말든지'를 사용하여 문장을 완성하십시오.

> 보기
> 가 : 엄마, 배가 안 고픈데 안 먹어도 돼요?
> 나 : <u>먹든지 말든지</u> 알아서 해.

(1) 가 : 너는 왜 이렇게 요즘 공부를 안 하니?

　　나 : ＿＿＿＿＿＿＿＿＿＿＿＿＿＿＿＿＿＿ 신경 쓰지 마세요.

(2) 가 : 저 오늘 학교에 못 갈 거 같아요.

　　나 : ＿＿＿＿＿＿＿＿＿＿＿＿＿＿＿＿＿＿ 마음대로 해.

TOPIK 실전문제 actual test

다음 (   )에 알맞은 말을 고르십시오.

01

> 가 : 요즘 회사에 일이 많아서 자주 결석을 하게 돼요.
> 나 : 아무리 일이 (   ) 결석은 하지 마세요.

① 많아도   ② 많든지

③ 많더니   ④ 많거든

02

> 가 : 명수 씨에게 오늘 저녁 모임에 오라고 전화했어요?
> 나 : (   ) 안 올 거예요. 요즘 명수 씨 저녁에 아르바이트 하잖아요.

① 전화하든지   ② 전화하다가

③ 전화하는 대로   ④ 전화하나 마나

03

> 가 : 점심 때 식당에 사람이 너무 많아서 밥을 못 먹었어.
> 나 : 정말? 배고프겠다. 그럼, 이 (   ) 마실래?

① 우유일지   ② 우유든지

③ 우유라도   ④ 우유만큼

04

> 가 : 퇴근시간이라서 많이 (   ) 조금 후에 출발할까요?
> 나 : 이 시간에 시내로 가는 건 막히지 않아요. 지금 출발합시다.

① 막혀도   ② 막힐지

③ 막혔다가   ④ 막힐 텐데

05

> 가 : 우리 회사에서 일한다면 어떤 일을 하고 싶습니까?
> 나 : 무슨 일을 (   ) 상관없으니 시켜만 주십시오.

① 하면   ② 하든지

③ 하다가   ④ 하나 마나

06

> 가 : 일기예보 보니까 내일 비가 온다던데 체육대회는 안 하겠지?
>
> 나 : 비가 온다고 해도 계획(   ) 진행한대.

① 했다가　　　　　　　　　　　② 한 대로

③ 한 만큼　　　　　　　　　　　④ 하나 마나

07

> 가 : 대체 어제 술을 얼마나 많이 마신 거예요?
>
> 나 : 얼마 안 마셨어요. 제가 보통 (   ) 마셨어요.

① 마셨을 지　　　　　　　　　　② 마신 대로

③ 마시는 만큼　　　　　　　　　④ 마셨을 텐데

08

> 가 : 웬 꽃이야? 나 줄려고 산 거야?
>
> 나 : 응. 집에 (   ) 예뻐서 샀어.

① 왔어도　　　　　　　　　　　② 오다가

③ 왔다가　　　　　　　　　　　④ 오는 대로

09

> 가 : 저렇게 비싼데 사는 사람이 있을까요?
>
> 나 : 당연히 있지요. 아무리 (   ) 사는 사람은 사잖아요.

① 비싸더니　　　　　　　　　　② 비싸든지

③ 비싸도　　　　　　　　　　　④ 비싸더라도

10

> 가 : 벌써 수업을 마쳤어요?
>
> 나 : 아니요, 학교에 (   ) 머리가 아파서 왔어요.

① 갔어도　　　　　　　　　　　② 갔다가

③ 갔을지　　　　　　　　　　　④ 갔든지

11

> 가 : 주말이라서 기차표가 (   ) 어떡하지요?
>
> 나 : 그러니까 미리 예매했어야지요.

① 없을지　　　　　　　　　　　② 없다가

③ 없을 만큼　　　　　　　　　　④ 없을 텐데

12

> 가 : 내일 아침에 회사에 (   ) 서류를 보내주세요.
>
> 나 : 오후까지 보내드리면 안 될까요? 아침에 잠시 들를 데가 있어서요.

① 도착했다가   ② 도착하는 대로

③ 도착했더라도   ④ 도착했을 텐데

13

> 가 : 어제 하신 일은 다 끝나셨어요?
>
> 나 : 아니요. 어제 너무 피곤해서 (   ) 잤어요.

① 하다가   ② 했다가

③ 하든지   ④ 했든지

14

> 가 : 시험 날짜가 다가오니까 불안해요.
>
> 나 : 괜찮아요. 열심히 (   ) 꼭 합격하실 거예요.

① 공부한지   ② 공부했어도

③ 공부했든지   ④ 공부한 만큼

15

> 가 : 무슨 걱정이 있어요? 얼굴이 어두워 보여요.
>
> 나 : 제 딸이 멀리 여행을 갔는데 잘 지내고 (   ).

① 있더라고요   ② 있기는요

③ 있을지 모르겠어요   ④ 있을 셈이에요

16~22 다음 밑줄 친 부분이 맞는 것을 고르십시오.

16 ① 부산에 <u>도착하는 대로</u> 연락했어요.

② 내일 <u>비가 와도</u> 일정을 취소한다고 해요.

③ 모임 장소는 어디에서 <u>할지</u> 정하셨어요?

④ 공기가 안 좋으니까 문을 <u>열다가</u> 닫읍시다.

17 ① 저는 영화를 <u>보다가</u> 운 적은 없어요.
　　② 책을 <u>읽었다가도</u> 피곤해서 잠이 들었어요.
　　③ 술을 많이 <u>마시다가는</u> 건강해질 거예요.
　　④ 운동을 하려고 <u>했다가</u> 바로 시작했어요.

18 ① 다음 여행은 어디에 <u>간지</u> 알 수 있어요.
　　② 오늘 비가 올 <u>텐데</u> 우산을 가지고 가세요.
　　③ 그 사람이 무슨 일을 <u>하는</u> 대로 나에게는 중요합니다.
　　④ 그 사람에 대해서 아무리 <u>알려고</u> 해도 알 수 있을 것이다.

19 ① 바쁜 <u>대로</u> 연락주시기 바랍니다.
　　② 자기가 먹을 <u>만큼만</u> 가지고 와서 먹읍시다.
　　③ 물가가 오른 <u>만큼</u> 소비를 하는 사람이 많아졌다.
　　④ 네가 먹고 싶은 거 다 사줄 테니까 <u>아무 것이든지</u> 말해 봐.

20 ① 저는 그 사람이 <u>시키는 대로</u> 했어요.
　　② 노력할 <u>만큼</u> 좋은 결과가 있을 거예요.
　　③ 힘들 때 <u>친구이든지</u> 소중한 것이 없다.
　　④ 길이 <u>막혀도</u> 제시간에 도착할 수 없었다.

21 ① 동생이 책을 <u>보다가</u> 언니가 잤어요.
　　② 어디에 <u>가든지</u> 항상 연락을 해 주세요.
　　③ 실망하나 마나 안 간다고 <u>할지도</u> 몰라요.
　　④ 배가 고파서 <u>라면이라도</u> 먹을 수 없었다.

22 ① 내가 힘든 것은 <u>가난일 탓이에요.</u>
　　② 치료가 아팠지만 <u>참을 리가</u> 없어요.
　　③ 그 사람은 음식을 <u>먹어 가지</u> 않았다.
　　④ 이 아르바이트를 <u>할지 말지</u> 잘 모르겠어요.

23~28 다음 밑줄 친 부분과 바꿔 사용할 수 있는 말을 고르십시오.

23

> 가 : 부산에 <u>도착하자 마자</u> 연락주시기 바랍니다.
> 나 : 네, 알겠습니다.

① 도착해도   ② 도착할 텐데

③ 도착하나 마나   ④ 도착하는 대로

24

> 가 : 요즘 왕홍 씨와 연락이 안 돼서 걱정이네요.
> 나 : 오늘 아침에 학교 <u>오다가</u> 왕홍 씨를 봤는데 휴대전화가 고장이 났대요.

① 올 만큼   ② 올 텐데

③ 오는 길에   ④ 오는 대로

25

> 가 : 이 영화 정말 슬프지 않아요?
> 나 : 네, 영화 <u>보면서</u> 운 적은 처음이에요.

① 봤다가   ② 보다가

③ 봤어도   ④ 보더라도

26

> 가 : 늦었으니까 빨리 좀 뛰어.
> 나 : <u>뛰어가 봤자</u> 지각인데 천천히 가자.

① 뛰어가든지   ② 뛰어가다가

③ 뛰어가나 마나   ④ 뛰어갔다가

27

> 가 : 이 문제는 너무 어려워서 도저히 못 풀겠어요.
> 나 : 아무리 <u>어려워도</u> 끝까지 풀어 보세요.

① 어렵다고 해도   ② 어렵다는 것이

③ 어렵다고 해서   ④ 어렵다고 하면

28

> 가 : 주말에는 사람이 <u>많을 텐데</u> 미리 예약해야 해요.
>
> 나 : 알겠어요. 오늘 밤에 예약할게요.

① 많을 만큼   ② 많았다가

③ 많을 테니까   ④ 많으나 마나

-(으)ㄴ/는 김에

의미　계획에는 없었지만 어떤 행동을 하는 기회에 그와 관계있는 다른 행동을 함께한다는 뜻을 나타낸다.

- 가 : 나 잠시 슈퍼 좀 갔다 올게.
  나 : 잘됐다. 그럼 슈퍼에 가**는 김에** 우유 좀 사다줄래?

예문　(1) 청소하**는 김에** 빨래도 같이 하자.

(2) 오랜만에 만**난 김에** 차라도 한 잔 할까요?

(3) 이야기를 꺼**낸 김에** 하고 싶은 이야기를 다 했어요.

(4) 가 : 상해 출장은 잘 다녀오셨나요?
　　나 : 네. 모처럼 상해에 **간 김에** 여행도 했어요.

(5) 가 : 얼마 전에 산 옷을 바꾸러 서면에 가려고 하는데 같이 갈래?
　　나 : 알았어. 그럼, 서면에 **간 김에** 영화라도 한 편 보고 오자.

	동사
과거	가다 → **간 김에**
	먹다 → **먹은 김에**
현재	가다 → **가는 김에**
	먹다 → **먹는 김에**

1️⃣ '-는 김에'가 '어디로 가거나 오는 기회에'라는 뜻을 나타낼 때에는 '-는 길에'와 바꿔 사용할 수 있다.

　예 슈퍼에 가**는 김에** 우유 좀 사다주시겠습니까?
　　= 슈퍼에 가**는 길에** 우유 좀 사다주시겠습니까?

2️⃣ '-(으)ㄴ/는 김에'는 의문, 명령, 청유 등의 문장에 사용할 수 있다

　예 제주도에 가**는 김에** 한라산에서 해돋이를 **볼래요**?
　　제주도에 가**는 김에** 한라산에서 해돋이를 **보세요**.
　　제주도에 가**는 김에** 한라산에서 해돋이를 **봅시다**.

연습문제 exercise

01 보기 와 같이 두 문장을 한 문장으로 완성하십시오.

> 보기 부산으로 출장을 가다 / 히로미 씨를 만나다
> → 부산으로 출장을 <u>간 김에</u> 히로미 씨를 만났어요.

(1) 오랜만에 서면에 나오다 / 영화를 보다

→ _____.

(2) 고향에 가다 / 초등학교 때 친구를 만나다

→ _____.

(3) 전화벨 소리에 잠이 깨다 / 공부를 하다

→ _____.

(4) 모처럼 병원에 가다 / 건강 검진을 받다

→ _____.

02 다음 보기 와 같이 대화를 완성해 보십시오.

> 보기 가 : 얼마 전에 산 옷을 바꾸러 명동에 가려고 하는데 같이 갈래요?
> 나 : 좋아요. 명동에 <u>가는 김에</u> 영화라도 한 편 봐요.

(1) 가 : 학생이니까 천 원 깎아서 만 천원만 줘.

나 : 이왕 _____ 천 원만 더 깎아주세요

(2) 가 : 스티브 씨, 부산 출장은 잘 다녀오셨어요?

나 : 네, 모처럼 부산에 _____ 광안리에 가서 회도 먹었어요.

(3) 가 : 청소를 _____ 밀린 빨래도 같이 하자.

나 : 알았어. 빨래말고 또 할 거 있어?

가 : 음. 빨래가 끝나면 슈퍼마켓에 먹을 것 좀 사러 가자.

-느라고

의미　앞 문장이 뒤 문장의 이유나 원인이 될 때 사용한다.

- 가 : 요즘 왜 연락이 없어요? 바빴어요?
  나 : 네, 시험공부를 하**느라고** 바빴어요.

예문
(1) 춤 연습하**느라고** 숙제를 못 했어요.
(2) 이야기하**느라고** 전화를 못 받았어요.
(3) 등록금을 버**느라고** 매일 아르바이트를 했어요.
(4) 가 : 시험공부는 많이 했니?
　　나 : 아니, 아르바이트를 하**느라고** 많이 못 했어.
(5) 가 : 왜 늦었어요?
　　나 : 미안해요. 드라마를 보**느라고** 시간이 가는 줄 몰랐어요.

	동사
-느라고	가다 → 보**느라고**
	먹다 → 먹**느라고**

1 앞 문장과 뒤 문장의 주어는 항상 같다.

　예 동생이 드라마를 보느라고 (동생이) 숙제를 안 했다. (○)
　　동생이 드라마를 보느라고 **나는** 공부를 못 했다. (×)

2 앞 문장에는 '안'이나 '못'과 같은 부정이 올 수 없다.

　예 공부를 하느라고 바쁘다. (○)
　　공부를 **안** 하느라고 바쁘다. (×)

3 뒤 문장에는 항상 부정 표현이나 부정의 의미를 사용한다.

　예 연애하느라고 정말 행복했어요. (×)

4 뒤 문장에는 명령문이나 청유문을 사용할 수 없다.

　예 쇼핑을 하느라고 카드만 썼다. (○)
　　쇼핑을 하느라고 카드만 쓰자! (×)

⑤ '-느라고' 앞에는 과거나 미래 표현을 사용할 수 없다.

예 어제 축구를 봤느라고 숙제를 못 **했다**. (×)

내일 축구를 봤겠느라고 숙제를 못 **할 것이다**. (×)

⑥ '-느라고'는 동사 중에서 시간이 필요한 동사만 사용한다.

예 잠에서 깨느라고 밥을 못 먹었다. (×)

아침에 일어나느라고 밥을 못 먹었다. (×)

01 다음 보기 와 같이 '-느라고'를 사용해서 문장을 만들어 보십시오.

> 보기
> 지희는 아침에 늦잠을 잤습니다. 그래서 아침밥을 못 먹었습니다.
> → 지희는 아침에 늦잠을 자느라고 아침밥을 못 먹었습니다.

(1) 말하기 대회 연습을 많이 했습니다. 그래서 힘들었습니다.

→ _____.

(2) 수영 씨는 아르바이트를 했습니다. 그래서 오늘 저녁 모임에 못 갔습니다.

→ _____.

(3) 명수 씨는 데이트를 합니다. 그래서 항상 시간이 없습니다.

→ _____.

(4) 현우 씨는 늦게까지 일을 했습니다. 그래서 약속 시간에 늦었습니다.

→ _____.

02 다음 보기 와 같이 대화를 완성해 보십시오.

> 보기
> 가 : 어제 수업에 왜 안 왔어요?
> 나 : 병원에 갔다 오느라고 못 갔어요.

(1) 가 : 히로미 씨, 좀 피곤해 보여요. 잠을 못 잤어요?

나 : _____.(시험공부를 하다 / 잠을 못 자다)

(2) 가 : 명수 씨, 저녁에 통화하기가 왜 그렇게 힘들어요?

나 : 미안해요. _____. (공부하다 / 휴대전화를 꺼 놓다)

(3) 가 : 내일 저녁에 같이 연극을 보러 갈까요?

나 : 안 돼요. 요즘은 _____.(아르바이트를 하다 / 시간이 없다)

(4) 가 : 히로미 씨, 오늘따라 많이 피곤해 보여요.

나 : 네, 어제 늦게까지 _____. (일하다 / 잠을 못 자다)

-다시피

의미

① 듣는 사람이 이미 알고 있는 사실을 다시 확인할 때 사용한다.

- 가 : 요즘 많이 바빠 보이시네요?

  나 : 네, 보시**다시피** 눈코 뜰 새 없이 바빠요.

② 어떤 행동을 실제로 한 것은 아니지만 그 행동에 아주 가깝게 함을 나타낸다.

- 가 : 어디 아파요?

  나 : 아니요, 어제 밤을 새우**다시피** 해서 좀 피곤해요.

예문

(1) 보시**다시피** 제가 몸이 좀 안 좋아요.

(2) 대학교 때, 집이 멀어서 학교 근처 친구 집에서 살**다시피**했다.

(3) 들으셨**다시피** 새로운 선생님이 오실 거예요.

(4) 가 : 공연장은 어떻게 빌렸어요?

  나 : 다른 사람과 싸우**다시피** 해서 빌렸어요.

(5) 가 : 미안하지만 돈 좀 빌려 주세요.

  나 : 미안하다. 너도 알**다시피** 내가 빈털터리잖아.

자세히
알아
봅시다

①		동사
과거	보다 → 보**셨다시피**	
	알다 → 알**았다시피**	
현재	보다 → 보**다시피**	
	알다 → 알**다시피**	

②		동사
과거	*	
현재	뛰다 → 뛰**다시피**	
	날다 → 날**다시피**	

[1] ①의 경우는 보통 '듣다, 알다, 보다, 있다, 느끼다, 배우다 등'과 같은 동사와 함께 사용한다.

  예 너도 **알다시피** 요즘 한국 경제가 어렵다.

    여러분도 **들었다시피** 내일부터 기말시험 입니다.

[2] ②의 경우 '-다시피 하다' 형태로도 사용한다.

  예 살을 빼기 위해서 매일 굶**다시피 한다**.

[3] ①의 의미일 때 '-다시피'는 '-고 있듯이'로 바꿔 사용할 수 있다.

  예 너도 알다시피 내가 요즘 좀 바쁘다.

    = 너도 알**고 있듯이** 내가 요즘 좀 바쁘다.

01 다음 보기 와 같이 대화를 완성해 보십시오.

> 보기
>
> 가 : 요즘 많이 바빠 보이시네요?
>
> 나 : 네, 보시다시피 눈코 뜰 새 없이 바빠요. (보다)

(1) 가 : 학생들은 공부를 열심히 하고 있어요?

　　나 : 네, ＿＿＿＿＿＿＿＿＿＿＿＿＿＿＿＿＿ 열심히 하고 있어요. (보다)

(2) 가 : 누가 노래를 잘 하는 것 같아요?

　　나 : ＿＿＿＿＿＿＿＿＿＿＿＿＿＿＿＿＿ 지희가 제일 잘해요. (듣다)

(3) 가 : 부탁이 있는데 들어 줄 수 있어요?

　　나 : 미안해요. ＿＿＿＿＿＿＿＿＿＿＿＿＿＿ 제가 좀 바빠요. (보다)

(4) 가 : 25일에 예약을 하고 싶은데요.

　　나 : ＿＿＿＿＿＿＿＿＿＿＿＿＿＿＿＿＿ 주말이라 방이 없습니다. (알다)

02 보기 와 같이 문장을 완성하십시오.

> 보기
>
> 시간이 없다 / 날다 / 학교에 가다
>
> → 시간이 없어서 날다시피 학교에 갔다.

(1) 노래를 좋아하다 / 노래방에서 살다 / 하다

　　→ ＿＿＿＿＿＿＿＿＿＿＿＿＿＿＿＿＿＿＿＿＿＿＿＿＿＿＿.

(2) 다이어트를 위하다 / 매일 굶다 / 살을 빼다

　　→ ＿＿＿＿＿＿＿＿＿＿＿＿＿＿＿＿＿＿＿＿＿＿＿＿＿＿＿.

(3) 시험 때문에 밤을 새우다 / 공부하다

　　→ ＿＿＿＿＿＿＿＿＿＿＿＿＿＿＿＿＿＿＿＿＿＿＿＿＿＿＿.

–더니

의미

① 과거의 경험한 사실이나 상황이 뒤 문장의 원인이나 이유가 될 때 사용한다.

- 가 : 밖에 비가 많이 오네요.
  나 : 그래요? 아침에 날씨가 흐리**더니** 비가 오는군요.

② 과거의 경험한 사실이나 상황이 앞 문장과 상반될 때 사용한다.

- 가 : 아까 하나 씨 봤어요? 방학이 끝나고 오니까 다른 사람이 되어 있더라고요.
  나 : 그러니까요. 예전에는 뚱뚱하**더니** 지금은 정말 날씬해졌어요.

예문

(1) 탕홍 씨가 열심히 공부하**더니** 이번 시험에서 1등을 했대요.

(2) 작년에는 비가 많이 오**더니** 올해에는 비가 한 방울도 안 오네요.

(3) 명수 씨가 어제는 기분이 좋**더니** 오늘은 기분이 안 좋은 것 같아요.

(4) 가 : 요즘 왕홍 씨가 통 학교에 안 오네요.

  나 : 얼마 전에 여자 친구가 생기**더니** 학교에 오지를 않네요.

(5) 가 : 요즘 자야 씨한테 무슨 일이 있나요? 대답도 잘 안하고 모임에도 참석 안 해요.

  나 : 그러게요. 예전에는 모든 일에 적극적이**더니** 요즘에는 인사도 잘 안 하네요.

자세히
알아
봅시다

	동사	형용사	명사
–더니	가다 → 가**더니**	바쁘다 → 바쁘**더니**	아이 → 아이**더니**
	먹다 → 먹**더니**	어렵다 → 어렵**더니**	학생 → 학생**이더니**

1 '–더니'는 '나'가 아닌 **다른 사람**에게만 사용할 수 있다.

- 예 **탕홍 씨**가 열심히 공부하더니 이번 시험에서 1등을 했어요. (○)
  내가 열심히 공부하더니 이번 시험에서 1등을 했어요. (×)

2 '–더니'는 앞 문장과 뒤 문장의 주어와 주제가 같아야 한다.

- 예 **탕홍 씨**가 열심히 공부하더니 (**탕홍 씨**가) 이번 시험에서 1등을 했어요. (○)
  탕홍 씨가 열심히 공부하더니 **왕홍 씨**가 이번 시험에서 1등을 했어요. (×)

- 예 **왕홍 씨**가 **여자 친구가 생기**더니 **학교에 오지를 않네요.** (○)
  왕홍 씨가 여자 친구가 생기더니 **비가 오네요.** (×)
  (여자 친구가 생긴 것과 비가 오는 것은 관계가 없다.)

3 '–더니'는 뒤 문장에 미래가 오지 않는다.

- 예 아침에는 비가 엄청 오더니 저녁에 안 **올 거예**요. (×)

연습문제 exercise

01 보기 와 같이 두 문장을 한 문장으로 완성하십시오.

> 보기
> 아침에는 학생들이 시끄럽다 / 지금은 조용하다
> → 아침에는 학생들이 시끄럽더니 지금은 조용해졌다.

(1) 아침에 비가 오다 / 지금은 안 오다

→ _____ .

(2) 현우 씨는 지난주에 바쁘다 / 이번 주는 한가하다

→ _____ .

(3) 어제 영화관에 사람이 많다 / 오늘은 사람이 많지 않다

→ _____ .

(4) 수영 씨는 처음 한국에 왔을 때 한국 음식을 못 먹다 / 지금은 한국 음식만 먹는다.

→ _____ .

02 다음 보기 와 같이 대화를 완성해 보십시오.

> 보기
> 가 : 요즘 왕홍 씨가 학교에 잘 안 오네요.
> 나 : 얼마 전에 여자 친구가 생기더니 학교에 오지를 않네요.

(1) 가 : 스티브 씨는 요즘에도 클럽에 자주 다니나요?

나 : 아니요, 지난 시험에 _____ 요즘에는 공부만 한다고 하던데요.

(2) 가 : 아까 왕홍 씨가 배가 아프다고 그러던데 많이 아픈가요?

나 : 더워서 아이스크림만 _____ 배탈이 나서 그래요.

(3) 가 : 탕홍 씨가 매일 도서관에 가면서 열심히 _____ 장학금을 받았대요.

나 : 정말요? 나도 장학금을 받으려면 오늘부터 도서관에 가야겠어요.

(4) 가 : 아까 제시카 씨 봤어요? 살이 정말 많이 빠졌던데요.

나 : 그러니까요. 방학 때 열심히 _____ 다이어트에 성공한 것 같아요.

–았/었더니

의미

① 과거의 사실이나 상황과 다른 새로운 사실이나 상황이 나타날 때 사용된다.

- 가 : 오랜만에 제시카 씨를 **봤더니** 너무 예뻐졌더라고요.
  나 : 남자친구가 생겨서 그런가 봐요.

② 과거의 사실이나 상황이 원인이나 이유가 되어 뒤 문장의 결과를 나타낼 때 사용된다.

- 가 : 명수 씨, 오늘 커피를 많이 마시네요.
  나 : 네. 어제 늦게까지 올림픽경기를 **봤더니** 계속 졸리네요.

예문

(1) 백화점에 **갔더니** 세일을 해서 하나 샀어요.
(2) 주말에 푹 쉬**었더니** 피로가 풀린 것 같아요.
(3) 어제 노래방에서 노래를 많이 불렀**더니** 목이 아프네요.
(4) 가 : 어제 도서관에 **갔더니** 사람들이 많더라고요.
    나 : 다음 주부터 시험기간이잖아요.
(5) 가 : 벌써 점심때가 됐네요. 밥 먹으러 갈까요?
    나 : 죄송해요. 아침을 늦게 먹**었더니** 아직 배가 안 고프네요.

자세히 알아 봅시다

–았/었더니	동사
	가다 → **갔더니**
	먹다 → **먹었더니**

1 '–았/었더니'는 뒤 문장에 '–겠–'이나 '–(으)ㄹ 거예요'와 같이 미래를 나타내는 말이 올 수 없다.

  예 낮에 커피를 많이 마**셨더니** 잠이 안 **온다**. (○)
    낮에 커피를 많이 마**셨더니** 잠이 안 **올 거예요**. (×)

2 '–았/었더니'가 ①의 뜻일 때에는 보통 뒤에 간접화법의 형태로 많이 사용된다.

  예 그 사람에게 같이 영화 보자고 했더니 **좋다고 했다**.
    병원에 갔더니 의사 선생님이 담배를 **피우지 말라고 했다**.

3 '–았/었더니'가 ②의 뜻일 때에는 앞 문장의 주어가 말하는 사람이 되어야 한다.

  예 (**내가**) 아침을 늦게 먹었더니 배가 안 고파요. (○)
    명수 씨가 아침을 늦게 먹었더니 배가 안 고파요. (×)

  ☞ 앞 문장의 주어가 말하는 사람이 아닐 때에는 '–더니'를 사용한다.

  예 **명수 씨**가 열심히 공부하**더니** 시험에 합격했어요.

-더니 vs -았/었더니

'-더니'와 '-았/었더니'는 과거의 일 때문에 나타난 결과를 뜻한다는 점에서는 같지 만 문장의 주어에 따라서 다르게 사용한다. 또한, '-더니'는 동사와 형용사 모두 사 용할 수 있지만, '-았 /었더니'는 동사만 사용할 수 있다.

	(1) -더니	(2) -았/었더니
형용사 사용	○	X
비교	○	X
앞 문장에 대한 결과	○	○
앞, 뒤 문장의 주어	다른 사람	나

예문

(1) 왕홍 씨가 어제는 기분이 **좋더니** 오늘은 기분이 안 좋은 것 같아요. (O)

왕홍 씨가 다이어트를 하려고 열심히 **운동하더니** (**왕홍 씨가**) 살이 많이 빠졌어요. (O)

내가 열심히 공부하더니 일등을 했다. (×)

(2) (**내가**) 다이어트를 하려고 열심히 **운동했더니** (**내가**) 살이 많이 빠졌어요. (O)

왕홍 씨가 열심히 **공부했더니** 일등을 했다. (×)

연습문제 e x e r c i s e

01 보기 와 같이 두 문장을 한 문장으로 완성하십시오.

> 보기
> 어제 학교에 가다 / 사람이 많이 없다
> → 어제 학교에 갔더니 사람이 많이 없더라고요.

(1) 가방을 열다 / 다른 사람의 가방이다

→ _____ .

(2) 아침에 일어나다 / 9 시라서 택시를 타다

→ _____ .

(3) 주말에 백화점에 가다 / 세일을 해서 구두를 사다

→ _____ .

(4) 오늘 은행에 가다 / 문이 닫혀 있다

→ _____ .

02 보기 와 같이 '-았/었더니'를 사용해서 대화를 완성하십시오.

> 보기
> 가 : 점심 시간이 다 되었는데 밥이나 먹으러 갑시다.
> 나 : 죄송해요. 아침을 늦게 먹었더니 배가 안 고파요.

(1) 가 : 히로미 씨, 오늘 기분 좋은 일이 있나 봐요?

나 : 네, 남자친구한테서 _____ 기분이 좋아요.

(2) 가 : 어제 무슨 일이 있었어? 얼굴이 많이 부었어.

나 : 어제 슬픈영화를 보고 _____ 얼굴이 많이 부었네.

(3) 가 : 목이 왜 이렇게 쉬었어요?

나 : 어제 노래방에서 _____ 목이 다 쉬었네요.

(4) 가 : 현우 씨, 피곤해 보여요. 괜찮아요?

나 : 네, 괜찮아요. 어제 _____ 조금 졸려요.

-(으)ㄴ/는 탓에

의미

앞문장의 이유로 뒤 문장에 안 좋은 결과가 올 때 사용한다.

- 가 : 무슨 약을 드세요?

  나 : 소화제요. 어젯밤에 많이 먹**은 탓에** 소화가 잘 안 돼요.

예문

(1) 요즘 바빠서 운동을 못**한 탓에** 살이 많이 쪘어요.

(2) 공부를 많이 못**한 탓에** 시험에 떨어졌다.

(3) 오늘 학교에 가지 못한 것은 늦잠을 **잔 탓이에요.**

(4) 가 : 왜 이렇게 기차가 늦게 가죠?

  나 : 눈이 **온 탓에** 천천히 가는 것 같아요.

(5) 가 : 오늘 피곤해 보이시네요.

  나 : 어제 룸메이트가 밤늦게까지 전화를 **한 탓에** 잠을 못 잤어요.

	동사	형용사	명사 + 이다
과거	가다 → **간 탓에** 먹다 → **먹은 탓에**	*	*
현재	가다 → 가**는 탓에** 먹다 → 먹**는 탓에**	예쁘다 → 예**쁜 탓에** 작다 → 작**은 탓에**	여자이다 → 여자**인 탓에** 학생이다 → 학생**인 탓에**

1 '(으)ㄴ/는 탓에'는 '-(으)ㄴ/는 탓이다'의 형태로 사용할 수 있다.

  예 오늘 이렇게 힘든 이유는 네가 나를 괴롭**힌 탓이다.**

2 '(으)ㄴ/는 탓에'는 '명사+탓이다'의 형태로 사용할 수 있다.

  예 이 일이 일어난 것은 모두 **가난 탓이다.**

  일이 이렇게 된 것은 그 **사람 탓이다.**

3 '-(으)ㄴ 탓(에)'는 좋지 않은 결과가 뒤에 나오는 '-는 통에'와 '-는 바람에'와 바꿔 사용할 수 있다.

  예 룸메이트가 떠드**는 탓에** 잠을 못 잤다.

  = 룸메이트가 떠드**는 통에** 잠을 못 잤다.

  = 룸메이트가 떠드**는 바람에** 잠을 못 잤다.

연습문제 e x e r c i s e

01 다음 보기 와 같이 '-(으)ㄴ/는 탓에'를 사용해서 대화를 완성하십시오.

> 보기
> 가 : 왜 이렇게 기차가 늦게 가죠?
> 나 : 눈이 온 탓에 천천히 가는 것 같아요. (눈이 오다)

(1) 가 : 왜 이렇게 늦었어요?

　　나 : 어젯밤 늦게까지 ＿＿＿＿＿＿＿＿＿＿ 늦잠을 잤어요. (술을 마시다)

(2) 가 : 엄마가 왜 이렇게 화가 많이 났니?

　　나 : ＿＿＿＿＿＿＿＿＿＿ 엄마가 화나셨지. (네가 늦게 오다)

(3) 가 : 그 사람이 왜 이번에 승진을 못했지?

　　나 : ＿＿＿＿＿＿＿＿＿＿ 승진을 못했대요. (결근을 자주 하다)

(4) 가 : 오늘 반납할 책을 가지고 왔어요?

　　나 : 아침에 ＿＿＿＿＿＿＿＿＿＿ 못 가지고 왔어요. (늦게 일어나다)

02 '-(으)ㄴ/는 탓에'를 사용해서 대화를 완성하십시오.

(1) 가 : 스티븐 씨, 어제는 왜 학교에 안 오셨어요?

　　나 : 주말에 운동을 했는데 너무 오랜만에 ＿＿＿＿＿＿＿＿＿＿ 몸살이 났어요.

(2) 가 : 약속 시간이 30분이나 지났는데 왜 이제야 와? 그리고 왜 내가 전화했는데도 안 받아?

　　　얼마나 오래 기다렸는지 알아?

　　나 : 미안해. 오는 길에 교통사고가 ＿＿＿＿＿＿＿＿ 길이 막혀서 꼼짝도 못했어.

(3) 가 : 명수 씨는 성격이 너무 소심한 것 같아요.

　　나 : 맞아요. 성격이 너무 ＿＿＿＿＿＿＿＿ 상처도 많이 받는 것 같더라고요.

(4) 가 : 지희 씨, 작년보다 덜 춥지 않아요?

　　나 : 네, 이번 겨울에 추울 거라고 생각해서 패딩까지 샀는데 못 입고 있어요.

　　가 : 작년보다 날씨가 ＿＿＿＿＿＿＿＿ 난방 제품이 잘 안 팔린대요.

-(으)ㄴ/는 데다가

의미   앞 문장의 사실(정보, 일)에 뒤 문장의 사실(정보, 일)을 추가해서 말할 때 사용한다.

- 가 : 히로미 씨는 좀 어때요? 괜찮아요?
  나: 아니요, 아직도 기침을 하**는 데다가** 열도 많이 나요.

예문

(1) 비가 오**는 데다가** 바람도 많이 불어요.

(2) 내 동생은 술을 좋아하**는 데다가** 담배까지 피워요.

(3) 히로미 씨는 똑똑**한 데다가** 공부까지 열심히 해요.

(4) 가 : 명수 씨는 어떤 사람이에요?

  나 : 얼굴이 잘생**긴 데다가** 키도 커요.

(5) 가 : 요즘 서울 날씨는 어때요?

  나 : 요즘은 **더운 데다가** 바람도 안 불어요.

자세히
알아
봅시다

	동사	형용사	명사 + 이다
과거	가다 → 간 **데다가**	*	*
	먹다 → 먹은 **데다가**		
현재	가다 → 가**는 데다가**	예쁘다 → 예쁜 **데다가**	친구 → 친구**인 데다가**
	먹다 → 먹**는 데다가**	많다 → 많은 **데다가**	학생 → 학생**인 데다가**

1️⃣ '-(으)ㄴ/는 데다가'는 앞 문장과 뒤 문장의 주어가 같아야 한다.

  예 명수는 밥을 먹는 데다가 수영은 과자를 먹어요. (×)
  명수는 밥을 먹는 데다가 (**명수는**) 과자도 먹어요. (○)

2️⃣ '-(으)ㄴ/는 데다가'는 앞 문장과 뒤 문장은 서로 관계가 있어야 한다.

  예 기침을 많이 하는 데다가 밥을 먹어요. (×)
  기침을 많이 하는 데다가 열도 있어요. (○)

3️⃣ -(으)ㄴ는 데다가'는 '-(으)ㄹ 뿐만 아니라'와 바꿔서 사용할 수 있다.

  예 그 백화점은 가격이 **싼 데다가** 친절해요.
  = 그 백화점은 가격이 **쌀 뿐만 아니라** 친절해요.

01 다음 보기 와 같이 '-(으)ㄴ/는 데다가'를 사용해서 대화를 완성해 보십시오.

> 보기
> 가 : 명수 씨는 인기가 많은 것 같아요.
> 나 : 네, 얼굴도 잘생긴 데다가 공부도 잘해서 인기가 많아요.
> (얼굴도 잘생기다 / 공부도 잘하다)

(1) 가 : 저 하숙집은 괜찮아요?

　　나 : _____ 살기가 좋아요.
　　　　　(지하철이 가깝다 / 큰 시장이 있다)

(2) 가 : 요즘 히로미 씨 얼굴이 안 좋아 보여요. 무슨 일 있어요?

　　나 : _____ 힘이 들어요.
　　　　　(시험에 떨어지다 / 남자친구랑 헤어지다)

(3) 가 : 명수 씨와는 아는 사이예요?

　　나 : 네, _____ 알고 있어요.
　　　　　(같은 중학교를 졸업하다 / 아르바이트도 같이 하다)

(4) 가 : 그 옷도 괜찮은데 왜 바꿨어요?

　　나 : 입어 보니까 _____ 바꿨어요.
　　　　　(허리가 크다 / 나랑 안 어울리다)

02 다음 보기 와 같이 '-(으)ㄴ/는 데다가'를 사용해서 대화를 만들어 보십시오.

> 보기
> 가 : 왜 시를 싫어해요?
> 나 : 재미도 없는 데다가 이해하기가 너무 어렵거든요.

(1) 가 : 명수 씨는 그 신발을 자주 신는 것 같아요.

　　나 : 발이 _____.

(2) 가 : 왜 늦었어요?

　　나 : 아침에 늦게 _____.

(3) 가 : 남대문 시장에 갔다와 보니까 어땠어요?

　　나 : 가격도 _____ 쇼핑하기가 좋았어요.

–(으)ㄴ/는 대신에

의미 앞 문장의 일을 하지 않고 뒤 문장의 일로 바꾸거나 그와 비슷한 다른 것으로 보상할 때 사용한다.

- 가 : 밥 먹었어요?
  나 : 입맛이 없어서 밥을 먹는 **대신에** 빵을 먹었어요.

예문

(1) 백화점은 물건 값이 비**싼 대신에** 질이 좋은 물건이 많다.
(2) 소고기가 너무 비싸서 소고기 **대신에** 닭고기를 사용했다.
(3) 스티브 씨는 모임에 안 오**는 대신에** 회비를 많이 냈다.
(4) 가 : 어제 학교 안 오고 뭐 했어요?
   나 : 학교에 안 **간 대신에** 집에서 공부했어요.
(5) 가 : 주말까지 일하니까 너무 힘들어요.
   나 : 주말에 일하**는 대신에** 월급을 더 받잖아요.

		동사	형용사	명사 + 이다
과거		가다 → **간 대신에**	*	*
		먹다 → 먹**은 대신에**		
현재		가다 → 가**는 대신에**	예쁘다 → 예**쁜 대신에**	우유 → 우유 **대신에**
		많다 → 먹**는 대신에**	많다 → 많**은 대신에**	신발 → 신발 **대신에**

[1] '–(으)ㄴ/는 대신에'에서 '에'를 생략할 수 있다.

  예) 영어를 공부하는 대신**에** 수학을 공부했어요.
    = 영어를 공부하는 대신 수학을 공부했어요.

[2] '명사 + 대신에'로도 사용할 수 있다.

  예) **술 대신에** 커피나 한잔해요.
    오늘은 일이 생겨서 **제 대신에** 명수 씨가 갈 겁니다.

연습문제 exercise

01 다음 보기 와 같이 두 문장을 한 문장으로 완성하십시오.

> 보기
>
> 친구가 오다 / 내가 오다
> → 친구가 오는 대신에 내가 왔다.

(1) 밥을 먹다 / 빵을 먹었다

→ _____.

(2) 설탕을 넣다 / 소금을 넣었다

→ _____.

(3) 양복을 입다 / 티셔츠를 입다

→ _____.

(4) 연극을 보다 / 영화를 보다

→ _____.

02 다음 보기 와 같이 '-(으)ㄴ/는 대신에'를 사용해서 대화를 완성해 보십시오.

> 보기
>
> 가 : 감기약은 먹었어요?
> 나 : 아니요, 약을 먹는 대신에 잠을 푹 잤어요.

(1) 가 : 서울은 물가가 비싸지요?

나 : 네, 하지만 물가가 _____ 월급이 많잖아요.

(2) 가 : 보너스를 받았다면서요?

나 : 네, 토요일에 _____ 보너스를 받는 거예요.

(3) 가 : 백화점은 물건 값이 너무 비싸요.

나 : 백화점은 _____ 질 좋은 물건이 많잖아요.

(4) 가 : 김 선생님은 노래를 못하는 것 같아요.

나 : 그런 것 같아요. 하지만 _____ 춤을 잘 춘대요.

-(으)ㄴ/는 반면에

의미

앞 문장의 내용이 뒤 문장과 반대의 의미일 때 사용한다.

- 가 : 대학 생활은 어때요? 좋아요?
  나 : 대학 생활은 재미있고 좋**은 반면에** 과제가 많아서 힘들어요.

예문

(1) 이 바지는 편**한 반면에** 좀 비싸요.

(2) 히로미 씨는 수학은 못하**는 반면에** 운동은 잘한다.

(3) 스티브 씨는 쓰기는 잘하**는 반면에** 읽기를 못해요.

(4) 가 : 이번에 새로 옮긴 회사는 어때요?
  나 : 월급이 많**은 반면에** 일이 많아요.

(5) 가 : 시험이 많이 어려웠어요?
  나 : 듣기는 쉬**운 반면에** 읽기는 어려웠어요.

자세히 알아 봅시다

	동사	형용사
과거	가다 → **간 반면에**	*
	먹다 → 먹**은 반면에**	
현재	가다 → 가**는 반면에**	예쁘다 → 예**쁜 반면에**
	많다 → 먹**는 반면에**	작다 → 작**은 반면에**

1 '-(으)ㄴ/는 반면에'에서 '에'를 생략할 수 있다.

  예 가격이 싼 반면**에** 품질이 좋아요.
  = 가격이 싼 반면 품질이 좋아요.

2 회상의 의미를 나타낼 때는 '았/었던 반면에'로 사용할 수 있다.

  예 어릴 때 언니는 밖에서 **놀았던 반면에** 나는 늘 집에 있었다.
  동생이 공부를 **잘했던 반면에** 난 늘 꼴등이었어.

3 '-(으)ㄴ/는 반면에'는 '-(으)ㄴ/는 데 반해'로 바꿔 쓸 수 있다.

  예 명수씨는 공부는 잘하**는 반면에** 운동은 못한다.
  명수씨는 공부는 잘하**는 데 반해** 운동은 못한다.

연습문제 exercise

01 '-(으)ㄴ/는 반면에'를 사용하여 문장을 만들어 보십시오.

> **보기**
> 이 음식은 맛있다 / 비싸다
> → 이 음식은 맛있는 반면에 비싸다.

(1) 히로미씨는 똑똑하다 / 눈치가 없다

→ _____ .

(2) 유학생활은 재미있다 / 외롭다

→ _____ .

(3) 학생들을 가르치는 일은 힘들다 / 보람이 있다

→ _____ .

(4) 이 휴대전화는 기능이 많다 / 자주 고장이 나다

→ _____ .

02 다음 **보기** 와 같이 '-(으)ㄴ/는 반면에'를 사용해서 대화를 완성해 보십시오.

> **보기**
> 가 : 이번에 새로 옮긴 회사는 어때요?
> 나 : 월급이 많은 반면에 일이 많아요.

(1) 가 : 이번 시험이 어땠어요?

　　나 : _____ .

(2) 가 : 이 영화는 볼 만한 영화예요?

　　나 : _____ .

(3) 가 : 새로 이사한 집은 좋아요?

　　나 : _____ .

(4) 가 : 한국 생활은 어때요?

　　나 : _____ .

01~09 다음 ( )에 알맞은 것을 고르십시오.

01

> 가 : 외국 출장 가서 일만 하고 왔어요?
> 나 : 아니요, 출장 ( ) 여행도 했어요.

① 가든지 　　　　　　　　② 가다시피
③ 간 김에 　　　　　　　　④ 간 바람에

02

> 가 : 시험공부는 많이 했어?
> 나 : 아니, 어제 아르바이트를 ( ) 못했어.

① 하든지 　　　　　　　　② 하더니
③ 하느라고 　　　　　　　④ 하다시피

03

> 가 : 미안하지만 돈 좀 빌려 줄 수 있어?
> 나 : 너도 ( ) 월급을 못 받아서 돈이 하나도 없어.

① 알더니 　　　　　　　　② 알다시피
③ 알더라도 　　　　　　　④ 알았다가

04

> 가 : 요즘 영호한테 무슨 일이 있어요? 결석이 잦네요.
> 나 : 잘 모르겠어요. 얼마 전에는 열심히 ( ) 최근에는 공부를 안 하네요.

① 공부하더니 　　　　　　② 공부하다시피
③ 공부하는 데다가 　　　　④ 공부하는 대신에

05

> 가 : 남편이 쉬는 날에 아이들과 자주 놀아 주나요?
> 나 : 아니요, 너무 ( ) 잠만 자는 걸요.

① 피곤한 탓에 　　　　　　② 피곤한 대신에
③ 피곤한 데다가 　　　　　④ 피곤한 반면에

06

> 가 : 제가 보기에는 그 구두도 괜찮은데 왜 바꿨어요?
> 나 : 신어 보니까 너무 (   ) 불편해서요.

① 큰 김에   ② 큰 데다가

③ 큰 대신에   ④ 큰 반면에

07

> 가 : 다음 주말에 제주도에 여행 간다면서요?
> 나 : 아니요, 제주도에 (   ) 서울에 가려고요.

① 가는 김에   ② 가는 대신에

③ 가는 데다가   ④ 가는 반면에

08

> 가 : 이번 토픽 시험은 어땠어요?
> 나 : 읽기는 (   ) 듣기는 좀 어려웠어요.

① 쉬운 김에   ② 쉬운 탓에

③ 쉬운 데다가   ④ 쉬운 반면에

09

> 가 : 명수 씨, 오늘 커피를 많이 마시네요.
> 나 : 네, 어제 늦게까지 올림픽경기를 (   ) 계속 졸리네요.

① 봤거든   ② 봤더라면

③ 봤더니   ④ 봤기에는

10~18 다음 밑줄 친 부분이 맞는 것을 고르십시오.

10 ① 이 청바지는 <u>편한 반면에</u> 좀 비싸요.

② 값을 깎아 <u>주는 김에</u> 품질이 안 좋아요.

③ 친구들이 조용히 해 <u>준 탓에</u> 일등을 했어요.

④ 명수는 밥을 <u>먹는 데다가</u> 수영은 과자를 먹어요.

11 ① 쇼핑을 <u>하느라고</u> 신용카드만 쓰도록 하세요.
② 너무 바빠서 밥을 <u>먹는 대신에</u> 우유를 마셨어요.
③ 기침을 많이 <u>하는 데다가</u> 약을 먹어서 괜찮아요.
④ 아침에는 비가 엄청 <u>오더니</u> 저녁에 안 올 거예요.

12 ① 남포동에 <u>간 김에</u> 영화를 보고 오자.
② 공연 <u>준비했느라고</u> 전화를 못 받았어요.
③ 공부를 많이 <u>한 탓에</u> 시험에 합격했어요.
④ 새로 오신 선생님은 키가 <u>크는 데다가</u> 못 생겼어요.

13 ① 빌려 <u>줄 김에</u> 하루만 더 빌려 주세요.
② 오후에는 <u>덥더니</u> 저녁이 되니까 춥네요.
③ 심심하면 책을 <u>읽었든지</u> 영화를 보세요.
④ 어제 숙제를 <u>했느라고</u> 잠을 한숨도 못 잤어요.

14 ① 너도 <u>들었다시피</u> 소풍 날짜가 바뀌었어.
② 열심히 <u>할 만큼</u> 좋은 소식이 있을 거예요.
③ 그 사람은 어떤 음식을 <u>먹었더라도</u> 맛있게 먹는다.
④ 내일까지 이 일을 빨리 끝내야 <u>할 테니까</u> 큰일이에요.

15 ① 영화를 <u>보느라고</u> 전화를 꺼 놓으세요.
② 학교에 갔다 <u>오는 김에</u> 동창을 만났어요.
③ 백화점에 옷을 사러 <u>갔다가</u> 가방도 샀다.
④ 아무리 화가 <u>났더니</u> 친구와 싸우면 안 됩니다.

16 ① 제 청바지를 <u>사는 김에</u> 엄마 옷도 샀어요.
② 명수는 집에 <u>가다가</u> 전 다시 학교에 갔어요.
③ 그 가게는 가격이 <u>저렴한 데다가</u> 불친절해요.
④ 어제는 지희가 <u>결석하더니</u> 오늘은 제가 혼났어요.

17 ① 시험공부를 <u>하느라고</u> 안 바빴어요.
② 가격이 <u>저렴할 반면에</u> 품질이 좋아요.
③ 여자 친구가 <u>생긴더니</u> 통 학교에 안 와요.
④ 제가 누구를 <u>사랑하든지</u> 상관하지 마세요.

18 ① 여기가 내가 태어나던 곳이다.

② 시험공부를 하는 바람에 안 바빴어요.

③ 아침을 늦게 먹었더니 배가 안 고파요.

④ 여행을 가야할 테니까 어디가 좋을까요?

19~23 다음 밑줄 친 부분과 바꾸어 쓸 수 있는 것을 고르십시오.

19

> 가 : 시장에 가는데 뭐 필요한 거 있어요?
>
> 나 : 그럼 시장에 가는 김에 치킨 좀 사 오세요.

① 가느라고　　　　　　　② 가는 데다가

③ 가는 길에　　　　　　　④ 가는 바람에

20

> 가 : 요즘 물건 값이 왜 이렇게 비싸지?
>
> 나 : 너도 알다시피 요즘 물가가 많이 올랐잖아.

① 알고 있더니　　　　　　② 알고 있든지

③ 알고 있듯이　　　　　　④ 알고 있을 텐데

21

> 가 : 요즘 좀 더운 것 같아요.
>
> 나 : 그러게요. 작년에는 괜찮더니 올해는 너무 덥네요.

① 괜찮아도　　　　　　　② 괜찮든지

③ 괜찮으면　　　　　　　④ 괜찮았는데

22

> 가 : 한라산에 잘 갔다 왔어요?
>
> 나 : 아니요, 눈이 많이 <u>온 탓에</u> 못 갔어요.

① 오는 바람에   ② 오는 대신에

③ 오는 김에   ④ 오는 데다가

23

> 가 : 지희 씨 몸은 좀 어때요?
>
> 나 : 아직도 열이 많이 <u>나는 데다가</u> 기침도 많이 해요.

① 난 탓에   ② 나더니

③ 나느라고   ④ 날 뿐만 아니라

–(으)ㄴ/는 셈이다

의미

앞 내용과 비슷하다고 느낄 때 사용한다.

- 가 : 한국에서 오래 살았어요?
  나 : 10년 넘게 살았으니 고향**인 셈이지요**.

예문

(1) 휴대폰이 만원이면 거의 공짜**인 셈이지요**.

(2) 아침에 물만 마셨으니 굶**은 셈이에요**.

(3) 이제 여기만 보면 서울을 다 본 **셈이네요**.

(4) 가 : 명수씨, 아들은 공부를 잘해요?
  나 : 매번 5등을 하니까 잘하**는 셈이지요**.

(5) 가 : 다음 달이 벌써 9월이에요.
  나 : 이제 방학도 거의 끝**난 셈이네요**.

자세히
알아
봅시다

	동사	형용사	명사 + 이다
과거	가다 → **간 셈이다**	*	무료 → **무료였던 셈이다**
	먹다 → **먹은 셈이다**		고향 → 고향**이었던 셈이다**
현재	가다 → 가**는 셈이다**	싸다 → **싼 셈이다**	무료 → **무료인 셈이다**
	먹다 → 먹**는 셈이다**	낮다 → **낮은 셈이다**	고향 → 고향**인 셈이다**

[1] '–(으)ㄴ/는 셈이다'는 '–(으)ㄴ/는 것과 같다', '–(으)ㄴ/는 것과 마찬가지다'로 바꾸어 쓸 수 있다.

  예 100점에 90점이면 시험을 잘 **본 셈이에요**.

    = 100점에 90점이면 시험을 잘 **본 것과 같아요**.

    = 100점에 90점이면 시험을 잘 **본 거나 마찬가지예요**.

[2] '–(으)ㄹ 셈이다'라는 형태로 앞으로 어떻게 할 계획이나 생각을 말할 때 사용한다.

  예 졸업하면 고향으로 돌아**갈 셈이에요**.

  ☞ '–(으)ㄹ 셈이다'는 '–ㄹ 셈으로'의 형태로도 사용할 수 있다.

  예 영국에 **갈 셈으로** 영어 공부를 하고 있어요.

01 다음 보기 와 같이 '-(으)ㄴ/는 셈이다'를 사용해서 다음 대화를 완성해 보십시오.

> 보기
>
> 가 : 시험 잘 봤어요?
>
> 나 : 네, 90점이니까 잘 본 셈이지요.

(1) 가 : 숙제는 다 했어요?

　　나 : 이제 한 장 남았으니까 다 ＿＿＿＿＿＿＿＿＿＿＿＿＿＿＿＿.

(2) 가 : 컴퓨터를 싸게 샀어요?

　　나 : 네, 20만 원이니까 ＿＿＿＿＿＿＿＿＿＿＿＿＿＿＿＿.

(3) 가 : 김 과장, 서류 다 준비했습니까?

　　나 : 네, 출력만 하면 되니까 ＿＿＿＿＿＿＿＿＿＿＿＿＿＿＿＿.

(4) 가 : 두 분은 친구세요?

　　나 : 같은 회사에서 일하니까 ＿＿＿＿＿＿＿＿＿＿＿＿＿＿＿＿.

02 보기 와 같이 두 문장을 한 문장으로 만들어 보십시오.

> 보기
>
> 컴퓨터 회사에 취직하다 / 컴퓨터 학원에 다니다.
>
> → 컴퓨터 회사에 취직할 셈으로 컴퓨터 학원에 다니고 있어요.

(1) 여자 친구를 만나다 / 학원에 갔다

　　→ ＿＿＿＿＿＿＿＿＿＿＿＿＿＿＿＿＿＿＿＿＿＿.

(2) 보험금을 타다 / 병원에 입원했다

　　→ ＿＿＿＿＿＿＿＿＿＿＿＿＿＿＿＿＿＿＿＿＿＿.

(3) 영어 공부를 하다 / 외국인 회사에서 일했다

　　→ ＿＿＿＿＿＿＿＿＿＿＿＿＿＿＿＿＿＿＿＿＿＿.

(4) 취직을 하다 / 서울로 갔다

　　→ ＿＿＿＿＿＿＿＿＿＿＿＿＿＿＿＿＿＿＿＿＿＿.

–(으)ㄹ 리가 없다

의미 앞 문장의 내용이 사실이 아닐 때나 어떤 이유나 가능성이 없을 때(가능성이 없는 일, 믿을 수 없는 일, 있을 수 없는 일) 사용할 수 있다.

- 가 : 저 사람이 사실은 여자라고 해요.

  나 : 정말요? 믿을 수 없어요. 여자**일 리가 없어요.**

예문
(1) 히로미 씨가 거짓말을 **할 리가 없다.**
(2) 그렇게 열심히 공부했는데 시험에 떨어**질 리가 없다.**
(3) 저 남자가 나를 싫어**할 리가 있어요?**
(4) 가 : 소문 들었어요? 명수랑 수영이가 결혼한대요.

   나 : 설마요. 두 사람이 결혼**할 리가 없어요.**
(5) 가 : 중국으로 가는 비행기 표가 15만 원이래요.

   나 : 아니에요. 15만 원**일 리가 없어요.**

자세히
알아
봅시다

	동사	형용사	명사+이다
과거	가다 → **갔을 리가 없다**	크다 → **컸을 리가 없다**	사과 → 사과**였을 리가 없다**
	먹다 → **먹었을 리가 없다**	작다 → 작**았을 리가 없다**	책 → 책**이었을 리가 없다**
현재	가다 → **갈 리가 없다**	크다 → **클 리가 없다**	사과 → 사과**일 리가 없다**
	먹다 → **먹을 리가 없다**	작다 → 작**을 리가 없다**	책 → 책**일 리가 없다**

1 '–(으)ㄹ 리가 있다'는 항상 의문문에만 쓴다.

   예 지희 씨가 거짓말을 했**을 리가 있어요?** (○)
   지희 씨가 거짓말을 했**을 리가 있어요.** (×)

2 '–(으)ㄹ 리가 없다'는 '절대(로) –지 않았을 것이다'와 바꿀 수 있다.

   예 지희 씨가 거짓말을 했**을 리가 없어요.**
   = 지희 씨가 **절대로** 거짓말을 하**지 않았을 거예요.**

01 보기 와 같이 '-(으)ㄹ 리가 없다'를 사용해서 대화를 만들어 보십시오.

> 보기
> 가 : 소문 들었어요? 명수랑 수영이가 결혼한대요.
> 나 : 설마요. 두 사람이 결혼할 리가 없어요.

(1) 가 : 손님, 계산을 안 하셨는데요.

    나 : 네? 아까 계산했는데요. _____.

(2) 가 : 소식 들었어요? 히로미 씨가 시험에 떨어졌대요.

    나 : 헛소문이 아닐까요? 히로미 씨가 그렇게 열심히 공부했는데 _____.

(3) 가 : 책 연체료가 5,000원입니다.

    나 : _____. 어제 4,000원 냈어요.

(4) 가 : 명수 씨가 매년 다른 사람들 모르게 기부를 해 왔대요.

    나 : 명수씨가 _____. 얼마나 구두쇠인데요.

02 보기 와 같이 대화를 만들어 보십시오.

> 보기
> 가 : 요즘 지희 씨가 하는 말을 믿을 수가 없어요. 지희 씨가 하는 말이 모두 거짓말 같아요.
> 나 : 지희 씨가 거짓말을 할 리가 있어요?

(1) 가 : 너 이 물건 값 계산했어?

    나 : 응? _____? 여기 영수증이 있잖아.

(2) 가 : 우리 아기는 벌써 말을 해요.

    나 : _____? 아직 1살이잖아요.

(3) 가 : 이 커피는 좀 짠 거 같아요.

    나 : 설탕을 넣었는데 _____?

(4) 가 : 제시카 씨가 고향에 돌아갔대요.

    나 : _____? 오늘 낮에 저랑 만났는데요.

–던데(요)

의미   과거의 어떤 일을 보고 느낀 후에 회상하여 말할 때 사용한다.

- 가 : 혹시 히로미 씨 봤어요?

  나 : 조금 전에 병원에 가**던데요**.

예문   (1) 조금 전에 나갔다 왔는데 비가 오**던데요**.

(2) 아침에 보니까 지희 씨가 아픈 것 같**던데요**.

(3) 지난번에 친 시험이 중간고사보다 더 어렵**던데요**.

(4) 가 : 저번 말하기 대회에서 누가 잘했어요?

　　나 : 히로미 씨가 더 잘하는 거 같**던데요**.

(5) 가 : 어제 본 영화가 재미있었어요?

　　나 : 글쎄요. 저는 재미없**던데요**.

	동사	형용사	명사+이다
과거	먹다 → 먹**었던데요**	*	*
	가다 → **갔던데요**		
현재	먹다 → 먹**던데요**	크다 → 크**던데요**	사과 → 사과**던데요**
	가다 → 가**던데요**	귀엽다 → 귀엽**던데요**	책 → 책**이던데요**

1 '–던데요'는 주어로 '나'를 사용할 수 없다. 하지만, 느낌이나 기분을 말할 때는 사용할 수 있다.

　예   **저는** 어제 아침 일찍 학교에 가**던데요**. (×)

　　　저는 아침 일찍 산책을 하니까 기분이 좋던데요. (○)

2 과거에 끝난 일에 대해서는 '–았/었던데요'를 사용한다.

　예   가 : 히로미 씨는 잘 지내요?

　　　나 : 지난주에 고향으로 돌아**갔던데요**.

3 '–겠던데요'는 직접 경험한 후에 추측해서 말할 때 사용한다.

　예   생각보다 사람들이 많이 오**겠던데요**.

01 다음 보기 와 같이 대화를 완성해 보십시오.

> 보기
> 가 : 새로 나온 휴대폰 어때요?
> 나 : 사용해보니까 <u>괜찮던데요</u>. (괜찮다)

(1) 가 : 아직도 그 식당에 사람이 많아요?

　　나 : 아니요. 이제는 별로 _____. (없다)

(2) 가 : 명수는 아직도 화가 나 있어요?

　　나 : 아니요, 조금 전에 친구들과 게임하면서 _____. (놀다)

(3) 가 : 새로 산 치마는 어때요?

　　나 : 좀 _____. (크다)

(4) 가 : 탕홍 씨 병문안을 갔어요? 탕홍 씨는 좀 괜찮아요?

　　나 : 아직 좀 _____. (아프다)

02 다음 보기 와 같이 '–던데요'를 사용해서 대화를 완성해 보십시오.

> 보기
> 가 : 민호 씨, 지희 씨 기분은 어때요? 화가 풀렸어요?
> 나 : 아직 안 <u>풀렸던데요</u>.

(1) 가 : 영화는 재미있었어요?

　　나 : 별로 _____.

(2) 가 : 선생님께서 무슨 말씀을 하셨어요?

　　나 : 내일 시험을 _____.

(3) 가 : 졸업하니까 어때요?

　　나 : 생각보다 _____.

(4) 가 : 부산에 처음 갔지요? 어때요?

　　나 : 생각보다 _____. 꼭 가보세요.

−(으)ㄹ 만하다

의미

① 앞 문장의 사람이나 물건이 가치가 있어서 상대방에게 추천할 때 사용한다.

■ 가 : 한국은 어디가 좋아요?
나 : 여름에는 부산이 가 **볼만 해요**.

② 주어가 할 수 있는 정도나 수준을 말할 때 사용한다.

■ 가 : 많이 아파요?
나 : 지금은 괜찮아요. 참**을 만해요**.

예문

(1) 이 음식은 먹**을 만해요**.
(2) 여름에 가 **볼 만한** 곳이 있어요?
(3) 저 사람은 믿**을 만해요**.
(4) 가 : 이 옷은 유행이 지나지 않았어요?
　　나 : 유행이 지났지만 아직은 입**을 만해요**.
(5) 가 : 요즘 많이 덥지요?
　　나 : 아직까지는 참**을 만해요**.

자세히 알아 봅시다

	동사
−(으)ㄹ 만하다	가다 → 갈 **만하다**
	먹다 → 먹**을 만하다**

1 '−(으)ㄹ 만하다'는 ①번의 뜻일 때 '한번'과 함께 자주 사용한다.

예 부산은 여름에 **한번** 가 볼 만한 곳이다.

2 '−(으)ㄹ 만하다'는 ①번의 뜻일 때는 '−아/어 보다'와 같이 사용해서 말할 수 있다.

예 이 음식은 먹**어 볼** 만해요.

01 다음 보기 와 같이 '-(으)ㄹ 만하다'를 사용해서 대화를 완성해 보십시오.

> 보기
> 가 : 그 소설책은 재미있어요?
> 나 : 네, 심심할 때 _____.(읽다)

(1) 가 : 치과에 갔다 왔어요? 많이 아파요?

　　나 : 아팠지만 _____. (참다)

(2) 가 : 영화 보러 갈까요?

　　나 : 요즘 _____영화가 있을까요? (보다)

(3) 가 : 이 냉장고를 아직 안 버렸어요?

　　나 : 고장이 자주 나지만 아직 _____. (쓰다)

(4) 가 : 요즘 괜찮은 노래가 있어요?

　　나 : 이 노래를 들어 보세요. _____. (듣다)

02 다음 보기 와 같이 '-(으)ㄹ 만하다'를 사용해서 대화를 만들어 보십시오.

> 보기
> 가 : 한국은 여름에 어디로 가는 게 좋아요?
> 나 : 여름에는 부산이 <u>가 볼만 해요.</u>

(1) 가 : 학교 앞에 새로 생긴 부페 식당이 어때요?

　　나 : 맛도 있고 음식 종류가 많아서 _____

(2) 가 : 중국에는 좋은 관광 명소가 많아요?

　　나 : 네, 특히 _____관광지가 많아요.

(3) 가 : 요즘 영화관에 괜찮은 영화가 있어요?

　　나 : 그럼요, _____영화가 많아요.

(4) 가 : 명수 씨는 구두가 많이 있어요?

　　나 : 아니요, _____구두가 없어서 사려고요.

–(으)려던 참이다

의미   가까운 미래 일을 계획할 때 사용한다.

- 가 : 어디 가세요?

  나 : 서면에 쇼핑하러 가요.

  가 : 그럼 같이 가요. 저도 서면에 가**려던 참이에요.**

예문   (1) 지금 막 밥을 먹으**려던 참이에요.**

(2) 지금 제가 도서관에 가**려던 참이니까** 미선 씨 책도 반납하고 올게요.

(3) 안 그래도 지금 출발하**려던 참이에요.**

(4) 가 : 빨리 일어나. 늦었어.

  나 : 알았어. 지금 일어나**려던 참이야.**

(5) 가 : 점심 먹으러 갈래요?

  나 : 좋아요. 저도 막 식당에 가**려던 참이었는**데 잘 됐네요.

	동사
–(으)려던 참이다	가다 → 가**려던 참이다**
	먹다 → 먹으**려던 참이다**

1️⃣ 다음과 같이 청유나 명령에는 사용할 수 없다.

  예 지금 식당에 가려던 참**이자.** (×)

    오늘 오후에 사무실로 오려던 참**이세요.** (×)

2️⃣ '–(으)려던 참이다'는 '지금/막/마침/지금 막/안 그래도/그렇지 않아도' 등과 같이 쓰이는 경우가 많다.

  예 가 : 오늘 만날 수 있어요?

    나 : **안 그래도** 명수 씨를 만나려고 전화하려던 참이에요.

    가 : 도서관에 오늘까지 책을 반납해야 하는데 너무 바쁘네요.

    나 : 제가 대신 반납하고 올게요. **마침** 도서관에 가려던 참이었거든요.

01 다음 보기 와 같이 '-(으)려던 참이다'를 사용하여 문장을 완성하십시오.

보기   안 그래도 서울에 한 번 <u>가보려던 참이에요.</u> (가 보다)

(1) 지금 백화점에 세일을 한다고 해서 _____ 같이 갈래? (가다)

(2) 마침 저도 밥을 _____. (먹다)

(3) 오늘 몸이 안 좋아서 병원에 _____. (들르다)

(4) 옷이 작아서 큰 것으로 _____. (교환하다)

(5) 집에 우유가 다 떨어져서 우유를 _____. (사다)

02 다음 보기 와 같이 '-(으)려던 참이다'를 사용해서 대화를 완성하십시오..

보기   가 : 빨리 일어나. 늦겠다.
        나 : 지금 <u>일어나려던 참이에요.</u>

(1) 가 : 오늘 잠깐 볼 수 있을까요?

　　나 : 안 그래도 명수씨 만나려고_____.

(2) 가 : 오늘 수업에 안 올 거야?

　　나 : 지금 _____.

(3) 가 : 어제 산 휴대폰이 고장 나서 고치러 A/S센터에 가려고 해요.

　　나 : 잘 됐네요. 저도 마침 _____ 같이 가요.

(4) 가 : 옷을 샀어요?

　　나 : 네, 어제 백화점에서 샀어요.

　　가 : 옷이 예쁜데 좀 작은 것 같아요.

　　나 : 저도 그런 것 같아서 _____.

–(으)ㄹ 뿐이다

의미

유일함을 나타낸다. 이것 외에 다른 것은 없을 때 사용한다.

- 가 : 두 사람 어떤 사이예요?
  나 : 단지 친구 사이**일 뿐이에요.**

예문

(1) 이번 토픽시험 칠 때 많이 도와주셔서 감사**할 뿐입니다.**

(2) 많이 다치지 않았고 조금 놀랐**을 뿐이에요.**

(3) 나는 다만 도와주려고 했**을 뿐이에요.**

(4) 가 : 이번에 토픽 6급을 어떻게 통과했나요?
  나 : 꾸준히 복습과 예습을 했**을 뿐이에요.**

(5) 가 : 이 가게 물건이 어때요?
  나 : 가격이 **쌀 뿐** 품질은 별로예요.

자세히 알아 봅시다

	동사	형용사	명사 + 이다
과거	가다 → **갔을 뿐이에요**	예쁘다 → 예**뻤을 뿐이에요**	여자 → 여자**였을 뿐이에요**
	먹다 → **먹었을 뿐이에요**	작다 → 작**았을 뿐이에요**	학생 → 학생**이었을 뿐이에요**
현재	가다 → **갈 뿐이에요**	예쁘다 → 예**쁠 뿐이에요**	여자 → 여자**일 뿐이에요**
	먹다 → **먹을 뿐이에요**	작다 → 작**을 뿐이에요**	학생 → 학생**일 뿐이에요**

1 '–(으)ㄹ 뿐이다'는 두 문장을 연결하는 형태로 사용할 때는 '–(으)ㄹ 뿐'으로도 사용할 수 있다.

  예 나는 이성을 볼 때 성격을 **볼 뿐** 다른 것은 보지 않는다.

2 '명사 + 뿐이다'로도 사용할 수 있다. '명사'만 있고 다른 것은 없다는 뜻이다.

  예 내가 사랑하는 사람은 **당신**뿐이에요.
    내가 할 수 있는 외국어는 **한국어**뿐이에요.

  ☞ '명사 + 뿐이다' 와 '명사일 뿐이다'

  예 지희 씨에게는 당신뿐이에요. (당신밖에 없다라는 의미)
    명수는 단지 초등학생일 뿐이잖아요. (명수가 초등학생임을 의미)

01 다음 보기 의 단어를 사용하여 문장을 완성해 보십시오.

보기   쉬고 싶다   좋아하다   감사하다   친구관계   영어

(1) 나는 단지 그 여자가 예뻐서 _____.

(2) 그 사람과 저는 _____.

(3) 지금 저는 _____ 아프지는 않아요.

(4) 내가 할 수 있는 외국어는 _____.

(5) 오늘 초대에 응해 주서서 _____.

02 다음 보기 와 같이 '–(으)ㄹ 뿐이다'를 사용해서 대화를 완성해 보십시오.

보기   가 : 이번에 토픽 6급을 어떻게 통과했나요?
        나 : 꾸준히 복습과 예습을 했을 뿐이에요.

(1) 가 : 이 요리가 아주 맛있네요. 비결이 뭐예요?

     나 : 그냥 좋은 재료를 _____.

(2) 가 : 죄송합니다. 많이 아프시지는 않나요?

     나 : 많이 아프진 않고 _____.

(3) 가 : 저를 사랑하나요?

     나 : 네, 저에게는 _____.

(4) 가 : 어제 같이 가던 사람 남자친구인가요?

     나 : 아니요, 그냥 _____.

–어/아 가다(오다)

의미　–어/아 가다 : 변화가 계속 진행된다. 미래까지 유지된다.

- 가 : 숙제 끝났니?

　나 : 거의 다 **해 가요**.

–어/아 오다 : 변화가 계속 진행된다. 현재까지 유지된다.

- 가 : 남자친구 있어요?

　나 : 3년 전부터 사귀**어 온** 남자친구가 있어요.

예문　(1) 나는 점점 엄마를 닮아 **간다**.

(2) 일이 끝나 **가니까** 조금만 기다려 줘.

(3) 박 선생님은 이 수업을 10년 동안 **해 왔다**.

(4) 가 : 언제부터 이 책을 사용해 **왔나요**?

　나 : 2년 전부터 이 책을 사용**해 왔어요**.

(5) 가 : 밥 다 먹었니?

　나 : 다 먹**어 가요**.

자세히
알아
봅시다

	동사
–아/어 가다	하다 → **해 가다**
	먹다 → 먹**어 가다**
–아/어 오다	사귀다 → 사귀**어 오다**
	만들다 → 만들**어 오다**

1　너무 짧은 시간에 '–아/어 가다(오다)'를 사용하는 것은 어색한 의미가 될 수 있다.

　예 나는 **5분전**부터 숙제를 해 왔어요. (?)

2　'–아/어 가다(오다)'는 형용사에도 사용할 수 있으나 보통 '–아/어 지다'를 사용한 후에 사용한다.

　예 아침이 밝**아져 온다**.

　　 이 아이가 튼튼**해져 간다**.

01 '–아/어 가다(오다)'와 다음 보기 의 단어를 사용하여 문장을 완성해 보십시오.

| 보기 | 끝나다 | 회복되다 | 지내다 | 키우다 | 만들다 |

(1) 요즘 한국 경제가 _____ 다행입니다.

(2) 일이 _____ 조금만 기다려 주십시오.

(3) 이 친구는 어렸을 때부터 친하게 _____ 친구야.

(4) 박 선생님은 20년 동안 제자를 _____ .

(5) 계속 예쁜 사랑을 _____ .

02 다음 보기 와 같이 대화를 완성해 보십시오.

| 보기 | 가 : 언제부터 이 책을 사용해 왔나요?
나 : 2년 전부터 이 책을 사용해 왔어요.(사용하다) |

(1) 가 : 두 분 너무 닮은 것 같아요.

　　나 : 결혼하니까 점점 _____ . (닮다)

(2) 가 : 오늘 모임에 왜 안 왔어?

　　나 : 깜빡 잊어버렸어. 나이가 들수록 기억력이 _____ . (나쁘다)

(3) 가 : 언제까지 업무를 끝낼 수 있습니까?

　　나 : 다 _____ 내일이면 끝낼 수 있을 거예요. (하다)

(4) 가 : 오늘 왜 이렇게 기분이 안 좋아요?

　　나 : 오늘 6년 전부터 _____ 여자 친구와 헤어졌어요. (사귀다)

01

> 가 : 내일 제출할 서류 준비는 다했습니까?
>
> 나 : 네, 출력만 하면 되니까 (   ).

① 다 했던데요　　　　　　　　② 다 한 탓이에요

③ 다 할 리가 없어요　　　　　④ 다 한 셈이에요

02

> 가 : 그 소문 들었어요? 지희 씨랑 명수 씨가 결혼한대요.
>
> 나 : 설마요. (   ). 두 사람이 얼마나 서로를 싫어했는데요.

① 결혼할 리가 없어요　　　　② 결혼할 만해요

③ 결혼하려던 참이에요　　　　④ 결혼할 뿐이에요

03

> 가 : 저번 주에 해운대에 갔다고 했지요. 어땠어요?
>
> 나 : 바다가 정말 (   ).

① 아름다운 걸요　　　　　　　② 아름답던데요

③ 아름다울 만해요　　　　　　④ 아름다운 셈이에요

04

> 가 : 다음 주에 서울에 갈 건데 어디 좋은 곳 없어요?
>
> 나 : 경복궁이 (   ).

① 가 볼만 해요　　　　　　　　② 가기는요

③ 가려던 참이에요　　　　　　④ 가 본 셈이에요

05

> 가 : 오늘까지 책을 반납해야 하는데 바빠서 갈 시간이 없네요.
>
> 나 : 제가 갔다 올게요. 마침 도서관에 (   ).

① 갈 리가 없어요　　　　　　　② 갈 뿐이에요

③ 갈 셈이에요　　　　　　　　④ 가려던 참이에요

06

> 가 : 두 사람은 항상 같이 다니네요. 연인 사이인가요?
> 나 : 아니요, 단지 (   ).

① 친구라고 하던데요   ② 친구일 뿐이에요

③ 친구일 리가 있어요   ④ 친구인 셈이에요

07

> 가 : 이 학교에서는 언제부터 이 책을 사용해 왔나요?
> 나 : 3년 전부터 이 책을 (   ).

① 사용하잖아요   ② 사용할 만 해요

③ 사용해 왔어요   ④ 사용하려던 참이에요

08~13 다음 밑줄 친 부분이 맞는 것을 고르십시오.

08 ① 친구 사이인 뿐이에요.
② 그 두 사람이 부부일 리가 있어요.
③ 나는 어제 아침 일찍 학교에 가던데요.
④ 10년 넘게 이곳에 살았으니 고향인 셈이지.

09 ① 이 음식은 먹은 만해요.
② 지금 식당에 가려던 참이에요.
③ 나는 2분 전부터 숙제를 해 갔어요.
④ 내가 사랑하는 사람은 당신탓이에요.

10 ① 나는 어제 도서관으로 가던데요.
② 명수가 거짓말을 했을 리가 없다.
③ 숙제가 한 장 남았으니 거의 다 할 셈이다.
④ 이 일이 이렇게 된 것은 모두 그 사람뿐이다.

11 ① 나는 아직 숙제를 다 해 가지 않았다.
② 어제 두 사람이 도서관으로 가던데요.
③ 이 문제를 어떻게 해결한지 모르겠어요.
④ 그 소설은 재미있어서 읽을 리가 없어요.

12 ① 졸업하면 고향으로 돌아간 셈이에요.

② 이 옷은 유행이 지났지만 입을 만해요.

③ 100점에 90점이면 시험을 잘 본 참이에요.

④ 저는 이번 방학 때 고향으로 돌아가려던데요.

13 ① 저도 막 식당에 가려던 참인데 같이 가요.

② 하늘이 어두운 걸 보니 비가 올 리가 없다.

③ 이 학교에서 근무한 지 30년이 다 되어 온다.

④ 이번 달이 12월이니까 올해도 벌써 다 지나갈 만하다.

14~16 다음 밑줄 친 부분과 바꾸어 쓸 수 있는 것을 고르십시오.

14

> 가 : 컴퓨터를 싸게 샀어요?
>
> 나 : 50만 원에 최신형을 샀으니까 싸게 산 셈이지요.

① 살 셈이에요 ② 살 리가 없어요

③ 산 거나 마찬가지예요 ④ 산 것이 아니에요

15

> 가 : 명수가 이번 사건의 범인이라면서요?
>
> 나 : 그 사람이 그런 짓을 할 리가 없어요.

① 할 만해요 ② 하기로 한 사람이에요

③ 할 리가 있어요 ④ 절대로 할 사람이 아니에요

16

> 가 : 이번에 너 어떻게 그렇게 시험을 잘 봤어?
>
> 나 : 난 그냥 꾸준히 복습과 예습을 했을 뿐이야.

① 한 탓이야 ② 하려던 참이에요

③ 한 것 밖에 없어 ④ 한 것이 절대로 아니에요

−치고(는)

의미

① 예외 없이 모두

- 가 : 아이들이 이 과자를 좋아할까요?
  나 : 아이들**치고** 과자 안 좋아하는 아이 못 봤어요

② 보통 가지고 있는 생각과 다른 것을 나타낸다.

- 가 : 이번 여름은 많이 안 더운 것 같아요.
  나 : 맞아요. 여름**치고는** 많이 덥지 않네요.

예문

(1) 남자**치고** 축구를 안 좋아하는 사람 못 봤어요.
(2) 명수는 한국사람**치고** 영어를 아주 잘 해요.
(3) 그 사람은 남자**치고는** 키가 좀 작은 편이다.
(4) 가 : 저 사람 농구선수**치고** 키가 너무 작지 않니?
　　나 : 키는 작아도 농구는 얼마나 잘하는데. 이번 시즌에도 최다 득점했어.
(5) 가 : 지희씨, 기분이 안 좋아 보이네요.
　　나 : 아침에 남편이랑 좀 싸웠어요.
　　가 : 부부**치고** 안 싸우는 사람이 어디 있겠어요? 기분 푸세요.

자세히
알아
봅시다

	명사
−치고(는)	여자 → 여자**치고**
	학생 → 학생**치고**

① '−치고(는)'이 ①의 뜻일 때 보통 뒤에 부정의 뜻이 오는 경우가 많다. 또는 질문의 형태가 많이 온다.

예 부부치고 안 싸우는 사람이 **없다**.
　　남자치고 여자를 **안 좋아하는** 사람이 어디 **있어요?**

② '−치고(는)'이 ②의 뜻일 때 '−는 편이다'와 같이 자주 사용한다.

예 히로미 씨는 외국인치고는 한국말을 잘하**는 편이다**.
　　명수는 농구선수치고 키가 작**은 편이다**.

③ ①의 의미를 강조하기 위해 '치고서', 그리고 ②의 의미를 강조하기 위해 '치고는(치곤)으로 사용할 수 있다.

예 남자**치고서** 축구를 안 좋아하는 사람이 없다.
　　그 사람은 남자**치곤** 키가 좀 작은 편이다.

연습문제 exercise

01 다음 보기 와 같이 '-치고(는)'을 사용하여 대화를 완성해 보십시오.

> 보기
> 가 : 그 사람 농구선수 맞니?
> 나 : 응 맞아. <u>농구선수치고</u> 키가 좀 작은 것 같아.

(1) 가 : 오늘 날씨가 따뜻하네요.

　　나 : 네, ＿＿＿＿＿＿＿＿＿＿＿ 날씨가 따뜻한 편이네요. (겨울)

(2) 가 : 집이 정말 깨끗하군요.

　　나 : 남편이 청소를 잘해요.

　　가 : ＿＿＿＿＿＿＿＿＿＿＿ 청소를 잘하네요. (남자)

(3) 가 : 아이가 김치를 잘 먹네요. 우리 집 아이는 매워서 안 먹으려 하는데……．

　　나 : 그렇죠? ＿＿＿＿＿＿＿＿＿＿＿ 매운 걸 잘 먹네요. (아이)

(4) 가 : 이 아이가 지금 초등학생인가요?

　　나 : 아니에요. 중학생이에요. ＿＿＿＿＿＿＿＿＿＿＿ 키가 작은 편이에요. (중학생)

02 보기 와 같이 '-치고(는)'을 사용하여 문장을 만드십시오.

> 보기
> 그 사람은 모델치고는 <u>키가 작은 편이다.</u>

(1) 외국 사람치고는 ＿＿＿＿＿＿＿＿＿＿＿＿＿＿＿＿＿＿＿＿＿＿＿．

(2) 싼 물건치고는 ＿＿＿＿＿＿＿＿＿＿＿＿＿＿＿＿＿＿＿＿＿＿＿＿．

(3) 여름치고는 ＿＿＿＿＿＿＿＿＿＿＿＿＿＿＿＿＿＿＿＿＿＿＿＿＿＿．

(4) 아이돌치고는 ＿＿＿＿＿＿＿＿＿＿＿＿＿＿＿＿＿＿＿＿＿＿＿＿．

(5) 남자치고는 ＿＿＿＿＿＿＿＿＿＿＿＿＿＿＿＿＿＿＿＿＿＿＿＿＿＿．

–(이)야말로

의미

어떤 것을 확인하여 강조하면서 말할 때 사용한다.

- 가 : 한국에 여행을 가려고 하는데 가 볼 만한 곳을 추천해 주세요.
  나 : 많은 곳이 있지만 제주도**야말로** 한국에서 가장 아름다운 곳이라고 말할 수 있죠.

예문

(1) 김치**야말로** 한국의 가장 대표적인 음식이라고 생각해요.

(2) 컴퓨터**야말로** 지금 이 시대에 가장 필요한 물건이라고 생각해요.

(3) 어머니의 사랑이**야말로** 이 세상에서 가장 고귀한 것이다.

(4) 가 : 너는 정말 수학을 잘 하는구나. 수학의 왕이야.
   나 : 이번 대회에서 상을 받은 너**야말로** 수학의 왕이지.

(5) 가 : 한복이 예쁘긴 한데 비싸네요.
   나 : 한복이**야말로** 한국의 대표적인 전통 옷이죠. 후회하지 않으실 거예요.

–(이)야말로	명사
	여자 → 여자**야말로**
	학생 → 학생**이야말로**

1️⃣ 보통 '명사+(이)야말로'를 사용하지만 바로 앞에서 이야기한 사실을 강조하면서 앞뒤 문장을 이어주는 말로도 사용한다.

예 남자로서 외모도 멋있고 능력도 있다면, **이야말로** 금상첨화이다.
오늘 공연에 내가 좋아하는 명수가 온다. **이야말로** 명수에게 나의 능력을 보여 줄 좋은 기회이다.

연습문제 e x e r c i s e

01 보기 와 같이 '-(이)야말로'를 사용하여 문장을 완성하십시오.

> 보기 제주도야말로 한국의 가장 아름다운 관광지이다.

(1) ＿＿＿＿＿＿＿이 시대를 대표할 수 있는 영화이다.

(2) 여러 가지 한국 음식이 있지만 ＿＿＿＿＿＿＿ 한국의 전통적인 음식이다.

(3) 우리나라의 관광지 중에서 ＿＿＿＿＿＿＿ 가장 대표적인 관광지라고 할 수 있다.

(4) ＿＿＿＿＿＿＿ 우리들의 미래라고 할 수 있다.

(5) 세상에 중요한 것들이 많이 있지만 ＿＿＿＿＿＿＿ 가장 가치 있는 것이라 할 수 있다.

02 다음 보기 와 같이 '-(이)야말로'를 사용하여 대화를 완성해 보십시오.

> 보기 가 : 한복이 예쁘긴 한데 비싸네요.
> 나 : 한복이야말로 한국의 대표적인 전통 옷이죠. 후회하지 않으실 거예요.

(1) 가 : 이 세상에서 가장 중요한 것이 뭘까요?

　　나 : ＿＿＿＿＿＿＿가장 중요한 것이라고 할 수 있지 않을까요?

(2) 가 : 여러분의 나라의 음식에 대해서 소개해 주세요.

　　나 : 여러 가지 음식이 있지만 ＿＿＿＿＿＿＿가장 대표적인 음식이라고 할 수 있습니다.

(3) 가 : 너는 어떤 꽃이 가장 예쁘다고 생각하니?

　　나 : ＿＿＿＿＿＿＿가장 예쁜 꽃이라고 생각해.

(4) 가 : 건강한 다이어트를 위해서 필요한 게 뭘까요?

　　나 : ＿＿＿＿＿＿＿다이어트에 제일 중요하다고 할 수 있지요.

-조차

의미   가장 기본적인 것을 포함하여 그 이상의 것이 기대와 다를 때 사용한다.

- 가 : 이번 시험이 어땠어요? 쉬웠어요?

  나 : 쉽기는요. 우리 반 1등인 명수 씨**조차** 어려워서 문제를 다 못 풀었어요.

예문   (1) 당신**조차** 나를 떠나네요.

(2) 그 사람이 거짓말을 많이 해서 가족**조차** 그를 믿지 못해요.

(3) 요즘 너무 바빠서 밥을 먹을 시간**조차** 없어요.

(4) 가 : 돈을 좀 빌려 줄 수 있어요?

  나 : 미안하지만 저도 생활비**조차** 없어요.

(5) 가 : 그 사람은 영어를 잘 하던가요?

  나 : 아니요, 미국에서 살았는데 간단한 인사말**조차** 못 하던 걸요.

자세히 알아 봅시다

	명사
-조차	여자 → 여자**조차**
	학생 → 학생**조차**

① '조차'는 '마저', '까지'와 바꾸어 쓸 수 있다.

- 예 계속 거짓말을 하니까 부모님**조차** 그 사람을 믿지 않는다.

  = 계속 거짓말을 하니까 부모님**마저** 그 사람을 믿지 않는다.

  = 계속 거짓말을 하니까 부모님**까지** 그 사람을 믿지 않는다.

- ☞ '조차'는 부정적인 경우에 '마저, 까지'와 다 바꾸어 쓸 수 있으나 긍정적인 경우에는 잘 사용하지 않는다.

- 예 외국으로 여행 간다고 반찬**마저** 다 싸 왔네요. (○)

  외국으로 여행 간다고 반찬**까지** 다 싸 왔네요. (○)

  외국으로 여행 간다고 반찬**조차** 다 싸 왔네요. (×)

연습문제 exercise

01 다음 보기 와 같이 '-조차'를 사용하여 대화를 완성해 보십시오.

> 보기
>
> 가 : 요즘 많이 바쁘신가 봐요?
> 나 : 네, 너무 바빠서 밥 먹을 <u>시간조차</u> 없어요. (시간)

(1) 가 : 어디 아프세요? 안색이 안 좋아 보이시네요.

　나 : 목이 너무 부어서 ＿＿＿＿＿＿＿＿＿＿＿＿＿ 못 마시고 있어요.(물)

(2) 가 : 요즘 물가가 너무 오르지 않았어요?

　나 : 그러니까요. 너무 올라서 ＿＿＿＿＿＿＿＿＿＿＿＿＿ 못 사겠어요.(라면)

(3) 가 : 요즘 미세먼지가 너무 심한 것 같아요.

　나 : 맞아요. 심한 날에는 ＿＿＿＿＿＿＿＿＿＿＿＿＿ 쉬기 힘들 정도예요.(숨)

(4) 가 : 아버지께서 돌아가셔서 많이 힘드시겠어요.

　나 : 너무 믿어지지 않으니까 ＿＿＿＿＿＿＿＿＿＿＿＿＿ 나지 않더라고요.(눈물)

02 다음 문장이 맞으면 O, 틀리면 X, 하십시오.

(1) 너조차 나를 배신하는구나 (　　　)

(2) 친구들조차 나를 반겨주었다. (　　　)

(3) 비도 오는데 바람조차 불어요. (　　　)

(4) 이제 다 나아서 물은 물론이고 밥조차 먹을 수 있어요. (　　　)

-은/는커녕

의미 말할 필요도 없이 당연히 불가능하거나 기대와 다른 결과가 나타날 때 사용한다.

- 가 : 택시비가 없어. 돈 좀 빌려 줘.
  나 : 나는 택시비**는커녕** 버스비도 없다.

예문
(1) 늦게 일어나서 밥**은커녕** 우유도 못 마셨다.
(2) 저축할 돈**은커녕** 생활비도 없어요.
(3) 요즘 너무 바빠서 여가생활**은커녕** 친구 만날 시간도 없어요.
(4) 가 : 이번에 장학금 받을 수 있겠어요?
   나 : 장학금**은커녕** F학점만 안 받았으면 좋겠어요.
(5) 가 : 명수 씨랑 싸웠다고 하던데 화해했어요?
   나 : 화해**는커녕** 서로 눈도 안 마주쳐요.

자세히
알아
봅시다

-은/는커녕	명사
	아이 → 아이**는커녕**
	학생 → 학생**은커녕**

1 '-은/는커녕' 뒤에는 보통 부정적인 의미가 온다.

  예 이번 토픽 시험에 4급은커녕 3급만 받아도 좋겠어요. (○)
  저는 미술은커녕 음악도 잘 합니다. (×)

2 '-은/는커녕'은 '-은/는 말할 것도 없고'나 '-은/는 고사하고'로 바꾸어 쓸 수 있다.

  예 반에서 일등은커녕 꼴찌나 안 했으면 좋겠어요.
  = 반에서 일등**은 말할 것도 없고** 꼴찌나 안 했으면 좋겠어요.
  = 반에서 일등**은 고사하고** 꼴찌나 안 했으면 좋겠어요.

연습문제 e x e r c i s e

01 다음 보기 와 같이 '–은/는커녕'을 사용하여 문장을 완성하십시오.

> 보기   이번 학기는 공부를 많이 못해서 <u>장학금은커녕</u> F학점만 안 받았으면 좋겠어요. (장학금)

(1) _____ 버스 타고 다닐 차비도 없어요. (택시)

(2) 명수는 그 일에 대해서 _____ 화를 내더라고요. (사과)

(3) 이번 토픽 시험에 _____ 3급만 받아도 좋겠어요. (4급)

(4) 아침에 늦게 일어나서 _____ 물도 못 마셨어요. (밥)

02 보기 와 같이 '–은/는커녕'을 사용하여 대화를 완성하십시오.

> 보기   가 : 명수씨랑 싸웠다고 하던데 화해했어요?
> 나 : <u>화해는커녕</u> 서로 눈도 안 마주쳐요.

(1) 가 : 신혼생활이 재미있어요?

    나 : _____ 매일 싸워요.

(2) 가 : 요즘 한국어를 배운다고 들었는데 한국어를 잘 하시겠네요.

    나 : _____ 아직 잘 읽지도 못해요.

(3) 가 : 이번에 아르바이트를 해서 번 돈으로 차를 사면 되겠네요.

    나 : _____ 생활비로도 부족해요.

(4) 가 : 전쟁이 난 그 곳에 음식을 보내는 것이 좋겠죠?

    나 : 그 곳에는 지금 _____ 물도 없으니, 물을 보내는 게 좋을 것 같아요.

−마저

의미 　하나 남은 마지막이라는 것을 나타낸다.

- 가 : 저 다음 달에 고향에 돌아가요.
  나 : 명수도 돌아갔는데 너**마저** 돌아가니 너무 섭섭하네.

예문

(1) 너**마저** 나를 두고 가는구나.

(2) 아버지의 사업이 잘 안 되어 집**마저** 팔아야 했다.

(3) 비가 오는데 바람**마저** 불어서 마음이 더 쓸쓸했다.

(4) 가 : 오늘 회식인데 사람들이 많이 빠지네요. 선생님은 같이 갈 수 있죠?
  나 : 저**마저** 빠지면 안 되겠네요.

(5) 가 : 아들들이 모두 멀리 사나 봐요.
  나 : 네, 작년에 큰아들이 미국으로 갔는데 이번에 작은아들**마저** 서울로 이사를 간다고 하네요.

	명사
−마저	여자 → 여자**마저**
	학생 → 학생**마저**

1 　'마저'는 '까지', '조차'와 바꾸어 쓸 수 있다.

　예　계속 거짓말을 하니까 부모님**마저** 그 사람을 믿지 않는다.
　　= 계속 거짓말을 하니까 부모님**조차** 그 사람을 믿지 않는다.
　　= 계속 거짓말을 하니까 부모님**까지** 그 사람을 믿지 않는다.

마저 vs 조차 vs 까지

	(1) –마저	(2) –조차	(3) –까지
의미	마지막 하나 남은 것까지도	가장 기본적인 것까지도	어떤 것을 더 포함하여
사용	주로 부정적인 상황에 사용	부정적인 상황에만 사용	부정적인 상황과 긍정적인 상황 모두 사용
특징	부정적인 상황에서 긍정문에서도 사용할 수 있음.	부정적인 상황에서 부정문에 더 어울림.	부정적인 상황에서 긍정문에서도 사용할 수 있음.

예문

(1) 모든 사람이 다 떠나고 너마저 나를 떠나는구나. (마지막 남은 너도 떠난다는 의미)

(2) 가족조차 나를 믿어주지 않는다. (가장 기본이 되는 가족도 나를 믿지 않는다는 의미)

(3) 추운데 바람까지 부니까 더 춥게 느껴진다. (추운데다가 바람까지 더해진다는 의미)

☆ 비 오는데 바람**마저** 분다. (○)
   비 오는데 바람**조차** 분다. (?)
   비 오는데 바람**까지** 분다. (○)

연습문제 e x e r c i s e

01 보기 와 같이 '–마저'를 사용하여 대화를 완성하십시오.

> 보기
>
> 가 : 친구들이 모두 안 간대요?
> 나 : 네, 같이 사는 <u>룸메이트마저</u> 안 간다고 하네요. (룸메이트)

(1) 가 : 명수 씨가 기억 상실증에 걸렸대요.

　　나 : 저도 들었어요. ＿＿＿＿＿＿＿＿＿＿ 못 알아본대요. (아내)

(2) 가 : 요즘 어떻게 지내세요?

　　나 : 사업이 잘 안 되어서 하나 남은 ＿＿＿＿＿＿＿＿＿ 팔아야겠어요. (집)

(3) 가 : 오늘 우리 반 모임이 있는데 반 친구들이 많이 못 간다고 하네요.

　　나 : ＿＿＿＿＿＿＿＿＿＿ 안 가면 안 되겠군요. (저)

(4) 가 : 이번 주 토요일에 고향으로 돌아가요.

　　나 : ＿＿＿＿＿＿＿＿＿＿ 돌아간다니 섭섭하네. (너)

02 다음 문장이 맞으면 O, 틀리면 X, 하십시오.

(1) 친구들마저 나를 응원해주었다. (　　)

(2) 추운데 바람마저 불었다. (　　)

(3) 가족마저 나를 믿어주지 않았다. (　　)

(4) 영화도 보고 밥마저 먹었다. (　　)

TOPIK 실전문제　actual test

01~05 다음 (　　)에 알맞은 것을 고르십시오.

01

> (　　) 안 싸우는 부부가 어디 있을까?

① 부부조차　　　　　　　　　② 부부마저
③ 부부야말로　　　　　　　　④ 부부치고

02

> 이번 수학 대회에서 상을 받은 (　　) 수학의 왕이다.

① 명수조차　　　　　　　　　② 명수마저
③ 명수치고　　　　　　　　　④ 명수야말로

03

> 가 : 지희가 요즘 일본어를 배우던데 잘 하고 있어요?
> 나 : 아니요, 아직 (　　) 못 하던데요.

① 인사말치고　　　　　　　　② 인사말은커녕
③ 인사말조차　　　　　　　　④ 인사말이야말로

04

> 가 : 히로미 씨랑 싸웠다면서요? 화해는 했어요?
> 나 : 아니요, (　　) 아직 얼굴도 못 봤어요.

① 화해조차　　　　　　　　　② 화해마저
③ 화해야말로　　　　　　　　④ 화해는커녕

05

> 가 : 저 다음 달에 고향에 돌아가요.
> 나 : 히로미도 갔는데 (　　) 가니까 너무 섭섭하다.

① 너부터　　　　　　　　　　② 너마저
③ 너야말로　　　　　　　　　④ 너치고

06~10 다음 밑줄 친 부분이 맞는 것을 고르십시오.

06 ① 밥은 물론이고 <u>물조차</u> 마실 수 있어요.
② 안 그래도 추운데 <u>바람마저</u> 안 불었다.
③ <u>일등은커녕</u> 꼴찌나 안 했으면 좋겠어요.
④ 지희는 <u>농구선수야말로</u> 키가 큰 편이다.

07 ① <u>여자친구마저</u> 나를 믿어 주지 않았다.
② 이곳은 <u>어린이야말로</u> 입장할 수 있어요.
③ 정신이 없어서 <u>자기는커녕</u> 먹기도 했어요.
④ 지나가는 <u>사람조차</u> 길을 가르쳐 주었어요.

08 ① 이번 달은 <u>적금은커녕</u> 저축도 못 했다.
② 2년간 서로 <u>얼굴이나마</u> 모르고 살았다.
③ 동생은 작은 <u>누나야말로</u> 제일 좋아한다.
④ 아무도 없는 줄 알았는데 <u>너조차</u> 있어서 다행이다.

09 ① <u>친구들마저</u> 나를 응원해 주었다.
② 힘들어서 <u>숨이나마</u> 쉴 힘도 없어요.
③ 진정한 <u>학자야말로</u> 그 선생님이 아니다.
④ 겨울 <u>날씨치고는</u> 별로 춥지 않은 편이다.

10 ① <u>저축할 돈치고는</u> 생활비도 없어요.
② 목이 너무 아파서 <u>물조차</u> 마실 수 없어요.
③ 이제는 자신의 <u>능력이야말로</u> 발휘해야 한다.
④ 아까 하도 배가 고파서 <u>라면이라도</u> 끓여 먹었다.

11~13 다음 밑줄 친 부분과 바꾸어 쓸 수 있는 것을 고르십시오.

11

> 가 : 왜 이사를 해요?
>
> 나 : 회사가 부도나는 바람에 <u>집마저</u> 팔아야 하거든요.

① 집까지   ② 집은커녕

③ 집이야말로   ④ 집치고는

12

> 가 : 천 원만 빌려 주세요.
>
> 나 : <u>천 원은커녕</u> 백 원도 없어요.

① 천 원조차   ② 천 원이야말로

③ 천 원치고는   ④ 천 원은 말할 것도 없고

13

> 가 : 아직도 많이 아파요?
>
> 나 : 네, 너무 아파서 <u>물조차</u> 못 마시겠어요.

① 물마저   ② 물만큼

③ 물이나마   ④ 물로서

속담 · 쉬 · 어 · 가 · 기 ·

가는 날이 장날 – 계획한 일을 하려고 하는데 뜻하지도 않은 일이 생기다.

가 : 선생님, 오랜만에 찾아 뵙고 싶어서 왔는데 어디 계세요?
나 : 아, 미안해요. 바빠서 오늘은 학교에 못 갔어요.
가 : "가는 날이 장날"이라고 바쁘시다니 할 수 없지요.

간에 기별도 안 간다 – 먹은 것이 너무 적어 먹으나 마나 하다.

가 : 식사는 많이 하셨어요?
나 : 휴, 웬걸요. 방금 먹었는데도 간에 기별도 안 가요.

강물도 쓰면 준다 – 아무리 많아도 쓰면 곧 줄어드니까 아껴 사용하라는 뜻.

가 : 왜 돈을 헤프게 써요?
나 : 저는 부자거든요. 돈이 아주 많아요.
가 : 안돼요, 강물도 쓰면 줄어요.

남의 잔치에 감 놔라 배 놔라 한다 – 쓸데없이 남의 일에 간섭한다는 뜻.

가 : 이것은 이쪽에 놓고 저것은 저쪽에 놓으세요.
나 : 잠깐만, 왜 자꾸 감 놔라 배 놔라 하세요?
가 : 미안해요, 제 일이 아닌 줄 알면서도 걱정이 되어서요.

PART

2

이거 모르면 불안하다.
(고빈도)

-(으)ㄹ까 봐(서)

의미

어떤 일이 생기는 것을 걱정할 때 사용한다.

■ 가 : 내일 여행 간다면서요?

　나 : 네, 그런데 내일 비가 **올까 봐서** 걱정이에요.

예문

(1) 표가 다 팔렸**을까 봐서** 걱정이에요.

(2) 아기가 깰**까 봐** 작은 목소리로 말했어요.

(3) 내가 숙제를 안 한 것을 명수가 선생님한테 말할**까 봐** 걱정이다.

(4) 가 : 우산은 왜 가지고 왔어요?

　나 : 혹시 비가 올**까 봐서** 미리 가져왔어요.

(5) 가 : 왜 전화기를 꺼 났어요?

　나 : 수업시간에 방해가 될**까 봐서** 꺼 났어요.

자세히 알아 봅시다

	동사	형용사	명사+이다
과거	먹다 → 먹**었을까 봐서**	크다 → 컸**을까 봐서**	친구 → 친구**였을까 봐서**
	가다 → **갔을까 봐서**	작다 → **작았을까 봐서**	애인 → 애인**이었을까 봐서**
현재	먹다 → 먹**을까 봐서**	크다 → **클까 봐서**	친구 → 친구**일까 봐서**
	가다 → **갈까 봐서**	작다 → 작**을까 봐서**	애인 → 애인**일까 봐서**

1 '-(으)ㄹ까 봐(서)'의 뒤 문장에서는 미래의 계획을 쓰면 안 된다.

　예 비가 올까 봐서 우산을 준비**할 거예요**. (×)

2 '-(으)ㄹ까 싶어(서)', '-(으)ㄹ지도 몰라(서)'와 바꾸어 사용할 수 있다.

　예 비가 올까 봐서 걱정이에요.

　　= 비가 **올까 싶어서** 걱정이에요.

　　= 비가 **올 지도 몰라(서)** 걱정이에요.

연습문제 e x e r c i s e

01 다음 보기 와 같이 '-(으)ㄹ까 봐'를 사용해서 문장을 만들어 보십시오.

> 보기
> 지희가 약속을 지키지 않다 / 걱정이다
> → 지희가 약속을 지키지 않을까 봐 걱정이에요.

(1) 어머니가 몸이 나빠지다 / 걱정이다

→ _____ .

(2) 소풍 가는 날에 비가 오다 / 걱정이다

→ _____ .

(3) 면접을 볼 때 실수하다 / 걱정이다

→ _____ .

(4) 시험에 떨어지다 / 불안하다

→ _____ .

02 다음 보기 와 같이 대화를 완성해 보십시오.

> 보기
> 가 : 왜 조용히 말해요?
> 나 : 아기가 깰까 봐서 조용히 말해요. (아기가 깨다 / 조용히 말하다)

(1) 가 : 내일 중요한 일이 있는 거 알죠?

나 : _____ . (잊어버리다 / 메모를 하다)

(2) 가 : 비행기 표는 있어요?

나 : 그럼요. _____ . (표를 못 구하다 / 미리 예매하다)

(3) 가 : 더 먹지 그래요?

나 : _____ . (살이 찌다 / 많이 안 먹다)

(4) 가 : 무슨 일로 전화했어요?

나 : 민호 씨가 _____ . (약속을 잊어버리다 / 전화하다)

-(으)ㄹ 뿐만 아니라

의미　앞 문장에 다른 내용을 더할 때 사용한다.

- 가 : 부산은 참 살기에 좋은 곳인 거 같아요.
  나 : 맞아요. 경치가 예쁠 **뿐만 아니라** 물가도 싸요.

예문
(1) 점심**뿐만 아니라** 저녁도 굶었어요.
(2) 히로미 씨는 예쁠 **뿐만 아니라** 성격도 좋아요.
(3) 올해 여름은 비가 많이 **올 뿐만 아니라** 태풍까지 많이 와요.
(4) 가 : 지희 씨, 대학교는 마음에 들어요?
　　나 : 수업이 재미있을 **뿐만 아니라** 학교도 예뻐요.
(5) 가 : 소개팅한 남자는 어때요?
　　나 : 키가 **클 뿐만** 아니라 성격도 좋은 것 같아요.

자세히 알아 봅시다

	동사	형용사	명사+이다
과거	가다 → 갔을 **뿐만 아니라**	크다 → 컸을 **뿐만 아니라**	사과 → 사과였을 **뿐만 아니라**
	먹다 → 먹었을 **뿐만 아니라**	작다 → 작았을 **뿐 아니라**	책 → 책이었을 **뿐만 아니라**
현재	가다 → **갈 뿐만 아니라**	크다 → **클 뿐만 아니라**	사과 → 사과일 **뿐만 아니라**
	먹다 → 먹을 **뿐만 아니라**	작다 → 작을 **뿐만 아니라**	책 → 책일 **뿐만 아니라**

1 '-(으)ㄹ 뿐만 아니라'는 앞문장이 긍정이면 뒷문장도 긍정이 되어야 한다.

　예　히로미 씨는 예쁠 뿐만 아니라 성격도 좋아요. (○)
　　　히로미 씨는 예쁠 뿐만 아니라 성격도 **안** 좋아요. (×)

2 '-(으)ㄹ 뿐만 아니라' 앞에 명사가 올 때, '명사+뿐만 아니라'의 형태로도 사용한다.

　예　이 학교는 **학생**뿐만 아니라 선생님도 많아요.

3 '-(으)ㄹ 뿐만 아니라'는 '-(으)ㄴ/는 데다가', '-(으)ㄹ 뿐더러'로 바꾸어 사용할 수 있다.

　예　히로미 씨는 예쁠 **뿐만 아니라** 성격도 좋아요.
　　　= 히로미 씨는 예쁜 **데다가** 성격도 좋아요.
　　　= 히로미 씨는 예쁠 **뿐더러** 성격도 좋아요.

연습문제 exercise

01 보기 와 같이 '-(으)ㄹ 뿐만 아니라'를 사용해서 문장을 만들어 보십시오.

> 보기
>
> 얼굴이 예쁘다 / 요리도 잘하다
> → 우리 아내는 얼굴이 예쁠 뿐만 아니라 요리도 잘해요.

(1) 가깝다 / 조용하다

　　→ 새로 이사를 간 집은 학교와 ＿＿＿＿＿＿＿＿＿＿＿＿＿＿＿＿＿＿＿.

(2) 덥다 / 비가 많이 오다

　　→ 특히 이번 여름은 ＿＿＿＿＿＿＿＿＿＿＿＿＿＿＿＿＿＿＿＿＿＿.

(3) 지혜롭다 / 자상하다

　　→ 우리 어머니는 ＿＿＿＿＿＿＿＿＿＿＿＿＿＿＿＿＿＿＿＿＿＿.

(4) 키가 크다 / 멋지다

　　→ 내 남자친구는 ＿＿＿＿＿＿＿＿＿＿＿＿＿＿＿＿＿＿＿＿＿＿.

02 다음 보기 와 같이 대화를 완성해 보십시오.

> 보기
>
> 가 : 이 배우는 정말 인기가 많은 것 같아요.
> 나 : 네, 남자뿐만 아니라 여자에게도 인기가 많아요.

(1) 가 : 부산 생활은 어땠어요?

　　나 : ＿＿＿＿＿＿＿＿＿＿＿＿＿＿＿＿＿＿＿＿＿＿＿ 좋았어요.

(2) 가 : 저 가게는 장사가 잘 되는 것 같아요.

　　나 : ＿＿＿＿＿＿＿＿＿＿＿＿＿＿＿＿＿＿＿＿＿＿＿ 손님이 많아요.

(3) 가 : 왜 남자친구와 헤어졌어요?

　　나 : ＿＿＿＿＿＿＿＿＿＿＿＿＿＿＿＿＿＿＿＿＿ 헤어졌어요.

(4) 가 : 새로 옮긴 하숙집은 어때요?

　　나 : 좋아요. 특히 아주머니는 ＿＿＿＿＿＿＿＿＿＿＿＿＿＿＿＿＿＿.

–거든

의미 조건을 표현하거나 가정을 말할 때 사용한다.

- 가 : 선생님, 히로미가 몸이 좀 아파요.
  나 : 많이 아프**거든** 병원에 같이 가 보세요.

예문

(1) 명수 씨, 지희가 오**거든** 선생님에게 전화하라고 하세요.

(2) 덥**거든** 에어컨을 켜세요.

(3) 할 말이 있**거든** 이따가 교무실로 오세요.

(4) 가 : 선생님, 저 이만 가 볼게요.
  나 : 그래요. 중요한 약속이 있**거든** 먼저 가 보세요.

(5) 가 : 이 옷으로 할게요.
  나 : 네, 옷이 안 맞**거든** 바꾸러 오세요.

자세히 알아 봅시다

	동사	형용사	명사+이다
과거	가다 → 갔**거든**	*	*
	먹다 → 먹었**거든**		
현재	가다 → 가**거든**	크다 → 크**거든**	친구 → 친구**거든**
	먹다 → 먹**거든**	작다 → 작**거든**	학생 → 학생**이거든**
미래	가다 → 갈 **거거든**	*	*
	먹다 → 먹을 **거거든**		

1 '–거든'의 뒤 문장에는 청유나 명령이 자연스럽다.

  예 아르바이트가 끝나거든 여행을 가세요. (○)
    아르바이트가 끝나거든 여행을 갑시다. (○)
    아르바이트가 끝나거든 여행을 갑니다. (×)

2 '–거든'은 '–(으)면'과 바꿔 사용할 수 있다.

  예 아르바이트가 끝나거든 여행을 가세요.
    = 아르바이트가 끝나**면** 여행을 가세요.

연습문제 exercise

01 보기 와 같이 '-거든'을 사용해서 문장을 만들어 보십시오.

> 보기
> 많이 덥다 / 에어컨을 켜다
> → <u>많이 덥거든 에어컨을 켜세요.</u>

(1) 목이 아프다 / 따뜻한 물을 마시다

→ _____.

(2) 많이 바쁘다 / 다음에 만나다

→ _____.

(3) 심심하다 / 저녁에 놀러오다

→ _____.

(4) 약을 먹어도 안 낫다 / 병원에 가다

→ _____.

02 보기 와 같이 '-거든'을 사용해서 친구에게 조언을 해 봅시다.

> 보기
> 속이 안 좋아요. 배탈이 났나 봐요.
> → <u>배탈이 났거든 병원에 가 보세요.</u>

(1) 요즘 공부가 힘들어서 걱정이야.

→ _____.

(2) 내일이 시험인데 단어가 잘 안 외워져요.

→ _____.

(3) 내일 소풍을 가기로 했는데 비가 올까봐 걱정이에요.

→ _____.

(4) 내일이 면접인데 너무 긴장이 돼요.

→ _____.

–다 보니(까)

의미
앞 문장의 일을 계속 반복한 결과가 뒤 문장에 나타날 때 사용한다.

■ 가 : 히로미 씨는 커피를 너무 좋아하는 것 같아요.
나 : 네, 피곤할 때마다 마시**다 보니까** 습관이 된 것 같아요.

예문
(1) 한국어를 열심히 공부하**다 보니까** 잘하게 되었어요.
(2) 매일 발음 연습을 하**다 보니까** 발음이 좋아졌어요.
(3) 술을 마시**다 보니까** 건강이 나빠졌어요.
(4) 가 : 살이 많이 빠진 것 같아요.
　　나 : 혼자 살**다 보니까** 밥을 자주 굶어서 살이 빠졌어요.
(5) 가 : 이제 한국 음식이 먹을 만해요?
　　나 : 네, 자꾸 먹**다 보니** 적응이 되었어요.

자세히
알아
봅시다

	동사
–다 보니까	가다 → 가**다 보니까**
	먹다 → 먹**다 보니까**

① '–다 보니까' 앞에는 과거 또는 미래가 올 수 없다.

　예 자꾸 먹**었다** 보니까 적응이 되었어요. (×)
　　　자꾸 먹**겠다** 보니까 적응이 되었어요. (×)

② '–다 보니까'는 말하는 사람이나 주어의 개인적인 경험을 말할 때 사용하고, '–다 보면'은 어떤 가정에 대한 일반적인 결과를 추측할 때 사용한다.

　예 많이 먹**다 보니까** 살이 쪘어요.
　　　(계속 많이 먹은 후에 살이 쪘다는 것을 알게 됨)
　　　많이 먹**다 보면** 살이 찔 거예요.
　　　(계속 많이 먹으면 그 결과로 살이 찔 거라는 것을 추측함)

③ '–다 보니까'가 형용사나 명사와 같이 사용될 때는 '원인'이나 '이유'의 뜻을 나타내기도 한다

　예 집이 멀**다 보니까** 지각을 자주 한다
　　　(=집이 멀어서 지각을 자주 한다.)

–다가는 vs –다 보면 vs –다 보니까

	(1) –다가는	(2) –다 보면	(3) –다 보니까
의미	조건	결과	결과
결과	나쁜 결과	나쁜 결과, 좋은 결과	좋은 결과, 나쁜 결과
특징	경고의 의미가 있음	결과를 추측함	발견의 의미가 많음

예문

(1) –다가는 : 반복되는 행동을 한 후 나쁜 결과를 추측함

계속 그렇게 공부를 안 하다가는 시험에서 떨어질 거야.

(계속 공부를 안 하면 시험에 떨어질 수 있다는 경고를 나타냄)

(2) –다 보면 : 아직 일어나지 않은 결과를 추측함

계속 운동을 하다 보면 살이 빠질 거예요.

(계속 운동을 하면 살이 빠질 거라는 추측을 함)

(3) –다 보니까 : 생각하지 않았는데 이런 결과가 나타난 것을 알았음

운동을 하다 보니까 살이 빠졌어요.

(계속 운동을 하니까 살이 빠진 것을 알게 됨)

01 보기 와 같이 '–다 보니까'를 사용해서 문장을 만들어 보십시오.

> 보기   요리를 자주 하다 / 요리에 관심이 생기다.
> → 요리를 자주 하다 보니까 요리에 관심이 생겼어요.

(1) 매일 운동을 하다 / 날씬해지다

    → _____ .

(2) 한국 음식을 먹다 / 익숙해지다

    → _____ .

(3) 아침마다 운동을 하다 / 건강해지다

    → _____ .

(4) 한국 사람과 어울리다 / 한국어 실력이 늘다

    → _____ .

02 다음 보기 와 같이 '–다 보니까'를 사용해서 대화를 완성해 보십시오.

> 보기   가 : 살이 많이 빠진 것 같아요.
> 나 : 혼자 살다 보니까 밥을 자주 굶어서 살이 빠졌어요.

(1) 가 : 언제부터 축구를 좋아했어요?

    나 : _____ 축구를 좋아하게 됐어요.

(2) 가 : 이제는 운전을 잘하는 것 같아요.

    나 : _____ 운전 실력이 늘었어요.

(3) 가 : 탕홍 씨는 왜 한국어를 배우게 됐어요?

    나 : _____ 한국어를 배우게 됐어요.

(4) 가 : 왕홍 씨는 한국 가수를 많이 알고 있네요.

    나 : _____ 많이 알게 됐어요.

-도록

의미

① 앞문장이 뒤 문장의 목적일 때 사용한다.

- 가 : 어떤 집이 좋아요?
  나 : 아이들이 공부할 수 있**도록** 조용했으면 좋겠어요.

② 뒤 문장에 오는 행동의 정도나 시간의 한계를 나타낼 때 사용한다.

- 가 : 왜 피곤해요?
  나 : 어제 밤새**도록** 친구랑 전화했거든요.

예문

(1) 음식이 부족하지 않**도록** 많이 준비하세요.

(2) 자료를 빨리 찾을 수 있**도록** 정리를 잘 하세요.

(3) 눈이 빠지**도록** 여자 친구를 기다렸어요.

(4) 가 : 어제 무엇을 했어요?
    나 : 밤새**도록** 비행기 장난감을 만들었어요.

(5) 가 : 좋은 의견이 있으면 말씀해 주세요.
    나 : 물을 자주 마실 수 있**도록** 정수기가 있었으면 좋겠습니다.

자세히 알아 봅시다

	동사	형용사
-도록	가다 → 가**도록**	크다 → 크**도록**
	먹다 → 먹**도록**	쉽다 → 쉽**도록**

1 '-도록'이 ①의 의미일 때는 '-게'와 바꾸어 사용할 수 있다.

   예 친구들이 공부할 수 있**도록** 조용히 하세요.
      = 친구들이 공부할 수 있**게** 조용히 하세요.

2 '너'가 주어가 될 때 '-도록 하다'는 다른 사람을 어떻게 하게 만드는 사동의 뜻을 나타낸다.

   예 (너는) 앞으로 늦지 않**도록 하세요**.

3 '-도록'은 ②의 뜻일 때 '-(으)ㄹ 정도로'로 바꿔 사용할 수 있다.

   예 눈이 빠지도록 여자 친구를 기다렸어요.
      = 눈이 빠**질 정도로** 여자 친구를 기다렸어요.

01 보기 와 같이 '–도록'을 사용해서 문장을 만들어 보십시오.

> 보기 자료를 빨리 찾을 수 있다 / 정리를 잘 하다
> → 자료를 빨리 찾을 수 있도록 정리를 잘 하세요

(1) 빨리 낫다 / 치료를 열심히 받다

→ _____.

(2) 휴대폰이 고장 나지 않다 / 조심히 사용하다

→ _____.

(3) 단어를 잊어버리지 않다 / 매일 외우다

→ _____.

(4) 다른 친구들이 공부하다 / 조용히 하다

→ _____.

02 다음 보기 와 같이 '–도록'을 사용해서 대화를 완성해 보십시오.

> 보기 가 : 친구들과 여행은 재미있었어요?
> 나 : 아니요, 밤새도록 술을 마셔서 너무 힘들었어요. (밤새다 / 술을 마셔서 너무 힘들다)

(1) 가 : 여자 친구를 사랑해요?

나 : _____. (죽다 / 사랑하다)

(2) 가 : 목이 왜 이렇게 쉬었어요?

나 : 어제 축구 경기를 보러 가서 _____. (목이 터지다 / 응원하다)

(3) 가 : 고향에 계신 부모님이 많이 보고 싶겠어요.

나 : 네, 정말 _____. (미치다 / 보고 싶다)

(4) 가 : 명수 씨는 집에 들어왔어요?

나 : 아니요, _____. (12시가 되다 / 안 들어오다)

-(으)ㄴ/는/(으)ㄹ 듯이

의미 행동이나 상태가 어떤 것과 비슷할 때 사용한다.

- 가 : 저 배우는 슬픈 연기를 참 잘해요.

  나 : 맞아요. 진짜 그 일을 당**한듯이** 울어요.

예문 (1) 누나는 잠자**는 듯이** 가만히 누워 있다.

(2) 아이들은 소풍을 간다고 하니까 **뛸 듯이** 좋아한다.

(3) 그는 노래방에서 마치 가수라도 **된 듯이** 노래를 불렀다.

(4) 가 : 곧 태풍이 올 것 같아요.

  나 : 그렇죠? 태풍이 **올 듯이** 바람이 세게 부네요.

(5) 가 : 다음 주 모임은 어떻게 할까요?

  나 : 아까 지희 씨가 아**는 듯이** 이야기하던데 한번 물어보세요.

자세히 알아 봅시다

	동사		형용사	명사 + 이다
과거	쓰다 → **쓴 듯이**		*	*
	먹다 → 먹**은 듯이**			
현재	쓰다 → 쓰**는 듯이**		친하다 → 친**한 듯이**	여자이다 → 여자**인 듯이**
	먹다 → 먹**는 듯이**		많다 → 많**은 듯이**	학생이다 → 학생**인 듯이**
미래	쓰다 → **쓸 듯이**		*	*
	먹다 → 먹**을 듯이**			

1 '-(으)ㄴ 듯이'는 어떤 동작이 끝났거나 상태가 진행되고 있다는 뜻이다.

  예 곰을 만나면 죽**은 듯이** 누워 있어라.

2 '-(으)ㄹ 듯이'는 동사만 사용할 수 있으며 미래, 추측의 의미를 나타낸다.

  예 곧 태풍이 **올 듯이** 바람이 세차게 불기 시작했다.

3 '-는 듯이'는 동사만 사용할 수 있고 '지금 그 행동이 진행되는 것 같이'라는 뜻이다.

  예 지희 씨는 그 식당을 아**는 듯이** 먼저 갔습니다.

  ☞ '-(으)ㄴ/-는/-(으)ㄹ 듯이'는 '-는 것처럼'으로 바꿔 사용할 수 있다.

  예 지희 씨는 그 사람을 아는 듯이 이야기 했다.

    = 지희 씨는 그 사람을 아**는 것처럼** 이야기 했다.

④ '-듯(이)'는 관용적인 표현에 많이 사용한다.

예 가 : 저 친구는 거짓말을 잘해요.

나 : 맞아요. **거짓말을 밥 먹듯이** 하더라고요.

가 : 이번 시험은 어려웠던 것 같아요.

나 : 네, 아마 많은 학생들이 **낙엽 떨어지듯이** 떨어질 거예요.

연습문제 exercise

01 보기 와 같이 '-(으)ㄴ/는/(으)ㄹ 듯이'를 사용하여 한 문장으로 만드십시오.

> 보기   중국에 가 보다 / 이야기하다
> → 중국에 가 본 듯이 이야기했다.

(1) 그 남자는 내 부탁을 들어주다 / 웃다

→ _____.

(2) 곰을 만나면 죽다 / 누워 있어라

→ _____.

(3) 그는 그 사건에 대해 하나도 모르다 / 시치미를 떼다

→ _____.

(4) 금방 쓰러지다 / 펑펑 울었다

→ _____.

02 보기 의 단어를 골라서 '-듯이'를 사용하여 문장을 완성하십시오.

> 보기   흐르다   쓰다   비오다   밥(을) 먹다   울다

(1) 가 : 고향에 오랜만에 왔어요. 시간이 참 빠르네요.

나 : 맞아요. 그동안 세월이 물 _____지난 것 같아요.

(2) 가 : 히로미 씨는 돈이 정말 많은가 봐요.

나 : 어제도 백화점에서 돈을 물 _____쓰던데요.

(3) 가 : 올해 여름은 유난히 더운 것 같아요.

나 : 맞아요. 오늘도 땀을 _____흘렸어요.

(4) 가 : 앞으로 명수 씨는 안 만나고 싶어요.

나 : 왜요? 무슨 일 있어요?

가 : 명수 씨는 거짓말을 _____해서 싫어요.

–길래

의미

이유를 나타내며 글보다는 대화를 할 때 사용한다.

- 가 : 요즘 학생들이 조용하네요.
  나 : 네, 많이 떠들**길래** 혼을 냈거든요.

예문

(1) 학생이 숙제를 안 했**길래** 청소를 시켰어요.

(2) 명수 씨가 돈이 **없다길래** 만 원을 빌려 주었다.

(3) 지희 씨가 수업 시간에 잠을 자**길래** 혼을 냈어요.

(4) 가 : 옷이 정말 예쁘네요.
  나 : 어제 백화점에 갔는데 세일을 하**길래** 하나 샀어요.

(5) 가 : 밤에 왜 라면을 끓였어요?
  나 : 동생이 배가 고프다**길래** 끓였어요.

자세히 알아 봅시다

	동사	형용사	명사 + 이다
과거	가다 → 갔**길래**	*	*
	먹다 → 먹**었길래**		
현재	가다 → 가**길래**	크다 → 크**길래**	학생 → 학생**이길래**
	먹다 → 먹**길래**	작다 → 작**길래**	친구 → 친구**길래**

1 '–길래'는 앞 문장과 뒤 문장의 주어가 달라야 하고, '나'는 앞문장의 주어가 될 수 없다.

  예 동생이 아프다길래 내가 약을 사 줬어요. (○)
  동생이 아프다길래 동생이 약을 사 줬어요. (×)
  내가 아프다길래 동생이 약을 사 줬어요. (×)

2 '–길래'는 명령이나 청유와 같이 사용할 수 없다.

  예 아프다길래 약을 사 **주세요**. (×)
  날씨가 좋길래 같이 공원에 **갑시다**. (×)

3 '–길래'는 '–기에'와 바꾸어 사용할 수 있다.

  예 동생이 아프다길래 약을 사 줬어요.
  = 동생이 아프다**기에** 약을 사 줬어요.

연습문제 exercise

01 보기 와 같이 '—길래'를 사용해서 문장을 만들어 보십시오.

> 보기
> 어제 백화점에서 세일을 하다 / 옷을 사다
> → 어제 백화점에서 세일을 하길래 옷을 샀다.

(1) 명수가 가자고 하다 / 같이 가다

→ _____.

(2) 누나가 배가 고프다고 하다 / 라면을 끓이다

→ _____.

(3) 동생이 심심하다고 하다 / 같이 놀다

→ _____.

(4) 학생들이 말썽을 피우다 / 벌을 세우다

→ _____.

01 다음 보기 와 같이 '—길래'를 사용해서 대화를 완성해 보십시오.

> 보기
> 가 : 제가 수박을 사 줄까요?
> 나 : 아니요, 오빠가 시장에 가길래 사 달라고 부탁했어요.
> (시장에 가다 / 사 달라고 부탁하다)

(1) 가 : 오랜만에 휴일이었는데 뭐 했어요?

　　나 : _____. (날씨가 좋다 / 소풍을 가다)

(2) 가 : 점심 먹었어요?

　　나 : _____. (친구가 오다 / 같이 먹다)

(3) 가 : 왜 우산을 가지고 왔어요?

　　나 : _____. (오후에 비가 오다 / 가지고 오다)

(4) 가 : 여보, 웬 케이크예요?

　　나 : _____. (지희가 일등을 했다 / 케이크를 만들다)

–기에는

의미 앞의 행동을 판단 기준으로 제시할 때 사용한다.

■ 가 : 집에서 학교까지 걸어갈 수 있어요?
　나 : 아니요, 걸어가**기에는** 좀 먼 거리예요.

예문 (1) 지금 전화하**기에는** 시간이 너무 늦었어요.

(2) 아직 포기하**기에는** 기회가 많이 남았다.

(3) 이 일이 다른 사람이 보**기에는** 나쁜 일일 수 있다.

(4) 가 : 이 문제 좀 어렵지 않아요?
　나 : 아니요, 제가 보**기에는** 쉬운 것 같은데요.

(5) 가 : 지금 명수 씨 집에 가 볼까요?
　나 : 내일 가요. 지금 가**기에는** 너무 늦었어요.

–기에는	동사
	보다 → 보**기에는**
	알다 → 알**기에는**

1️⃣ '–기에는'은 보통 부정적인 상황에 사용하기 때문에 뒤 문장에는 부정적인 내용이 온다.

　📖 지금 전화하기에는 좋은 시간이 아니에요. (○)
　　지금 전화하기에는 좋은 시간이에요. (×)

2️⃣ '–기에는'의 뒤 문장에는 '어렵다, 쉽다, 늦다, 부족하다' 등과 같은 형용사가 많이 온다.

　📖 지금 전화하기에는 시간이 너무 **늦었어요**.
　　세 사람이 먹기에는 좀 부족하네요.

연습문제 exercise

01 다음 보기 와 같이 '-기에는'을 사용해서 대화를 완성해 보십시오.

> 보기
> 가 : 이 모자 한번 써 보세요.
> 나 : 제가 쓰기에는 너무 큰 거 같아요. (제가 쓰다 / 너무 크다)

(1) 가 : 명수야, 저 그림 사려고 하는데 어때?

　　나 : 글쎄, 내가 _____. (보다 / 안 좋다)

(2) 가 : 한국에 돌아와서 선생님께 인사 안 했어요?

　　나 : _____. (인사를 하다 / 시간이 늦다)

(3) 가 : 이번 방학 때 같이 일본에 여행 가요.

　　나 : _____. (해외여행을 가다 / 돈이 부족하다)

02 보기 와 같이 '-기에는'을 사용해서 대화를 만들어 보십시오.

> 보기
> 가 : 지금 명수 집에 가 볼까요?
> 나 : 내일 가요. 지금 가기에는 너무 늦었어요.

(1) 가 : 부모님께 지금 전화해 볼까요?

　　나 : _____ 너무 늦었어요.

(2) 가 : 고기가 다 익었어요? 먹어도 괜찮아요?

　　나 : 지금 _____ 고기가 조금 질겨요.

(3) 가 : 집에서 학교까지 걸어서 갈 수 있어요?

　　나 : 아니요, 집에서 학교까지 _____ 멀어요.

(4) 가 : 시험공부는 다 했어요?

　　나 : 아니요, 오늘 밤에 하면 돼요.

　　가 : 오늘 _____ 공부할 게 많아서 힘들 텐데요.

TOPIK 실전문제 a c t u a l   t e s t

01~08 다음 (   )에 알맞은 것을 고르십시오.

01

> 가 : 비도 안 오는데 우산은 왜 가지고 왔어요?
> 나 : 혹시 비가 (   ) 가지고 왔어요.

① 오거든   ② 올까 봐서
③ 오다 보니까   ④ 올 뿐만 아니라

02

> 가 : 소개팅을 했다면서요? 남자는 어땠어요?
> 나 : 잘 (   ) 성격도 좋았어요.

① 생겼듯이   ② 생기도록
③ 생기다 보니까   ④ 생겼을 뿐만 아니라

03

> 가 : 제가 좀 급한 일이 생겨서 그런데 먼저 가도 될까요?
> 나 : 그럼요. 급한 일이 (   ) 먼저 가 보세요.

① 있거든   ② 있길래
③ 있기에는   ④ 있다 보니까

04

> 가 : 지희 씨, 옛날보다 더 날씬해진 것 같아요.
> 나 : 고마워요. 매일 운동을 (   ) 살이 빠진 것 같아요.

① 하길래   ② 하거든
③ 할까 봐서   ④ 하다 보니까

05

> 가 : 음식이 부족하지 (   ) 충분히 준비했어요?
> 나 : 네, 많이 준비했습니다.

① 않듯이   ② 않도록
③ 않거든   ④ 않길래

06

> 가 : 이번 여름은 유난히 더운 것 같아요.
> 나 : 맞아요. 조금만 움직여도 땀이 비 (　　) 흘러요.

① 오듯이　　　　　　　　　② 오도록
③ 오길래　　　　　　　　　④ 오다 보니까

07

> 가 : 옷을 새로 샀어요? 예쁘네요.
> 나 : 시장에 갔다가 디자인이 마음에 (　　) 하나 샀어요.

① 들길래　　　　　　　　　② 들거든
③ 들듯이　　　　　　　　　④ 들도록

08

> 가 : 집까지 걸어가세요?
> 나 : 버스를 타고 갈 거예요. 걸어서 (　　) 좀 멀거든요.

① 가도록　　　　　　　　　② 가길래
③ 가거든　　　　　　　　　④ 가기에는

09~16 다음 밑줄 친 부분이 맞는 것을 고르십시오.

09　① 자꾸 <u>먹었다 보니까</u> 살이 찌네요.
　　② 몸이 <u>아프다길래</u> 과일을 좀 사 주세요.
　　③ 먹고도 안 <u>먹는 듯이</u> 시치미를 뗐어요.
　　④ 지금 숙제를 다 <u>하기에는</u> 시간이 부족하다.

10　① 옷이 <u>크거든</u> 바꾸러 갔다.
　　② 버스를 <u>놓칠까 봐</u> 뛰어 갑시다.
　　③ 혼자 <u>살다 보니까</u> 밥을 잘 챙겨 드세요.
　　④ 숙제를 안 했다고 <u>하길래</u> 벌을 주었어요.

11　① 아직 <u>포기하기에는</u> 늦었어요.
　　② 너무 <u>덥거든</u> 에어컨을 켰어요.
　　③ 친구 집을 제 집 <u>드나들 듯이</u> 해요.
　　④ 비행기 표가 <u>없을까 봐서</u> 다행이에요.

133

12 ① 많이 아팠거든 병원에 가세요.

② 목이 터지도록 열심히 응원했어요.

③ 아기가 아플까 봐서 약을 준비할게요.

④ 저 식당은 맛있을 뿐만 아니라 비싸요.

13 ① 백화점에 갔기에 버스를 놓쳤어요.

② 술을 마시다 보니까 몸이 나빠졌어요.

③ 주말이라서 쉬든지 공부하든지 했어요.

④ 이야기를 했느라고 전화를 못 받았어요.

14 ① 걸어서 가기에는 가까운 거리예요.

② 내가 바쁘길래 넌 여행을 할 수 없어.

③ 약속을 잊어버릴까 봐 전화하겠습니다.

④ 공부가 힘들거든 잠깐 산책을 해 보세요.

15 ① 날씨가 좋으길래 소풍을 갔어요.

② 제가 보았기에는 틀린 것 같아요.

③ 계속 먹다 보니까 뚱뚱해질 거예요.

④ 감기에 걸릴까 봐 마스크를 했어요.

16 ① 신발이 안 맞거든 환불을 했잖아요.

② 그 영화는 슬프다길래 보지 맙시다.

③ 동생이 엄마한테 이를까 봐 걱정이 없어요.

④ 자야 씨는 성격이 좋을 뿐만 아니라 얼굴도 예뻐요.

17~22 다음 밑줄 친 부분과 바꾸어 쓸 수 있는 것을 고르십시오.

17

> 가 : 옷을 너무 많이 입은 것 같아요.
> 나 : 네, 날씨가 추울지도 몰라서 많이 입고 왔어요.

① 춥길래

② 춥기에는

③ 추울까 봐서

④ 추울 뿐만 아니라

18

가 : 이 사진 속 사람은 옛날 친구예요?

나 : 네, 성격이 <u>좋았을 뿐만 아니라</u> 공부도 참 잘했지요.

① 좋도록　　　　　　　　　　② 좋거든

③ 좋기에는　　　　　　　　　　④ 좋았던 데다가

19

가 : 교통이 복잡해서 늦을 것 같아요.

나 : 알겠어요. <u>도착하거든</u> 전화 주세요.

① 도착하면　　　　　　　　　　② 도착하듯이

③ 도착하도록　　　　　　　　　④ 도착하기에는

20

가 : 며칠 째 야근을 했더니 몸이 좀 안 좋아요.

나 : 피로가 <u>풀리도록</u> 주말에는 좀 쉬세요.

① 풀리게　　　　　　　　　　　② 풀듯이

③ 풀길래　　　　　　　　　　　④ 풀리기에는

21

가 : 바람이 갑자기 많이 부네요.

나: 그러게요. 태풍이라도 <u>올 듯이</u> 부는데요.

① 오도록　　　　　　　　　　　② 올까 봐

③ 올 것처럼　　　　　　　　　　④ 오다 보니까

22

가 : 와, 케이크네요. 맛있어 보여요.

나 : 맛있어 <u>보이길래</u> 사 왔어요. 드세요.

① 보이도록　　　　　　　　　　② 보이거든

③ 보이기에　　　　　　　　　　④ 보이기에는

–(으)ㄹ 테니까

의미

① 말하는 사람의 의지를 나타낸다.

- 가 : 우리 오늘 방 청소하자. 방이 너무 더럽네.
  나 : 내가 방을 청소**할 테니까** 너는 저녁 식사를 준비해 줘.

② 말하는 사람의 강한 추측을 나타낸다.

- 가 : 나는 요즘 내 미래가 너무 걱정이 돼.
  나 : 너는 반드시 성공**할 테니까** 너무 걱정하지 마.

예문

(1) 오늘 점심은 제가 **살 테니까** 같이 식당에 가요.
(2) 오후에 비가 **올 테니까** 우산을 가지고 가세요.
(3) 어제 이사한다고 힘들었**을 테니까** 오늘은 푹 쉬세요.
(4) 가 : 오늘 먹을 음식을 사러 가야 하는데 너무 아파서 못 가겠어요.
    나 : 제가 시장에 갔다 **올 테니까** 집에서 좀 쉬세요.
(5) 가 : 이번 여름 방학에 제주도에 여행갈까요?
    나 : 여름에는 너무 더**울 테니까** 봄에 가요.

자세히 알아 봅시다

	동사	형용사	명사+이다
과거	가다 → 갔을 테니까	예쁘다 → 예뻤을 테니까	여자 → 여자이었을 테니까
	먹다 → 먹었을 테니까	작다 → 작았을 테니까	학생 → 학생이었을 테니까
현재	가다 → 갈 테니까	예쁘다 → 예쁠 테니까	여자 → 여자일 테니까
	먹다 → 먹을 테니까	작다 → 작을 테니까	학생 → 학생일 테니까

1️⃣ '–(으)ㄹ 테니까'가 ①의 뜻일 때 주어가 말하는 사람이어야 한다.

예 이 일은 **내가** 할 테니까 **너는** 다른 걸 해. (○)
이 일은 **민경이가** 할 테니까 **너는** 다른 걸 해.
(이 때의 '–(으)ㄹ 테니까'는 의지의 의미가 아니라 추측의 의미가 된다.)

2️⃣ '–(으)ㄹ 테니까'가 ②의 뜻일 때 말하는 사람이 주어로 사용될 수 없고, 뒤에는 보통 명령이나 청유가 많이 온다.

예 내일은 날씨가 좋을 테니까 공원에 **갑시다**.(○)
내가 오늘 바쁠 테니까 내일 회의 **합시다.** (×)

3️⃣ '–(으)ㄹ 테니까'는 의문사가 있는 의문문과 같이 사용할 수 없다.

예 오늘 선생님이 안 계실 테니까 **언제** 다시 올까? (×)

알쏭달쏭?!

-(으)ㄹ 테니까 vs -(으)ㄹ텐데

	(1) -(으)ㄹ 테니까	(2) -(으)ㄹ텐데
의미	추측의 이유	추측의 상황 설명
질문사용	x	○

예문

(1) 오후에 비가 올 테니까 우산을 가지고 가세요.

　　(우산을 가지고 가야 하는 이유를 말함)

(2) 차가 막힐 텐데 지하철로 갑시다.

　　(차가 막히는 상황을 설명)

☆　이번 휴가 때 아이들과 같이 물놀이를 <u>가야할 텐데</u> 어디가 좋을까요? (○)
　　이번 휴가 때 아이들과 같이 물놀이를 <u>가야할 테니까</u> 어디가 좋을까요? (×)

연습문제 exercise

01 보기 와 같이 '–(으)ㄹ 테니까'를 사용하여 한 문장으로 만드십시오.

> 보기 오후에 비가 오다 / 우산을 준비하다
> → <u>오후에 비가 올 테니까 우산을 준비하세요</u>.

(1) 밥은 내가 하다 / 너는 청소를 하다

→ _____.

(2) 어제 야근한다고 피곤하다 / 쉬다

→ _____.

(3) 지희 씨는 학생이라서 돈이 없다 / 내가 돈을 내다

→ _____.

02 '–(으)ㄹ 테니까'와 보기 의 단어를 사용하여 대화를 완성하십시오.

> 보기 돕다   공부하다   있다   한턱내다   기다리다

(1) 가 : 축하해요. 오늘 첫 월급을 받았다면서요?

나 : 네, 제가 오늘 _____ 맛있는 거 먹으러 가요.

(2) 가 : 내일 민호 씨랑 같이 등산가요.

나 : 민호 씨는 내일 마지막 시험이 있어서 _____ 우리끼리 갑시다.

(3) 가 : 오늘 집들이가 있는데 요리를 잘 못해서 걱정이에요.

나 : 제가 _____ 걱정 마세요.

(4) 가 : 제가 이번 시험에 합격할 수 있을까요?

나 : 이번에 공부를 열심히 해서 좋은 결과가 _____ 너무 걱정하지 말고 기다려.

(5) 가 : 제가 그 백화점 가는 길을 잘 모르는데 어떻게 하죠?

나 : 제가 지하철 역 앞에서 _____ 1호선 서울역 앞에서 만나요.

–는 바람에

의미 원인이나 이유를 나타내며 보통 부정적인 결과나 원하지 않는 결과가 나올 때 사용한다.

■ 가 : 왜 이렇게 늦었어요?

나 : 차가 고장 나**는 바람에** 늦었어요.

예문 (1) 옆 사람이 발을 밟**는 바람에** 물을 쏟았다.

(2) 친구가 밤에 코를 고**는 바람에** 잠을 못 잤다.

(3) 내가 동생과 싸우**는 바람에** 엄마가 화가 났다.

(4) 가 : 왜 이렇게 늦게 왔어?

나 : 버스를 잘못 타**는 바람에** 늦었어.

(5) 가 : 왜 숙제를 안 했어?

나 : 어제 컴퓨터가 고장나**는 바람에** 숙제를 못 했어요.

자세히 알아 봅시다

–는 바람에	동사
	가다 → 가**는 바람에**
	먹다 → 먹**는 바람에**

1 이미 일어난 일에 대한 결과를 나타내기 때문에 과거시제가 오는 것이 일반적이다.

예 내가 동생과 싸우는 바람에 엄마가 화가 **났다**. (○)

내가 동생과 싸우는 바람에 엄마가 화가 **날 것이다**. (×)

☞ 일상적인 상황에서 현재시제로 사용되기도 한다.

예 가: 왜 이렇게 피곤해 보이세요?

나: 룸메이트가 코를 고**는 바람에** 요즘 잠을 못 자요.

2 '–는 바람에'는 '–는 탓에', '–는 통에'와 바꾸어 쓸 수 있다.

예 많이 먹**는 바람에** 체했다.

= 많이 먹**는 탓에** 체했다.

= 많이 먹**는 통에** 체했다.

─느라고 vs ─는 바람에

	(1) ─ 느라고	(2) ─ 는 바람에
의미	이유(계속되는 행동)	이유
활용	동사	동사
	주어의 의지가 있음	주어의 의지가 없음

예문

(1) 컴퓨터 게임을 하**느라고** 숙제를 못했다. (숙제를 해야 할 시간임을 강조)

　　옆에 사람과 부딪치**느라고** 물을 쏟았다. (×)

(2) 컴퓨터 게임을 하**는 바람에** 숙제를 못했다. (컴퓨터 게임 때문에 못 했음을 강조)

　　옆에 사람과 부딪치**는 바람에** 물을 쏟았다. (○)

01 다음을 연결하고 '-는 바람에'를 사용하여 한 문장으로 만드십시오.

(1) 늦잠을 자다.　　　　　·　　　　　　　　　　　· 동생이 울었다.

(2) 내 마음대로 결정하다.　·　　　　　　　　　　· 숙제를 두고 왔다.

(3) 아빠가 화를 내다.　　　·　　　　　　　　　　· 학교에 지각했다.

(4) 집에서 급하게 나오다.　·　　　　　　　　　　· 남편이 화가 났다.

(1) _____

(2) _____

(3) _____

(4) _____

02 　보기　와 같이 '-는 바람에'를 사용하여 대화를 완성하십시오.

> 보기
> 가 : 왜 이렇게 늦었어요?
> 나 : 차가 <u>고장 나는 바람에</u> 늦었어요. (고장 나다)

(1) 가 : 요즘 왜 이렇게 살이 많이 쪘어요?

　　나 : 밥 먹을 시간이 없어서 _____ 살이 쪘어요. (밤늦게 먹다)

(2) 가 : 요즘에 왜 이렇게 집에 늦게 와요?

　　나 : 요즘 일이 많아서 _____ 늦게 와요. (야근하다)

(3) 가 : 지희야, 어제 내가 부탁한 일을 끝냈니?

　　나 : 미안해, 어제 부장님이 일을 많이 _____ 아직 다 못 했어. (시키다)

(4) 가 : 어린 아이가 안경을 쓰네요.

　　나 : 텔레비전을 _____ 눈이 나빠졌어요. (가까이에서 보다)

–던

의미

① 회상을 나타낸다.

■ 가 : 어제 너랑 같이 가**던** 친구가 여자 친구 맞아?
　나: 네, 맞아요.

② 완료되지 않은 일을 나타낸다.

■ 가 : 이거 누가 먹고 여기에 놓아 뒀지?
　나 : 제가 먹**던** 거예요. 아직 다 안 먹었어요.

③ 자주 한 일을 회상할 때 사용한다.

■ 가 : 우리 오늘 어디에 밥 먹으러 갈까?
　나 : 우리가 항상 가**던** 곳에 가자.

예문

(1) 당신이 떠나**던** 날 나는 많이 울었습니다.
(2) 내가 먹**던** 빵을 누가 다 먹었지?
(3) 이 공원은 내가 자주 남편과 가**던** 곳이다.
(4) 가 : 현우 씨가 다니**던** 고등학교가 이 근처예요?
　　나 : 네, 저기가 제가 다니**던** 학교예요.
(5) 가 : 내가 아까 보**던** 책 어디 놓아 뒀지?
　　나 : 여기 있네요.

자세히 알아 봅시다

	동사	형용사	명사+이다
–던	가다 → 가**던**	예쁘다 → 예쁘**던**	여자 → 여자**던**
	먹다 → 먹**던**	작다 → 작**던**	학생 → 학생**이던**

1　'–던'은 과거를 나타내는 '–(으)ㄴ'과 비슷한 의미를 가진다. '–(으)ㄴ'은 과거에 완료된 단순 사실을 말하고 '–던'은 어떤 일이 끝나지 않았다는 것을 강조한다.

　예　이 영화는 내가 **본** 영화야.
　　(과거에 영화를 본 것이 완료된 단순한 사실을 뜻한다.)

　　이 영화는 내가 **보던** 영화야.
　　(이 영화를 보다가 중단되었음을 나타낸다.)

연습문제 exercise

01 다음 두 문장을 보기 와 같이 '–던'을 사용하여 연결해 보십시오.

> **보기**
> 민호가 그 옷을 입고 있었다. 그 옷은 멋있었다.
> → 민호가 입고 있던 그 옷은 멋있었다.

(1) 내가 이 자동차를 탔다. 이 자동차를 친구에게 팔았다.

→ _____ .

(2) 당신이 그 날 떠났다. 그 날 나는 많이 울었다.

→ _____ .

(3) 내가 그 빵을 먹었다. 그 빵을 다른 사람이 다 먹었다.

→ _____ .

02 다음 '–던'을 사용하여 대화를 보기 와 같이 완성하십시오.

> **보기**
> 가 : 현우 씨가 다니던 고등학교가 이 근처예요?
> 나 : 네, 저기가 제가 다니던 학교예요. (다니다)

(1) 가 : 이번에는 이 요리를 다른 방식으로 해 볼까?

나 : 아니, 그냥 _____ 대로 하자. (하다)

(2) 가 : 유학생활이 많이 힘들지?

나 : 응. 그런 것 같아. 힘들 때 미국에서 친구들과 같이 _____ 생각을 하곤 해. (놀다)

(3) 가 : 이번에 한국에 돌아가야 할 것 같아.

나 : 왜? 무슨 일 있어?

가 : 한국에서 _____ 공부를 마치고 다시 돌아올게. (하다)

(4) 가 : 민수 씨가 자주 _____ 공원이 어디예요? (가다)

나 : 우리 집 근처에 있어요.

–았/었던

의미

① 회상을 나타낸다.

- 가 : 민호 씨도 선생님 친구예요?

  나 : 네, 어릴 때 같이 놀**았던** 친구예요.

② 완료된 상태를 나타낸다.

- 가 : 이 DVD는 제가 **봤던** 영화인데 진짜 재미있어요. 한 번 보세요.

  나 : 고마워요.

③ 과거에 한 번으로 끝난 일을 나타낸다.

- 가 : 우리가 어제 길에서 만**났던** 그 사람 이름이 뭐였지?

  나 : 제시카잖아.

예문

(1) 어릴 때 놀**았던** 추억은 어른이 되어서도 잊을 수가 없다.

(2) 그 사람은 내가 옛날에 사랑**했던** 사람이다.

(3) 이 학교가 내가 졸업**했던** 학교예요.

(4) 가 : 이번에 옮긴 회사는 마음에 들어?

  나 : 별로야. 그래서 저번에 다**녔던** 회사로 돌아가고 싶어.

(5) 가 : 무슨 책을 읽어요?

  나 : 옛날에 읽**었던** 책을 다시 읽고 있어요.

자세히
알아
봅시다

	동사	형용사	명사+이다
–았/었던	가다 → 갔**던**	예쁘다 → 예**뻤던**	여자 → 여자**였던**
	먹다 → 먹**었던**	작다 → 작**았던**	학생 → 학생**이었던**

1 '–았/었던'은 과거를 나타내는 –(으)ㄴ'과 비슷한 의미를 가진다. '–(으)ㄴ'은 과거에 완료된 단순 사실을 말하고 '–었/았던' 은 과거에 완료된 사실과 현재와 관계가 없는 것을 나타낸다.

예 내가 **입사한** 회사야.

(내가 회사에 입사해서 지금까지 다니고 있는지 안 다니고 있는지에 대한 정보는 없지만 '–았/었던'과 비교해서는 다니고 있다는 의미가 더 많다.)

내가 **입사했던** 회사야.

(내가 입사했지만 지금은 다니고 있지 않다는 의미를 나타낸다.)

-던 vs -았/었던 vs -(으)ㄴ

	(1) -던	(2) -았/었던	(3) -(으)ㄴ
의미	아직 끝나지 않은 일	과거에 한 번 있었던 일	이미 끝난 일
완료	X	◎	○
회상	○	○	X

☆ '-었/았던'은 '-(으)ㄴ'보다 완료의 의미가 더 강하다.

예문

(1) 내가 **먹던** 빵이 어디 갔지? (아직 다 먹지 않은 빵)

(2) 여기는 우리가 처음 **만났던** 곳이야. (과거에 한 번 있었던 일을 회상)

여기는 우리가 처음 **만난** 곳이야.
(완료의 의미가 약하고 회상의 의미가 거의 없음. 단순한 사실을 말함)

(3) 이 카메라는 내가 **산** 카메라와 같은 거야.
(회상의 의미는 거의 없고 과거에 끝난 단순한 사실을 이야기 함)

이 카메라는 내가 **샀던** 카메라와 같은 거야.
(완료의 의미가 강하고 회상의 의미가 있음)

연습문제 exercise

01 다음 보기 에서 단어를 골라 '-었/았던'을 사용하여 문장을 완성하십시오.

보기	작다	다니다	잘하다	보다	가다

(1) 작년에 아내와 같이 _____ 공원이 가끔 생각난다.

(2) 어릴 때 키가 _____ 민호가 지금은 키가 아주 크더라.

(3) 우리가 첫 데이트 때 _____ 영화를 기억해요?

(4) 내가 예전에 _____ 학교야.

(5) 초등학교 때 공부를 _____ 민호가 지금은 반에서 꼴등을 한대.

02 다음 문장을 읽고 맞는 것에 ○, 틀린 것에 ×를 하십시오.

(1) 여기가 우리가 처음 만났던 장소야. (   )

여기가 우리가 처음 만나던 장소야. (   )

(2) 최근에 다 읽었던 책 중에서 추천할 만한 책 없어? (   )

최근에 다 읽던 책 중에서 추천할 만한 책 없어? (   )

(3) 그 동안 준비했던 시합에 나가지 못하게 되었다. (   )

그 동안 준비하던 시합에 나가지 못하게 되었다. (   )

–는 길에

의미

① '가거나 오는 도중에' 의미를 나타낸다.

- 가 : 집에 빵이 있어요?
  나 : 아니요, 없어요. 집에 가**는 길에** 빵집에 들러서 사 가지고 갈게요.

② '가거나 오는 도중에 어떤 기회로 해서'의 의미를 나타낸다.

- 가 : 우리 시내에 갈 건데 같이 갈래?
  나 : 좋아. 시내에 가**는 길에** 영화도 보자.

예문

(1) 민호는 집에 가**는 길에** 도서관에 들러서 책을 빌렸다.

(2) 나는 퇴근하**는 길에** 친구를 우연히 만났다.

(3) 학교 가**는 길에** 은행에 들러서 돈을 찾았다.

(4) 가 : 어머! 꽃이 참 예쁘네요.
    나 : 예쁘죠? 오**는 길에** 예뻐서 샀어요.

(5) 가 : 명수야, 엄마가 바빠서 그러는데 우유 좀 사 줄래?
    나 : 네, 나중에 학교 갔다 오**는 길에** 사 올게요.

자세히
알아
봅시다

–는 길에	동사
	가다 → 가**는 길에**
	오다 → 오**는 길에**

[1] '–는 길에'는 주로 '가다', '오다', '출근하다', '퇴근하다' 등의 동사와 같이 사용할 수 있다.

- 예 백화점에서 옷을 사**는 길에** 친구를 만났다. (×)
  나는 **퇴근하는 길에** 친구를 우연히 만났다. (○)
  출근하는 길에 동료를 만나서 같이 회사에 갔다. (○)

[2] '–는 길에'는 [1] 의미가 될 때 '–는 길이다'로도 사용할 수 있다.

- 예 지금 저는 집에 돌아가**는 길이에요**.
  저는 학교에 가**는 길이에요**.

[3] '–는 길에'는 [1]의 의미가 될 때 의미의 큰 차이 없이 '–다가'와 바꾸어 쓸 수 있다.

- 예 민호는 집에 가는 길에 도서관에 들러서 책을 빌렸다.
  = 민호는 집에 가**다가** 도서관에 들러서 책을 빌렸다.

4 '–는 길에'는 2의 의미가 될 때 '–는 김에'와 바꾸어 쓸 수 있다.

예 내 책을 빌리러 도서관에 가는 길에 동생 책을 빌려 주었다.

= 내 책을 빌리러 도서관에 가**는 김에** 동생 책을 빌려 주었다.

01 보기 와 같이 '–는 길에'를 사용하여 다음 대화를 완성하십시오.

> 보기
>
> 가 : 어머! 꽃이 참 예쁘네요.
> 나 : 예쁘죠? 학교에 <u>오는 길에</u> 예뻐서 샀어요.

(1) 가 : 과일이 정말 맛있게 보이네요.

　 나 : 너무 싸고 맛있게 보여서 _____ .

(2) 가 : 엄마가 바빠서 그러는데 집에 _____ 우유 좀 사 줄래?

　 나 : 네, 알겠어요. 엄마.

(3) 가 : 요즘 바빠서 쓰레기를 버리지 못했더니 쓰레기가 많이 쌓였네요.

　 나 : 지금 내가 밖에 나가니까 _____ .

(4) 가 : 두 사람이 집에 같이 오네요.

　 나 : _____ 만났어요.

02 다음 문장을 보기 와 같이 밑줄 친 부분과 같은 의미가 되도록 바꾸어 보십시오.

> 보기
>
> 시내에 <u>가는 길에</u> 백화점에서 어제 산 옷을 바꿨다.
> → <u>시내에 가는 김에</u> 백화점에서 어제 산 옷을 바꿨다.

(1) 집에 <u>가는 길에</u> 친구를 만났다.

　→ _____ .

(2) 우체국에 <u>가는 길에</u> 명수 씨 편지도 보내 드릴게요.

　→ _____ .

(3) <u>출근하는 길에</u> 회사 동료를 만나서 같이 갔다.

　→ _____ .

(4) 학교에 <u>가는 길에</u> 도서관에 가서 읽고 싶은 책을 빌렸다.

　→ _____ .

–기에/다기에

의미   근거나 이유를 나타낸다.

- 가 : 과일을 왜 이렇게 많이 사 왔어요?
  나 : 과일이 싸고 맛있어 보이**기에** 너 주려고 사 왔다.

예문
(1) 늦게 일어**났기에** 택시를 탔어요.
(2) 아침에 일어났더니 열이 나**기에** 약을 먹었다.
(3) 그 아이가 불쌍해 보이**기에** 빵과 우유를 사 주었다.
(4) 가 : 옷이 참 예쁘네요.
    나 : 어제 백화점에 세일하**기에** 샀어요.
(5) 가 : 왜 데리러 왔어요? 혼자 갈 수 있는데…….
    나 : 비가 많이 오**기에** 데리러 왔어.

자세히
알아
봅시다

	동사	형용사	명사+이다
과거	가다 → **갔기에**	예쁘다 → 예**뻤기에**	여자 → 여자**였기에**
	먹다 → 먹**었기에**	작다 → 작**았기에**	학생 → 학생**이었기에**
현재	가다 → 가**기에**	예쁘다 → 예쁘**기에**	여자 → 여자**기에**
	먹다 → 먹**기에**	작다 → 작**기에**	학생 → 학생**이기에**

1. '–기에'는 명령문이나 청유문과 같이 사용하지 않는다.
   예 싸 보이기에 사 **오십시오**. (×)
       늦게 일어났기에 택시를 **탑시다.** (×)

2. '–기에'는 뒤 문장에 말하는 사람이 주어로 나온다.
   예 옷이 싸기에 (**내가**) 샀어요. (○)
       옷이 싸기에 **친구가** 옷을 샀어요. (×)
       책이 재미있기에 **동생이** 샀어요. (×)

3. '–다고 하기에'의 준말로 '–다기에'도 많이 사용하는 표현이다.
   다른 사람에게 전해 들은 사실(정보)을 표현하다
   예 오늘 회사에 회장님이 오신**다기에** 깨끗이 청소했어요.
       친구가 병원에 입원**했다기에** 병문안 가는 중이에요.

4. '–기에'는 '–길래'와 큰 의미의 차이 없이 바꾸어 쓸 수 있다.
   예 그 아이가 불쌍해 보이**기에** 빵과 우유를 사 주었다.
       = 그 아이가 불쌍해 보이**길래** 빵과 우유를 사 주었다.

연습문제 exercise

01 다음 보기 와 같이 '-기에'나 '-다기에'를 사용해 대화를 완성하십시오.

> 보기
> 가 : 옷이 참 예쁘네요.
> 나 : 어제 백화점에서 <u>세일하기에</u> 샀어요. (세일하다)

(1) 가 : 옷을 어디에서 샀어요? 예쁘네요.

　나 : ＿＿＿＿＿＿＿＿＿＿＿＿ 가서 샀어요. (동대문시장이 옷이 싸고 예쁘다)

(2) 가 : 아침부터 지희 씨가 안 보이네요. 무슨 일이 있나요?

　나 : ＿＿＿＿＿＿＿＿＿＿＿＿ 집에서 쉬라고 했어요. (아프다)

(3) 가 : 이번에 히로미 씨와 같이 부산에 간다면서요?

　나 : 네, ＿＿＿＿＿＿＿＿＿＿＿＿ 저도 같이 가려고요. (히로미 씨가 가다)

(4) 가 : 주말에 뭐 했어요?

　나 : ＿＿＿＿＿＿＿＿＿＿＿＿ 공원으로 소풍갔어요. (날씨가 좋다)

02 다음 문장을 읽고 맞는 것에 ○, 틀린 것에 ×를 하십시오.

(1) 비가 많이 오기에 우산을 가지고 왔어요. (　　　)

(2) 옷이 아주 예쁘기에 동생이 샀어요. (　　　)

(3) 서점에서 이 책을 읽다가 재미있기에 샀어요. (　　　)

(4) 아침에 늦게 일어났기에 택시를 타고 빨리 오세요. (　　　)

–는 둥 마는 둥

의미　어떤 행동을 열심히 하지 않거나 제대로 하지 않은 것을 나타낸다.

- 가 : 요즘 살이 많이 빠졌네요.
  나 : 요즘 일이 너무 많아서 밥을 먹**는 둥 마는 둥** 했더니 살이 많이 빠졌네요.

예문
(1) 요즘 너무 바빠서 집안일을 하**는 둥 마는 둥** 한다.
(2) 룸메이트가 너무 코를 많이 골아서 잠을 자**는 둥 마는 둥** 했다.
(3) 엄마는 항상 내 얘기를 듣**는 둥 마는 둥** 해서 기분이 나쁘다.
(4) 가 : 요즘 명수 씨가 이상한 것 같아요.
  나 : 맞아요. 예의 바른 사람인데 요즘은 인사도 하**는 둥 마는 둥** 하고 지나가네요.
(5) 가 : 비가 좀 많이 와야 농사가 잘 될 텐데요.
  나 : 그러게요. 그런데 비가 오**는 둥 마는 둥** 하네요.

	동사
–는 둥 마는 둥	가다 → 가**는 둥 마는 둥**
	먹다 → 먹**는 둥 마는 둥**

1 과거는 '–은 둥 만 둥' 미래는 '–을 둥 말 둥'이 있으나 '–는 둥 마는 둥'처럼 많이 사용하지 않는다.

예 명수가 나를 **본 둥 만 둥** 하면서 지나갔다.
　　히로미 씨가 나에게 비밀을 **말할 둥 말 둥** 하며 말을 하지 않는다.

연습문제 exercise

01 [보기] 의 같이 '–는 둥 마는 둥'을 사용하여 문장을 완성하십시오.

> [보기]　요즘 너무 바빠서 <u>집안일을 하는 둥 마는 둥 한다.</u>

(1) 아침에 늦잠을 자는 바람에 아침밥을 _____.

(2) 제가 거짓말을 너무 많이 해서 친구는 내 말을 _____.

(3) 여자 친구랑 싸워서 기분이 너무 나빴다. 그래서 수업 시간에 _____.

(4) 현우 씨가 인사를 _____ 지나갔다.

02 다음의 학생들이 제대로 하지 <u>않는</u> 일을 써 보십시오.

학생	제대로 하지 않는 일
(1) 히로미	요즘 학교 일이 너무 바빠서 청소를 제대로 하지 않는다.
(2) 현우	너무 바빠서 밥을 제대로 먹지 않았더니 살이 빠졌다.
(3) 명수	현우는 항상 같은 이야기를 해서 현우가 이야기 할 때 잘 듣지 않는다.
(4) 자야	친구랑 싸운 후 기분이 나빠서 수업을 제대로 듣지 못했다.

(1) <u>요즘 학교 일이 바빠서 청소를 하는 둥 마는 둥 한다.</u>

(2) _____

(3) _____

(4) _____

-(으)ㄴ 채로

의미　　어떤 행동을 한 상태 그대로 지속됨을 나타낸다.

- 가 : 제시카 씨. 한국에서는 신발을 신**은 채로** 들어가면 안 됩니다.
  나 : 아! 죄송합니다. 몰랐어요.

예문

(1) 창문을 열어 놓**은 채** 잠이 들어서 감기에 걸렸어요.

(2) 불을 켜 놓**은 채** 잠이 들었다.

(3) 너무 바빠서 신발도 **안 신은 채** 서둘러 나갔다.

(4) 가 : 얼굴에 왜 상처가 있어요?
　　나 : 안경을 **쓴 채**로 세수를 하다가 다쳤어요.

(5) 가 : 명수야, 옷을 입**은 채**로 물에 들어가면 안 돼.
　　나 : 아, 죄송해요. 엄마 옷을 벗을게요.

자세히
알아
봅시다

-(으)ㄴ 채로	동사
	켜다 → **켠 채로**
	입다 → **입은 채로**

1　'-(으)ㄴ 채로'는 '-어/아 놓다', '-어/아 두다'와 같이 많이 사용한다.

　예　불을 **켜 놓은 채로** 잠이 들었다.
　　　선풍기를 켜고 문을 닫**아 둔 채로** 오랫동안 있으면 안 된다.

2　'-(으)ㄴ 채로'는 '가다', '오다'와 같은 동사와 같이 사용할 수 없다.

　예　마트에 **간** 채로 식료품을 샀어요. (×)
　　　도서관에 **온** 채로 공부했어요. (×)

3　'-(으)ㄴ 채로'는 당연한 일에는 잘 사용하지 않는다.

　예　컴퓨터를 켠 채로 게임을 했어요. → 컴퓨터를 켜고 게임을 했어요.
　　　(게임을 하기 위해서는 당연히 컴퓨터를 켜야 한다.)

　　　책을 편 채로 공부했어요. → 책을 펴고 공부했어요.
　　　(공부를 하기 위해서는 당연히 책을 펴야 한다.)

01 다음 보기 와 같이 '-(으)ㄴ 채로'를 사용해서 대화를 완성하십시오.

> 보기
>
> 가 : 얼굴에 왜 상처가 있어요?
> 나 : 안경을 <u>쓴 채로</u> 세수를 하다가 다쳤어요. (쓰다)

(1) 가 : 어제 명수 씨 집에 불이 났다면서요?

　　나 : 네, 그래서 아무것도 가지고 나오지 못하고 ＿＿＿＿＿＿＿＿＿＿＿ 밖으로 나왔어요.
　　　　(옷도 입지 않다)

(2) 가 : 어제 열심히 공부하셨나 봐요. 방에 불이 오랫동안 켜져 있던데요.

　　나 : 아니에요. ＿＿＿＿＿＿＿＿＿＿＿ 잠이 들었어요. (불을 켜 놓다)

(3) 가 : 선풍기를 ＿＿＿＿＿＿＿＿＿＿＿ 잠을 자면 위험해요. (켜 놓다)

　　나 : 저도 모르게 잠이 들었어요.

(4) 가 : 아침에 바쁘셨나 봐요.

　　나 : 네, 늦게 일어나는 바람에 ＿＿＿＿＿＿＿＿＿＿＿ 나왔어요. (물도 못 마시다)

02 '-(으)ㄴ 채로'를 사용해서 다음 그림을 보고 묘사해 보십시오.

(1)

＿＿＿＿＿＿＿＿＿＿＿＿＿＿＿＿＿＿＿＿＿

(2)

＿＿＿＿＿＿＿＿＿＿＿＿＿＿＿＿＿＿＿＿＿

–(으)ㄹ 겸

의미 두 가지 이상의 목적을 나타낸다.

- 가 : 이번에 휴가는 어디로 갈 생각이세요?
  나 : 여행도 **할 겸** 제시카 씨도 만**날 겸** 제주도로 갈 생각이에요.

예문
(1) 데이트도 **할 겸** 영화도 **볼 겸** 영화관에 갔어요.
(2) 친구도 만**날 겸** 여행도 **할 겸** 이번 방학에는 캐나다로 여행을 가려고 한다.
(3) 스트레스도 **풀 겸** 쇼핑도 할 겸 백화점에 갔다 왔어요.
(4) 가 : 서울에는 어쩐 일로 가셨어요?
  나 : 아들도 **볼 겸** 구경도 **할 겸** 갔다 왔어요.
(5) 가 : 주말에 뭐 할 거예요?
  나 : 집안일도 **할 겸** 쉴 **겸** 집에 있으려고요.

–(으)ㄹ 겸	동사
	가다 → **갈 겸**
	먹다 → 먹**을 겸**

1 '–(으)ㄹ 겸'은 '–(으)ㄹ 겸 해서'로도 사용할 수 있다.

  예 사람도 만나고 과일도 **살 겸 해서** 시장에 갔다 왔어요.

01 '—(으)ㄹ 겸'을 사용해서 다음의 목적1과 목적2를 연결하여 문장을 만들어 보십시오.

	목적1	목적 2
(1)	기분전환을 하다	여행을 하다
(2)	쉬다	집안일을 하다
(3)	친구를 만나다	영화를 보다
(4)	부모님을 뵙다	고향 친구를 만나다

(1) 기분전환을 할 겸 여행도 할 겸 서울에 갔다오려고요.

(2) _____

(3) _____

(4) _____

02 다음 보기 와 같이 '—(으)ㄹ 겸'을 사용해 대답을 해 보십시오.

> 보기
> 가 : 이번에 피서는 어디로 갈 생각이세요?
> 나 : 여행도 할 겸해서 동해로 갈 생각이에요.

(1) 가 : 이번 여름 방학에 계획이 있어요?

　　나 : _____.

(2) 가 : 이번 연휴에 뭐 할 생각이세요?

　　나 : _____.

(3) 가 : 어제 학교에 왜 안 왔어요?

　　나 : _____.

(4) 가 : 노래방에 갈까요?

　　나 : 좋아요. _____.

(5) 가 : 시내에 나갑시다.

　　나 : _____.

TOPIK 실전문제 actual test

01~09 다음 (   )에 알맞은 말을 고르십시오.

01

> 가 : 이번에 시험을 잘 쳐야 할 텐데.
>
> 나 : 열심히 한 만큼 좋은 결과가 (   ) 걱정하지 말고 기다려 봐.

① 있었던　　　　　　　　　　　② 있을 테니까

③ 있길래　　　　　　　　　　　④ 있는 바람에

02

> 가 : 어제 제가 부탁한 책은 가지고 왔어요?
>
> 나 : 아침에 급하게 (   ) 못 가지고 나왔어. 미안해

① 나오길래　　　　　　　　　　② 나오는 중에

③ 나오는 바람에　　　　　　　　④ 나오는 길에

03

> 가 : 이번에 왜 다시 고향으로 돌아가요?
>
> 나 : 고향에서 (   ) 공부를 다 마치고 다시 돌아올 거예요.

① 하던　　　　　　　　　　　　② 할

③ 하는　　　　　　　　　　　　④ 했던

04

> 가 : 이 영화 우리가 언제 봤었지?
>
> 나 : 우리 첫 데이트 때 (   ) 영화잖아요.

① 볼　　　　　　　　　　　　　② 봤던

③ 보는　　　　　　　　　　　　④ 보던

05

> 가 : 요즘 바빠서 쓰레기를 버리지 못했더니 쓰레기가 많이 쌓였네.
>
> 나 : 제가 지금 밖에 나가니까 (   ) 버릴게요.

① 나가기에　　　　　　　　　　② 나간다기에

③ 나가는 길에　　　　　　　　　④ 나가려던 참에

06

> 가 : 아침부터 미영 씨가 사무실에 안 보이네요.
> 나 : ( ) 집에서 쉬라고 했어요.

① 아프듯이   ② 아프기에는
③ 아픈 바람에   ④ 아프다기에

07

> 가 : 요즘 명수 씨가 기분이 안 좋아 보이네요.
> 나 : 그렇죠? 저를 봤는데 인사도 ( ) 하고 지나갔어요.

① 하는 둥 마는 둥   ② 한 채로
③ 하나마나   ④ 할 겸

08

> 가 : 어제 열심히 공부하셨나 봐요. 불이 밤늦게까지 켜져 있던데요.
> 나 : 아니에요. 불을 ( ) 잠이 들었어요.

① 켜고 나서   ② 켜 놓도록
③ 켜 놓은 채   ④ 켜고 보니까

09

> 가 : 이번에 어디로 휴가를 갈 계획이세요?
> 나 : 부모님도 뵙고 친구도 ( ) 고향으로 갈 생각이에요.

① 만나거든   ② 만날 겸
③ 만나보니까   ④ 만나길래

10~17 다음 밑줄 친 부분이 맞는 것을 고르십시오.

10 ① 민호가 열심히 공부한 탓에 1등을 했어요.
     ② 일에 집중이 안 되어서 하는 둥 마는 둥 했어요.
     ③ 어제 식당에 가는 김에 우연히 동생을 만났어요
     ④ 저번부터 식당에 장사가 안 되길래 수입이 줄어들었다.

11 ① 옷을 입는 채로 물에 들어갔다.
     ② 여행도 한 겸 서울에 갔다 왔다.
     ③ 이 일은 내가 할 테니까 너는 저 사람을 도와 줘.
     ④ 선생님 말씀을 못 들을 바람에 숙제를 해 가지 못했다.

12 ① 기분 전환도 하는 길에 여행 갈래요?
　　② 명수가 아프는 길에 약을 주었어요.
　　③ 급한 일을 하더라도 아이가 아픈 줄 몰랐다.
　　④ 최근에 다 읽었던 책 중에 추천 할 만한 책 없어?

13 ① 내가 처음 다니던 학교다.
　　② 옷이 싸기에 친구가 옷을 샀다.
　　③ 집에 오는 김에 우유 좀 사다 주세요.
　　④ 내 마음대로 결정하는 바람에 남편이 화가 났다.

14 ① 늦게 일어났기에 택시를 타십시오.
　　② 이 커피숍은 내가 자주 가던 곳이다.
　　③ 신발을 신을 겸 집에 들어가면 안 됩니다.
　　④ 백화점에서 옷을 사는 길에 친구를 만났다.

15 ① 돈이 많은 바람에 다 사고 싶어요.
　　② 청소를 열심히 할 겸 교실이 깨끗해졌어요.
　　③ 책이 어려워서 세 번을 읽기에 이해했어요.
　　④ 시내에 나가는 길에 신발 하나만 사다 주세요.

16 ① 창문을 열어 놓은 채 잠이 들었다.
　　② 거기까지 걷는다기에 너무 먼 거리예요.
　　③ 선생님한테 사실대로 말해 봤자 걱정이에요.
　　④ 5년 동안 같이 일해 간 동료가 일을 그만두었다.

17 ① 비가 그치길래 하늘이 맑아지기 시작했다.
　　② 제가 이런 중요한 일을 잘 하나마나 모르겠습니다.
　　③ 아이가 너무 불쌍해 보이기에 빵과 우유를 사다 주었다.
　　④ 끝까지 이 일을 하는 둥 마는 둥 해서 드디어 완성했어요.

18~22 다음 밑줄 친 부분과 바꾸어 쓸 수 있는 것을 고르십시오.

18

> 가 : 이번 여름에 제주도로 여행갈까요?
>
> 나 : 여름은 <u>더울 테니까</u> 봄에 갑시다.

① 더울 텐데   ② 덥길래
③ 더운 바람에   ④ 더운 채로

19

> 가 : 왜 이렇게 늦게 왔어?
>
> 나 : 버스를 잘못 <u>타는 바람에</u> 늦었어.

① 타기에   ② 타는 겸
③ 타는 통에   ④ 탔을 테니까

20

> 가 : 무슨 책을 읽고 있어요?
>
> 나 : 옛날에 다 <u>읽었던</u> 책을 다시 읽고 있어.

① 읽던   ② 읽은
③ 읽을   ④ 읽는

21

> 가 : 꽃이 참 예쁘네요. 어디에서 사셨어요?
>
> 나 : 집에 <u>오는 길에</u> 마트에서 샀어요.

① 오다가   ② 오길래
③ 오기에   ④ 오는 김에

22

> 가 : 너 도서관에 <u>가는 길에</u> 내 책도 좀 빌려줘.
>
> 나 : 알았어. 빌려 올게.

① 가길래   ② 가다가
③ 갔다가   ④ 가는 김에

–아/어 봤자

의미

① 앞 문장의 행동이나 상태가 이루어지더라도 결과는 변화지 않거나 아무 소용이 없다는 뜻을 나타낸다.

■ 가 : 약속 시간에 늦었는데 택시타고 갈까요?
　나 : 지금 택시를 **타 봤자** 늦는걸요. 그냥 천천히 갑시다.

② 앞의 일이 생각만큼 대단하지 않다는 뜻을 나타낸다.

■ 가 : 이번에 개봉한 '괴물2'가 재미있대.
　나 : 재미있어 **봤자** 전편보다 못할 거야.

예문

(1) 탕홍 씨에게 여행가자고 말**해 봤자** 안 갈 거예요.

(2) 선풍기가 비**싸 봤자** 얼마나 비싸겠어요.

(3) 이 선풍기는 수리**해 봤자** 사용할 수 없을 거예요. 새로 사는 게 낫지 않을까요?

(4) 가 : 내일 시험인데 큰일이네. 지금이라도 공부해야겠다.
　나 : 지금 공부**해 봤자** 무슨 소용이 있겠어. 미리 공부를 해 둬야지.

(5) 가 : 서울은 겨울에 많이 춥다고 해서 걱정이에요.
　나 : 추**워 봤자** 왕홍 씨 고향만큼은 춥지 않을 거예요.

자세히
알아
봅시다

	동사	형용사
–아/어 봤자	가다 → **가 봤자**	크다 → **커 봤자**
	먹다 → 먹**어 봤자**	많다 → 많**아 봤자**

1 '–아/어 봤자'는 ①의 뜻일 때 '–더라도'와 바꿔 사용할 수 있다.

예 공부를 안 해서 시험을 **쳐 봤자** 떨어졌을 거예요.
　= 공부를 안 해서 시험을 **쳤더라도** 떨어졌을 거예요.

☞ '–더라도'가 뒤 문장에 긍정적인 내용이 오면 '–아/어 봤자'와 바꿔 사용할 수 없다.

예 히로미 씨는 무슨 일을 하**더라도** 열심히 하네요.
　= 히로미 씨는 무슨 일을 **해 봤자** 열심히 하네요. (×)

2 '–아/어 봤자'는 ①의 뜻일 때 '–(으)나마나'와 바꿔 사용할 수 있다.

예 뛰어가봤자 지각이니까 천천히 가자.
　= 뛰어**가나마나** 지각이니까 천천히 가자.

연습문제 exercise

01 보기 와 같이 '-아/어 봤자'를 사용해서 두 문장을 한 문장으로 완성하십시오.

> 보기
>
> 이번 영화가 재미있다 / 전편보다 재미없을 것이다.
> → 이번 영화가 재미있어 봤자 전편보다 재미없을 것이다.

(1) 한국이 춥다 / 우리 고향만큼 춥지 않다

→ _____ .

(2) 학교 식당에서 음식값이 비싸다 / 밖에 있는 식당보다는 싸다

→ _____ .

(3) 명수 씨가 테니스를 잘 치다 / 선수만큼은 잘 치지 못하다

→ _____ .

(4) 현우 씨가 컴퓨터를 잘하다 / 명수 씨보다는 컴퓨터를 잘 하지 못하다

→ _____ .

02 보기 와 같이 '-아/어 봤자'를 사용해서 대화를 완성하십시오.

> 보기
>
> 가 : 약속 시간에 늦었는데 택시타고 갈까요?
> 나 : 지금 택시를 타 봤자 늦을 거예요. 그냥 천천히 갑시다.

(1) 가 : 자야 씨, 왜 이번에 한국어능력시험을 치지 않았어요.?

나 : 시험을 _____ . 그래서 다음에 치려고요.

(2) 가 : 내일까지 이 일을 끝내야 하는데 큰일이네요. 밤이라도 새워야겠어요.

나 : 지금 밤을 _____ . 일이 늦어져서 죄송하다고 말하세요.

(3) 가 : 초등학교 때부터 사용한 알람시계가 고장 나서 수리를 해야 할 것 같아요.

나 : _____ . 새로 사는 게 좋지 않을까요?

(4) 가 : 스티브 씨에게 오늘 모임에 올 수 있는지 전화해 봐야겠어요.

나 : 스티브 씨에게 _____ . 이번 주에 회사일이 바쁘다고 했거든요.

-자마자

의미   앞 문장의 일이 끝난 후에 바로 뒤 문장의 일이 일어날 때 사용한다.

- 가 : 하나 씨는 언제 결혼했어요?
  나 : 대학을 졸업하**자마자** 지금의 남편과 결혼했어요.

예문

(1) 집에 오**자마자** 손발을 깨끗이 씻으세요.

(2) 속이 안 좋아서 음식을 먹**자마자** 토했어요.

(3) 집에 도착하**자마자** 비가 오기 시작했어요.

(4) 가 : 자야 씨는 언제 한국어를 배웠어요?
   나 : 한국에 오**자마자** 한국어를 배웠어요.

(5) 가 : 왕훙 씨는 언제 고향에 갈 거예요?
   나 : 수료식이 끝나**자마자** 바로 고향에 갈 거예요.

자세히 알아 봅시다

	동사
-자마자	가다 → 가**자마자**
	먹다 → 먹**자마자**

1 '-자마자'가 어떤 일을 하고 나서 '바로'라는 뜻을 나타낼 때는 '-는 대로'와 바꿔 사용할 수 있다.

  예 한국에 도착하**자마자** 연락을 하세요.
    = 한국에 도착하**는 대로** 연락을 하세요.

  ☞ '-자마자'의 뒤 문장이 이미 한 결과를 나타낼 때는 '-는 대로'를 사용할 수 없다.

  예 한국에 도착하**자마자** 연락을 했어요.
    = 한국에 도착하**는 대로** 연락을 <u>했어요</u>. (×)

2 '-자마자'는 '-자'와 바꿔 사용할 수 있다.

  예 저는 졸업하**자마자** 바로 결혼을 했어요.
    = 저는 졸업하**자** 바로 결혼을 했어요.

  ☞ '-자마자' 뒤 문장에 명령이나 청유가 올 경우 '-자'와 바꿔 사용할 수 없다.

  예 집에 오**자마자** 손발을 깨끗이 <u>씻으세요</u>.
    = 집에 오**자** 손발을 깨끗이 <u>씻으세요</u>. (×)

알쏭달쏭 ?!

–자마자 vs –는 대로

	(1) –자마자	(2) –는 대로
의미	순서	순서
우연적인 상황	○	X
앞 문장	동사	동사
뒤 문장	과거가 올 수 있음	과거가 올 수 없음

예문

(1) 한국에 도착하**자마자** 연락을 하세요. (○)

　　한국에 도착하자마자 연락을 **했어요.** (○)

　　한국에 도착하자마자 **지갑을 도둑맞았다.** (○)

(2) 한국에 도착하**는 대로** 연락을 하세요. (○)

　　한국에 도착하는 대로 연락을 **했어요.** (×)

　　한국에 도착하는 대로 **지갑을 도둑맞았다.** (×)

연습문제 exercise

01 보기 와 같이 '-자마자'를 사용해서 문장을 완성하십시오.

> 보기   식사를 끝내다 / 이를 닦다
> → 식사를 끝내자마자 이를 닦아야 해요.

(1) 저는 졸업하다 / 한국으로 유학을 오다

→ _____ .

(2) 명수 씨는 수업이 끝나다 / 식당으로 가다

→ _____ .

(3) 이사를 하다 / 친구를 초대해서 집들이를 하다

→ _____ .

(4) 부모님이 걱정하시니까 한국에 도착하다 / 전화를 하다

→ _____ .

02 다음 보기 의 단어를 골라서 '-자마자'를 사용해서 대화를 완성하십시오.

보기	방학하다	붙다	공부하다	받다	일어나다	자다

(1) 가 : 탕홍 씨는 언제 고향에 갈 거예요?

나 : _____ 바로 고향에 가려고 해요.

(2) 가 : 히로미 씨, 수영 씨가 아직 교실에 있지요?

나 : 아니요, 급한 일이 있는지 전화를 _____ 인사도 없이 나갔어요.

(3) 가 : 명수 씨는 운전면허 시험에 붙으면 뭐 할 거예요?

나 : 운전면허 시험에 _____ 여자 친구와 바다에 갈 거예요.

(4) 가 : 하나 씨는 아침에 _____ 보통 뭐해요?

나 : 글쎄요. 보통 아침에 _____ 물을 마셔요. 자야 씨는요?

가 : 저는 _____ 세수를 해요. 그러면 정신이 맑아져요.

−던데

의미

뒤 문장에 말하려고 하는 내용과 관계있는 과거의 상황을 회상하며 말할 때 사용한다.

- 가 : 사람들이 학교 앞 식당에 자주 가**던데** 거기가 맛있나 봐요?
  나 : 글쎄요. 맛이 있는지는 잘 모르겠지만 가격이 싸요.

예문

(1) 그 사람 성격이 좋아 보이**던데** 한 번 만나보세요.

(2) 명수 씨가 그 가수의 CD를 **샀던데** 빌려달라고 해 보세요.

(3) 음식이 좀 모자라**겠던데** 더 준비해야 하지 않겠어요?

(4) 가 : 제시카 씨의 생일이 오늘**이던데** 무슨 선물을 사야할지 모르겠어요.
   나 : 그러게요. 저도 아직 못 샀는데 같이 사러 가요.
   가 : 네, 그럽시다.

(5) 가 : 스티브 씨, 어제 매운 음식을 잘 먹**던데** 매운 음식을 좋아하시나 봐요.
   나 : 네, 한국에 있으면서 매운 음식을 즐겨 먹게 됐어요.

	동사	형용사	명사 + 이다
과거	가다 → **갔던데**	크다 → **컸던데**	*
	먹다 → 먹**었던데**	많다 → 많**았던데**	
현재	가다 → 가**던데**	크다 → 크**던데**	학교 → 학교**던데**
	먹다 → 먹**던데**	많다 → 많**던데**	집 → 집**이던데**
미래	가다 → 가**겠던데**	크다 → 크**겠던데**	*
	먹다 → 먹**겠던데**	많다 → 많**겠던데**	

1️⃣ '−던데' 앞에는 높임의 '−(으)시−' 나 과거와 미래를 모두 사용할 수 있다.

   예 할머니 생신이 오늘이라고 하**시던데** 선물은 준비했어요?
   화장실에 휴지를 다 **썼던데** 새로 사야겠어요.
   음식이 좀 부족하**겠던데** 더 만들어야겠어요.

2️⃣ '−던데'는 앞 문장에 대해 반대의 결과가 오거나 상황이 대조되는 두 가지 사실을 말할 때에도 사용된다.

   예 자야 씨가 열심히 공부**했던데** 시험에는 계속 떨어져요.
   아침까지만 해도 비가 **오던데** 지금은 안 오네요.

연습문제 exercise

01 다음 보기 와 같이 '-던데'를 사용해서 두 문장으로 완성하십시오.

> 보기
> 음식이 부족하다 / 더 준비해야겠다
> → 음식이 부족하겠던데 더 준비해야겠어요.

(1) 아까 히로미 씨 얼굴이 안 좋아 보이다 / 무슨 일이 있나보다

→ _____ .

(2) 현우 씨가 컴퓨터를 잘 하다 / 현우 씨에게 가르쳐 달라고 하다

→ _____ .

(3) 김 선생님 생일이 오늘이다 / 생일 선물을 사다

→ _____ .

02 보기 와 같이 '-던데'를 사용해서 다음 대화를 완성하십시오.

> 보기
> 가 : 아까 보니까 매운 음식을 잘 먹던데 매운 음식을 좋아하시나 봐요.
> 나 : 네, 한국에 있으면서 매운 음식을 즐겨 먹게 됐어요.

(1) 가 : 아까 보니까 중국어 도우미를 _____ 왕훙 씨도 신청해 보세요.
　　나 : 정말요? 언제까지 한다고 해요?
　　가 : 신청 마감일이 오늘까지라고 _____ 꼭 신청해 보세요.
　　나 : 지금 신청해야겠어요. 현우 씨, 알려줘서 고마워요.

(2) 가 : 어제 백화점에 가니까 사람이 _____ 세일을 하나 봐요?
　　나 : 네, 어제부터 세일을 시작했대요. 오늘 수업 마치고 같이 갈까요?
　　가 : 네, 좋아요. 참, 아까 하나 씨가 백화점에 가서 살 것이 _____
　　　　 전화해서 하나 씨와 같이 가요.

(3) 가 : 스티브 씨, 어제 보니까 춤을 잘 _____ 언제 춤을 배우셨어요?
　　나 : 지난 학기 때부터 학교 문화센터에서 무료로 춤을 가르쳐줘서 배웠어요.
　　가 : 학교 문화센터에서 춤도 가르쳐주는군요. 저도 오늘 신청해야겠어요.

(4) 가 : 사람들이 많이 기다리는 걸 보니까 저 식당이 맛있나 봐요.
　　나 : 우리 학교 학생들도 많이 _____ 맛이 있나 봐요. 오늘 점심을 저기에서 먹을까요?
　　가 : 네, 좋아요.

–(으)려다가

의미

앞 문장의 일을 하려고 했는데 일이 생겨서 하지 못하거나 다른 일을 하게 됐다는 뜻을 나타낸다.

- 가 : 하나 씨, 상해 여행은 잘 다녀왔어요?
  나 : 아니요, 상해에 가**려다가** 할아버지께서 편찮으셔서 못 갔어요.

예문

(1) 볶음밥을 먹**으려다가** 비가 와서 파전을 먹었어요.

(2) 낚시를 하러 가**려다가** 비가 온다고 해서 안 갔어요.

(3) 나는 대학을 졸업하고 대학원에 진학하**려다가** 그냥 회사에 취직했다.

(4) 가 : 탕홍 씨, 아직 이사를 안 했어요?
   나 : 이사를 하**려다가** 집값이 비싸서 기숙사에 있기로 했어요.

(5) 가 : 자야 씨, 어제 파티는 재미있었어요?
   나 : 파티에 가**려다가** 회사에 일이 생겨서 못 갔어요.

자세히
알아
봅시다

	동사
–(으)려다가	가다 → 가**려다가**
	먹다 → 먹**으려다가**

1 '–(으)려다가'는 '–(으)려다'와 '–(으)려고 하다'의 형태로도 사용된다.

  예 대학을 졸업하고 대학원에 진학하**려다가** 그냥 회사에 취직했어요.
  = 대학을 졸업하고 대학원에 진학하**려다** 그냥 회사에 취직했어요.
  = 대학을 졸업하고 대학원에 진학하**려고 하다가** 그냥 회사에 취직했어요.

2 '–(으)려다가'의 뒤 문장은 주로 과거의 형태로 사용된다.

  예 여행을 가려다가 사정이 생겨서 못 **갔어요**.
  대학원에 진학하려다가 학비가 비싸서 **취업했어요**.

연습문제 exercise

01 보기 와 같이 '-(으)려다가'를 사용해서 문장을 완성하십시오.

> 보기 볶음밥을 먹다 / 비가 오다 / 파전을 먹다
> → 볶음밥을 먹으려다가 비가 와서 파전을 먹기로 했어요.

(1) 청바지를 사다 / 마음에 들지 않다 / 치마를 사다

→ _____.

(2) 아르바이트를 하다 / 시험이 얼마 남지 않다 / 공부를 하다

→ _____.

(3) 머리를 자르다 / 파마가 유행이다 / 파마를 하다

→ _____.

(4) 해외여행을 하다 / 비용이 많이 들다 / 경주에 가다

→ _____.

02 여러분, 어떤 일을 하려고 하다가 못할 때가 많지요? 다음 표를 보고 보기 와 같이 문장을 완성해 보십시오.

사람	하려고 했던 일	결과
보기 왕홍	운동을 하려고 했다	피곤해서 집에서 잤다
(1) 자야	유학을 가려고 했다	비용이 많이 들어서 못 갔다
(2) 하나	설악산으로 여행을 가려고 했다	여름이라서 해운대로 갔다
(3) 지희	지각할까 봐 택시를 타려고 했다	차가 막힐 것 같아서 지하철을 탔다
(4) 스티브	방학 때 고향에 가려고 했다	학비 때문에 아르바이트를 했다

> 보기 왕홍 : 운동을 하려다가 피곤해서 집에서 잤어요.

(1) 자야 : _____.

(2) 하나 : _____.

(3) 지희 : _____.

(4) 스티브 : _____.

–았/었더라면

의미

① 과거의 일을 가정하여 말할 때 사용한다.

- 가 : 지난번에 복권에 당첨된 사람이 도박 때문에 빈털터리가 되었대.
  나 : 내가 당첨이 되**었더라면** 많은 사람을 도와줬을 텐데.

② 과거의 일을 회상하면서 그 일이 이루어지지 않은 것에 대한 후회나 아쉬움을 나타낸다.

- 가 : 자야 씨, 이번 시험 잘 봤어요?
  나 : 아니요, 열심히 공부**했더라면** 잘 봤을 텐데 후회돼요.

예문

(1) 날씨가 **좋았더라면** 체육대회를 했을 거예요.

(2) 비용이 **많았더라면** 더 좋은 곳으로 갔을 거예요.

(3) 어렸을 때 우유를 많이 마**셨더라면** 지금보다는 키가 컸을 거예요.

(4) 가 : 히로미 씨가 다이어트를 하더니 정말 예뻐졌어요.
   나 : 그러게요. 저도 계속 다이어트를 **했더라면** 예뻐졌을 텐데.

(5) 가 : 어제 술을 조금만 마**셨더라면** 이렇게 머리가 아프지 않았을 텐데.
   나 : 그러니까 술을 적당히 마시라고 했지.

자세히 알아 봅시다

	동사	형용사	명사 + 이다
–았/었더라면	가다 → **갔더라면**	크다 → **컸더라면**	학교 → 학교**였더라면**
	먹다 → 먹**었더라면**	많다 → 많**았더라면**	집 → 집**이었더라면**

1 '–았/었더라면'은 보통 뒤에 '–(으)ㄹ 거예요'나 '–(으)ㄹ 텐데'가 온다.

예 여행비용이 많**았더라면** 해외로 갔**을 거예요**.
여행비용이 많**았더라면** 해외로 갔**을 텐데**.

2 '–았/었더라면'은 '–았/었으면', '–았/었다면'과 바꿔 사용할 수 있다.

예 날씨가 좋**았더라면** 소풍을 갔을 거예요.
= 날씨가 좋**았으면** 소풍을 갔을 거예요.
= 날씨가 좋**았다면** 소풍을 갔을 거예요.

☞ '–았/었으면'과 '–았/었다면'이 미래에 대한 추측의 내용이 오면 '–았/었더라면'을 사용할 수 없다.

예 열심히 공부**했으면** 이번 시험에 합격할 거예요.
열심히 공부**했다면** 이번 시험에 합격할 거예요.
열심히 공부**했더라면** 이번 시험에 합격할 거예요. (×)

연습문제 exercise

01 다음 보기 의 단어와 '–았/었더라면'을 사용하여 대화를 완성하십시오.

보기	자다	공부하다	가다	예매하다	정리하다

(1) 가 : 이번 시험 잘 봤어요?

　　나 : 아니요, 열심히 _____ 잘 봤을 텐데 후회돼요. 지금부터 열심히 공부해야겠어요.

(2) 가 : 어제 여자 친구와 영화는 잘 봤어?

　　나 : 아니, 영화관에 갔는데 표가 다 매진되었더라고. 미리 _____ 영화를
　　　　봤을 텐데 말이야.

(3) 가 : 오늘 날씨가 정말 추워요. 괜히 오늘 놀이동산에 왔나 봐요.

　　나 : 그러게요 지난 주에 _____ 날씨도 맑고 좋았을 텐데.

02 다음 보기 와 같이 '았/었더라면'을 사용하여 대화를 완성하십시오.

보기	가 : 히로미 씨, 어제 파티에 왜 안 오셨어요? 정말 재미있었는데.
	나 : 어제 회사에 일이 생겨서요. 같이 갔더라면 좋았을 텐데 아쉬워요.

(1) 가 : 어제 백화점에 가는 김에 세일을 하길래 가방을 싸게 샀어요.

　　나 : 정말요? 저도 사고 싶은 물건이 있었는데 _____.

(2) 가 : 이번 시험은 생각보다 쉽지 않아요? 중간고사보다 쉬웠던 것 같아요.

　　나 : 그래요? 전 공부를 안 해서 어려웠어요. _____.

(3) 가 : 어제 텔레비전을 보니까 어렸을 때 책을 많이 읽은 사람이 공부도 잘 한대요

　　나 : 저도 어렸을 때 부터 _____.

(4) 가 : 명수 씨, 우산을 안 가지고 오셨어요? 일기예보를 보니까 오늘 밤까지 비가 온다고 했어요.

　　나 : 정말요? 저도 어제 일기예보를 _____.

–는 통에

의미
앞 문장의 상황이나 원인 때문에 뒤 문장에 좋지 않은 결과를 나타낼 때 사용한다.

- 가 : 현우 씨, 오늘 피곤해 보여요. 어제 무슨 일이 있었나요?
  나 : 어제 옆집에서 떠드**는 통에** 한숨도 못 잤어요.

예문
(1) 전화벨이 울리**는 통에** 아기가 깼어요.

(2) 아이가 밤새 우**는 통에** 잠을 못 잤어요.

(3) 옆에서 떠드**는 통에** 중요한 이야기를 듣지 못했어요.

(4) 가 : 어제 도서관에서 공부를 많이 했어요?
　　나 : 아니요. 옆 사람이 계속 왔다 갔다 하**는 통에** 전혀 집중을 할 수가 없었어요.

(5) 가 : 명수 씨, 죄송한데 돈 좀 빌려 줄 수 있나요?
　　나 : 아니요, 아침에 늦어서 서두르**는 통에** 지갑을 놓고 왔어요.

자세히 알아 봅시다

–는 통에	동사
	가다 → 가**는 통에**
	먹다 → 먹**는 통에**

1️⃣ '–는 통에'는 뒤 문장에 명령이나 청유를 사용할 수 없다.

　예　아이가 밤늦게까지 우는 통에 잠을 못 **잡시다**. (×)
　　　아이가 밤늦게까지 우는 통에 잠을 자**지 마세요**. (×)

2️⃣ '–는 통에'는 '–는 바람에'와 '–는 탓에'와 바꿔 사용할 수 있다.

　예　전화벨이 울리**는 통에** 아기가 깼어요.
　　　= 전화벨이 울리**는 바람에** 아기가 깼어요.
　　　= 전화벨이 울리**는 탓에** 아기가 깼어요.

연습문제 exercise

01 보기 와 같이 두 문장을 한 문장으로 완성하십시오.

> 보기
> 어제 옆집에서 떠들다 / 한숨도 못 자다
> → 어제 옆집에서 떠드는 통에 한숨도 못 잤어요.

(1) 오늘 아침에 차가 많이 막히다 / 지각하다

→ _____ .

(2) 어젯밤에 전화벨이 계속 울리다 / 잠이 깨다

→ _____ .

(3) 어제 오후에 갑자기 손님이 오다 / 정신없이 바쁘다

→ _____ .

(4) 도서관에서 옆 사람이 왔다 갔다 하다 / 공부를 못 하다

→ _____ .

(5) 버스에서 친구가 서두르다 / 정신이 없어서 지갑을 놓고 내리다

→ _____ .

02 다음 보기 와 같이 '-는 통에'를 사용하여 대화를 완성하십시오.

> 보기
> 가 : 어제는 잘 주무셨어요?
> 나 : 아니요, 아이들이 계속 떠드는 통에 한숨도 못 잤어요.

(1) 가 : 도서관에서 공부가 잘 됐어요?

　　나 : 잘 되기는요. 옆 사람이 하도 _____ 집중이 안 되어서 집에 갔어요.

(2) 가 : 일은 다 끝났어요?

　　나 : 아니요, 일하려고 하는데 여기저기에서 전화가_____ 일을 시작도 못했어요.

(3) 가 : 오늘 회의는 언제 시작해요?

　　나 : 한 시간 후에 시작할 거예요.

　　가 : 그럼 집에 다시 갔다 와야 할 것 같아요. 아침에 늦어서 _____
　　　　밤새워 작성한 서류를 집에 놓고 왔어요.

−에 비하여 / −에 비해서

의미   앞의 명사가 비교의 대상이 됨을 나타낸다.

  ■ 가 : 이번 시험 잘 보셨어요?

     나 : 지난 시험**에 비해서** 쉬웠던 것 같아요.

예문   (1) 시장은 백화점**에 비하여** 가격이 싸다.

     (2) 하나 씨는 나이**에 비하여** 좀 늙어 보여요.

     (3) 명수 씨는 현우 씨**에 비해서** 농구를 잘 하더라고요.

     (4) 가 : 탕홍 씨는 키**에 비해서** 다리가 긴 것 같아요.

        나 : 맞아요. 키는 큰 편이 아닌데 다리는 긴 것 같아요.

     (5) 가 : 서울의 물가는 정말 비싼 것 같아요.

        나 : 그래도 뉴욕**에 비해서**는 싼 편이에요.

자세히 알아 봅시다

−에 비하여	명사
	나이 → 나이**에 비하여**
	시장 → 시장**에 비하여**

1️⃣ '−에 비하여/비해서'가 동사와 형용사와 같이 사용할 때에는 '−(으)ㄴ/는데 비하여/비해서'
의 형태로 사용된다.

     예   저 식당은 가격이 비**싼데 비하여** 서비스가 좋지 않다.

        하나 씨는 밥을 많이 먹**는데 비해서** 살이 찌지 않는 편이다.

2️⃣ '−에 비하여'와 '−에 비해서'는 '−에 비해', '−에 비하면'과 같이 바꿔 사용할 수 있다.

     예   시장은 백화점**에 비하여** 가격이 싸다.

        = 시장은 백화점**에 비해** 가격이 싸다.

        = 시장은 백화점**에 비하면** 가격이 싸다.

01 다음 질문에 '–에 비해서'를 사용하여 문장을 완성하십시오.

(1) 이번 시험은 저번 시험보다 잘 봤어요?

→ _____ .

(2) 이 옷은 저 옷보다 비싸요?

→ _____ .

(3) 명수 씨는 현우 씨보다 키가 커요?

→ _____ .

(4) 서울의 물가가 당신의 고향보다 비싼 편이에요?

→ _____ .

02 다음 보기 와 같이 '–에 비하여/비해서'를 사용하여 대화를 완성하십시오.

> 보기
>
> 가 : 물가가 많이 올랐지요?
> 나 : 네. 작년에 비해서 정말 많이 오른 것 같아요.

(1) 가 : 한국은 매운 음식이 많은데, 왕홍 씨의 고향에도 매운 음식이 많아요?

나 : 제 고향에도 매운 음식이 있기는 하지만 _____ 종류가 많지 않아요.

(2) 가 : 서울은 땅의 _____ 사람이 정말 많아요. 자야 씨 고향은 어때요?

나 : 제 고향은 _____ 사람이 많지 않은 것 같아요.

(3) 가 : 한국의 겨울은 정말 춥지요? 탕홍 씨 고향도 많이 추워요?

나 : 겨울에는 춥지만 _____ 따뜻한 편이에요.

(4) 가 : 이번에 개봉한 '우리들의 추억' 2편 봤어?

나 : 응. 주말에 남자친구와 봤는데 _____ 재미없는 것 같아.

가 : 그래? 난 2편이 더 재미있던데.

–고 보니까

의미 앞 문장의 일을 한 다음에 뒤 문장과 같이 새로운 사실이나 느낌을 알게 되었을 때 사용한다.

- 가 : 탕홍 씨, 어제 소개팅은 어땠어요?

  나 : 그게 말이에요. 만나**고 보니까** 상대방이 히로미 씨더라고요.

예문 (1) 그 음식을 먹**고 보니까** 먹어 본 음식이었어요.

(2) 선생님께 답장을 보내**고 보니까** 이미 답장을 보낸 것을 알았다.

(3) 자다가 버스에서 내리**고 보니까** 세 정거장이나 지나쳤다.

(4) 가 : 자야 씨, 오늘 왜 이렇게 늦었어요?

　　나 : 죄송해요. 일어나**고 보니까** 10시가 넘었더라고요.

(5) 가 : 요즘 회사 생활은 할 만해요?

　　나 : 학교 다녔을 때는 몰랐는데 회사생활을 하**고 보니까** 학생일 때가 제일 좋은 것 같아요.

	동사
–고 보니까	가다 → 가**고 보니까**
	먹다 → 먹**고 보니까**

1 '–고 보니까' 앞에는 동사만 사용하지만 형용사를 사용할 때에는 '–아/어지다'와 같이 사용한다.

예 다이어트를 해서 **예쁘고 보니까** 남자들에게 인기가 많아졌다. (×)

　　다이어트를 해서 **예뻐지고 보니까** 남자들에게 인기가 많아졌다. (○)

01 보기 와 같이 '-고 보니까'를 사용하여 문장을 완성하십시오.

> 보기 회사생활을 하다 / 사회생활이 어렵다 / 알게 되다
> → 회사생활을 하고 보니까 사회생활이 어렵다는 것을 알게 되었어요.

(1) 지하철을 타다 / 반대쪽으로 타다 / 다시 돌아오다

→ _____ .

(2) 그 음식을 먹다 / 고향음식과 비슷하다 / 놀라다

→ _____ .

(3) 전화를 하다 / 번호를 잘못 누르다 / 끊어 버리다

→ _____ .

02 보기 와 같이 대화를 완성하십시오.

> 보기 가 : 자야 씨, 오늘 왜 이렇게 늦었어요?
> 나 : 죄송해요. 일어나고 보니까 10시가 넘었더라고요.

(1) 가 : 어제 소개팅은 어땠어요?

나 : 소개팅 상대를 _____ 초등학교 때 동창이더라고요.

(2) 가 : 모임 날짜를 바꾸셨던데 무슨 일이 있나요?

나 : 죄송해요. 모임 날짜를 _____ 그 날이 아버지 생신이더라고요.
그래서 모임을 다음 주로 정했어요.

(3) 가 : 탕홍 씨, 왜 이렇게 늦었어요?

나 : 죄송해요 자다가 지하철을 _____ 잘못 내려서 다시 돌아오느라 늦었어요.

TOPIK 실전문제 actual test

01~10 다음 ( )에 알맞은 말을 고르십시오.

01

> 가 : 이 옷이 마음에 드는데 비쌀 것 같아요.
>
> 나 : 시장에서 (   ) 얼마나 비싸겠어요.

① 비싸 길래　　　　　　　　　② 비싸 봤자
③ 비싸거든　　　　　　　　　④ 비싸던데

02

> 가 : 걱정이 되니까 도착(   ) 전화해.
>
> 나 : 알겠어요. 걱정하지 마세요.

① 하자마자　　　　　　　　　② 하려다가
③ 하다기에　　　　　　　　　④ 하나마나

03

> 가 : 요즘 백화점에 세일을 (   ) 가 보셨어요?
>
> 나 : 정말요? 그럼, 오늘 수업 끝나고 같이 가요.

① 하더니　　　　　　　　　　② 하다가
③ 하던데　　　　　　　　　　④ 하기에

04

> 가 : 중국 여행은 잘 다녀오셨어요?
>
> 나 : 이번에 (   ) 일이 생겨서 못 갔어요.

① 가려고 하면　　　　　　　　② 가려고 해서
③ 가려고 하니까　　　　　　　④ 가려고 하다가

05

> 가 : 어제 공연 재미있었어요?
>
> 나 : 네, 정말 재미있었어요. 왕홍 씨도 같이 (   ) 좋았을 텐데.

① 갔더라면　　　　　　　　　② 간다고 하면
③ 간다고 해서　　　　　　　　④ 갔다고 해도

06

> 가 : 피곤해 보이는데 저녁에 잠을 못 잤어요?
>
> 나 : 아이가 밤새 (　　　) 한숨도 못 잤어요.

① 우는 길에   ② 우는 겸

③ 운다고 해도   ④ 우는 통에

07

> 가 : 어제 시장에서 과일을 샀는데 지난주보다 두 배나 올랐더라고요.
>
> 나 : 그러니까요. 전체 물가가 작년 (　　　) 세 배나 더 오른대요.

① 에 비해서   ② 에 따라서

③ 을 통해서   ④ 에 대해서

08

> 가 : 어제 소개팅은 잘 했어요?
>
> 나 : (　　　) 초등학교 동창이더라고요.

① 만나고 보면   ② 만나다 보면

③ 만나다 보니까   ④ 만나고 보니까

09

> 가 : 김 선생님 아이가 대학생이라면서요?
>
> 나 : 정말요? 나이(　　　) 어려 보이네요.

① 에 비해   ② 에 따라

③ 를 통해   ④ 를 대해

10

> 가 : 이번 시험이 쉬웠다고 하던데 잘 보셨어요?
>
> 나 : 시험은 쉬웠는데 공부를 안 해서 잘 못 본 것 같아요. 공부를 (　　　) 잘 봤을 텐데 후회가 돼요.

① 했더라도   ② 했더라면

③ 했으나마나   ④ 했을 테니까

11~13 다음 밑줄 친 부분이 맞는 것을 고르십시오.

11 ① 슈퍼에 갈 텐데 우유 좀 사다 주실래요?
② 자신이 생각하자마자 말씀하시면 됩니다.
③ 제주도에 출장을 간 채로 학교 선배를 만났어요.
④ 아까 보니까 영어를 잘 하던데 저한테 영어 좀 가르쳐 주세요.

12 ① 전화하다시피 그 사람은 가지 않을 지도 몰라요.
② 집에 가 봤자 먹을 게 없으니까 밖에서 먹고 갑시다.
③ 매일 놀기만 하던 왕홍 씨가 시험에 붙더니 놀라워요.
④ 아무 것이나든지 자신이 하고 싶은 일을 하면 되지 않을까요?

13 ① 그 사람은 슬프자마자 울었어요.
② 숙제는 하기 싫어 봤자 해야 합니다.
③ 내일까지 이 일을 끝내야 할 테니까 걱정이에요.
④ 회사에 취직하려다가 더 공부하고 싶어서 한국에 왔어요.

14~21 다음 밑줄 친 부분과 바꿔 사용할 수 있는 말을 고르십시오.

14

> 가 : 왜 이번에 시험을 안 쳤어요?
> 나 : 공부를 안 해서 시험을 쳐 봤자 떨어졌을 거예요.

① 친다는 것이   ② 친다고 해도
③ 친다고 하면   ④ 친다고 해서

15

> 가 : 지금 어디예요? 아직 도착 안 했어요?
> 나 : 거의 다 왔어요. 도착하자마자 연락드릴게요.

① 도착하는 대로   ② 도착하는 길에
③ 도착하는 대신에   ④ 도착하는 데다가

16

> 가 : 오늘 취업 설명회 잘 들으셨어요?
>
> 나 : 아니요, 옆에 사람이 하도 시끄럽게 <u>떠드는 통에</u> 제대로 듣지 못했어요.

① 떠드니까   ② 떠드는 김에

③ 떠드는 바람에   ④ 떠들 정도로

17

> 가 : 언제 부모님이 한국에 오세요?
>
> 나 : 오늘이요. 그래서 수업이 <u>끝나는 대로</u> 공항에 가야 해요.

① 끝나더라도   ② 끝나자마자

③ 끝나는 데도   ④ 끝나는 듯이

18

> 가 : 대학원 진학 준비는 잘 하고 있어요?
>
> 나 : 아니요, <u>진학하려고 했는데</u> 학비가 비싸서 취업하려고요.

① 진학하려고 해서   ② 진학하려고 하면

③ 진학하려고 하다가   ④ 진학하려고 한다면

19

> 가 : 많이 피곤해 보여요. 어디 아프세요?
>
> 나 : 아니요, 어제 밤새도록 전화벨이 <u>울리는 통에</u> 잠을 못자서 그래요.

① 울린 탓에   ② 울린 채로

③ 울린 대로   ④ 울린 만큼

20

> 가 : 벌써 김 선생님 가셨나요?
>
> 나 : 방금 가셨어요. 조금만 일찍 <u>오셨으면</u> 좋았을 텐데.

① 오신다면   ② 오셨더라면

③ 오셨다고 했으면   ④ 오신다고 했으면

21

> 가 : 일기예보 보니까 내일 많이 추워진대.
>
> 나 : 아무리 <u>춥다고 해도</u> 작년만큼은 춥지 않을 거야.

① 추운 만큼   ② 추운 데다가

③ 추워 봤자   ④ 추운 반면에

–고 말다

의미 어떤 일을 의도하지 않았는데 일어났거나 아주 힘들게 이루었음을 나타낸다.

■ 가 : 오늘까지 숙제를 제출해야 하는데 왜 제출 안 했어?

　나 : 죄송해요. 어제 숙제를 하다가 잠이 들**고 말았어요**.

예문 (1) 어제 나는 헤어지자고 하는 남자친구 앞에서 울**고 말았다**.

(2) 감기가 심하게 걸리는 바람에 시험을 망치**고 말았다**.

(3) 그 마술사는 공연 중에 실수를 해서 사고가 나**고 말았다**.

(4) 가 : 어제 뉴스를 봤어요?

　나 : 저도 봤어요. 높은 건물에 불이 나서 6명이 죽**고 말았대요**.

(5) 가 : 현우 씨가 이번에 신라전자에 붙었대요.

　나 : 정말요? 몇 번이나 떨어졌는데 드디어 해내**고 말았네요**.

자세히
알아
봅시다

	동사
–고 말다	가다 → 가**고 말다**
	먹다 → 먹**고 말다**

1 '–고 말다'는 어떤 일을 이루고자 하는 강한 의지를 나타낼 때는 '–고 말겠다'를 사용한다. 이때는 반드시 말하는 사람이 주어가 되어야 한다.

예 (나는) 이번에는 꼭 1등을 하**고 말겠다**.

　(나는) 다음 등반에서는 꼭 에베레스트 산을 정복하**고 말겠다**.

　명수 씨는 올해에 반드시 담배를 끊고 말겠다. (×)

2 '–고 말다'는 '–어/아 버리다'와 바꾸어 사용할 수 있다. 또한 '–어/아 버리고 말았다'의 형태로 사용하기도 한다.

예 실수로 높은 곳에서 떨어지고 말았다.

　= 실수로 높은 곳에서 떨어**져 버렸다**.

　= 실수로 높은 곳에서 떨어**져 버리고 말았다**.

–고 말다 vs –아/어 버리다

(1) –고 말다

나는 그 사람과 헤어지고 말았어요.

(헤어지기 싫은데 어쩔 수 없이 헤어졌다)

(2) –아/어 버리다

밀린 숙제를 끝내버리고 나니 마음이 편하다.

(숙제를 끝내서 부담이 없어졌다)

☆ 나는 그 사람과 헤어지고 말았어요.
  (아쉬운 마음이 크다)

 나는 그 사람과 헤어져 버렸어요.
 (아쉬운 마음보다 헤어져서 시원하다는 의미가 있다.)

연습문제 exercise

01 다음 보기 의 단어를 골라 '-고 말다'를 사용하여 문장을 완성하십시오.

보기	찾아내다	나다	떠나다	떨어지다	쏟다

(1) 남자 친구가 나를 _____ .

(2) 그 사람은 공사현장에서 다른 사람의 부주의로 _____ .

(3) 마침내 그 선장은 보물이 숨겨져 있는 곳을 _____ .

(4) 옆 사람과 부딪쳐서 커피를 _____ .

(5) 졸다가 차 사고가 _____ .

02 다음 그림을 보고 보기 와 같이 문장을 만드십시오.

보기

남자 친구 앞에서 <u>울고 말았어요.</u>

(1) _____

(2) _____

(3) _____

(4) _____

–기 마련이다

의미

어떤 일이 일어나는 것이 자연스럽고 당연하다.

- 가 : 우리 남자 친구 너무 멋있지요?

  나 : 네, 그런데 사랑에 빠졌을 때는 그 사람이 제일 멋있어 보이**기 마련이에요.**

예문

(1) 성격이 좋으면 사람들에게 인기가 많**기 마련이에요.**

(2) 사람이 아프면 부모님 생각이 나**기 마련이에요.**

(3) 사람은 누구나 나이가 들**기 마련이다.**

(4) 가 : 실수를 계속해서 미안해요.

  나 : 저도 그랬어요. 처음에는 실수하**기 마련이죠.**

(5) 가 : 벌써 다 팔렸네요.

  나 : 싸고 좋은 물건은 잘 팔리**기 마련이지요.**

	동사	형용사
–기 마련이다	가다 → 가**기 마련이다**	예쁘다 → 예쁘**기 마련이다**
	먹다 → 먹**기 마련이다**	작다 → 작**기 마련이다**

1 '–기 마련이다'는 '–게 마련이다', '–는 법이다'와도 바꿔 사용할 수 있다.

  예 사람은 누구나 나이가 들**기 마련이다.**

   = 사람은 누구나 나이가 들**게 마련이다.**

   = 사람은 누구나 나이가 드**는 법이다.**

  ☞ '–는 법이다' 앞 내용에 '의무'의 의미가 있을 경우는 '–기 마련이다' '–게 마련이다'와 바꾸
  어 쓸 수 없다.

  예 사람은 부모를 공경해야 하는 법이다. (○)

   사람은 부모를 공경해야 하기 마련이다. (×)

187

01 다음 대화를 보기 와 같이 '–기 마련이다'를 사용하여 완성해 보십시오.

보기
> 가 : 실수를 계속해서 미안해요.
> 나 : 저도 처음에 그랬어요. 처음에는 실수하기 마련이죠.

(1) 가 : 내일 시험이라 오늘 늦게까지 공부해야 해요.

   나 : 늦게 자면 늦게 _____. 그러니까 일찍 자는 게 좋아요.

(2) 가 : 바지가 너무 작아졌어요.

   나 : 많이 먹으면 _____, 음식을 좀 줄여 보세요.

(3) 가 : 요즘 힘든 일이 너무 많아서 우울해요.

   나 : 인생에서는 힘든 일이 _____.

(4) 가 : 이번에 공부를 열심히 했더니 성적이 많이 올랐어요.

   나 : 뭐든지 열심히 하면 _____.

02 여러분이 생각하는 자연스럽고 당연한 일은 무엇입니까? 보기 와 '–기 마련이다'를 사용하여 문장을 만들어 보십시오.

보기
> 여자가 예쁘면 남자들이 좋아하기 마련이다.

1. _____

2. _____

3. _____

–(으)ㄹ 뻔하다

의미 어떤 일이 실제로 일어나지 않았지만 거의 일어나려고 하기 전의 상태까지 갔음을 말한다.

■ 가 : 비가 많이 와서 교통이 정말 복잡하죠?

　나 : 네, 저도 사고가 **날 뻔했어요**.

　가 : 큰 일 **날 뻔했네요**. 그래도 사고가 안 나서 정말 다행이에요.

예문
(1) 아침에 늦게 일어나서 기차를 놓칠 **뻔했어요**.

(2) 전화가 안 왔다면 그 약속을 잊어버**릴 뻔했어요**.

(3) 네가 조금만 더 늦게 왔다면 못 보고 **갈 뻔했어**.

(4) 가 : 운동회는 잘 끝났어요?

　나 : 네, 너무 열심히 하다가 하마터면 팔이 부러**질 뻔했어요**.

(5) 가 : 아까 시장에서 세일하던 물건은 샀어요?

　나 : 네, 좀 늦게 갔으면 못 **살 뻔했어요**.

자세히 알아 봅시다

	동사
–(으)ㄹ 뻔하다	가다 → **갈 뻔하다**
	먹다 → 먹**을 뻔하다**

1 '–아/어(서) 죽을 뻔했다'로 사용해 과거의 사실을 과장된 표현으로 자주 사용한다.

　예 어제 저녁부터 굶어서 배고파서 **죽을 뻔했어요**.

　　이번 주 계속 야근을 해서 피곤해 **죽을 뻔했어요**.

2 '–(으)ㄹ 뻔하다'는 항상 과거형으로 사용한다.

　예 사고가 날 **뻔했어요**. (○)

　　사고가 날 뻔해요. (×)

3 '–(으)ㄹ 뻔하다'는 보통 '하마터면, 자칫하면'과 같이 자주 사용된다.

　예 **자칫하면** 사고가 날 뻔했어요.

　　하마터면 약속을 잊어버릴 뻔했어요.

01 다음 보기 와 같이 연결하고 '-(으)ㄹ 뻔하다'를 사용하여 문장을 만드십시오.

보기		
(1) 바빠서 뛰어가다가	·	· 약속을 잊어버리다
(2) 늦게 일어나서	·	· 숙제를 두고 오다.
(3) 네가 미리 말하지 않았으면	·	· 넘어지다
(4) 집에서 급하게 나오다가	·	· 기차를 놓치다

(1) 바빠서 뛰어가다가 넘어질 뻔했어요.

(2) _____

(3) _____

(4) _____

02 다음 그림을 보고 보기 와 같이 문장을 만드십시오.

보기

어제 늦게까지 일하느라고 피곤해 죽을 뻔 했어요

(1)

점심에 밥을 안 먹었더니 _____

(2)

친구를 기다리다가 _____

–기는요

의미   다른 사람이 한 말에 대해 가볍게 부정하는 반응을 하거나 칭찬의 말에 대해서 겸손의 표현을 할 때 사용한다.

- 가 : 선생님 아들은 공부를 잘해서 좋겠어요.
  나 : 잘하**기는요**. 이번 수학 시험에 50점을 받았어요.

예문   (1) 그 사람이 성실하**기는요**. 오늘도 수업시간에 늦게 왔어요.

(2) 탕홍이 바쁘**기는요**. 매일 집에서 놀고 있는걸요.

(3) 날씬하**기는요**. 요즘 얼마나 살이 많이 쪘는데요.

(4) 가 : 오늘 너무 멋있으시네요.
  나 : 멋있**기는요**. 세수도 못하고 나왔어요.

(5) 가 : 한국어를 잘하시네요.
  나 : 잘하**기는요**. 이제 시작인데요.

자세히 알아 봅시다

–기는요	동사	형용사	명사 + 이다
	가다 → 가**기는요**	예쁘다 → 예쁘**기는요**	여자 → 여자**기는요**
	먹다 → 먹**기는요**	작다 → 작**기는요**	학생 → 학생**이기는요**

① '–기는요'는 과거나 미래와 같이 쓸 수 없다.

예   가 : 요즘 많이 바쁘시죠?
  나 : 바쁘기는요. (○)
  바빴기는요. (×)
  바쁘겠기는요. (×)

② '–기는요'는 보통 말할 때 많이 사용하기 때문에 글을 쓰거나 격식체에서는 사용하지 않는다.

01 다음 [보기] 와 같이 '-기는요'를 사용하여 대화를 완성하십시오.

> [보기]
> 가 : 선생님 아들은 공부를 잘해서 좋겠어요.
> 나 : <u>잘하기는요</u>. 이번 수학 시험에 50점 받았어요.

(1) 가 : 선생님 집 아이는 정말 얌전하고 말도 잘 듣네요.

    나 : ＿＿＿＿＿＿＿＿＿＿＿＿＿ 손님이 없을 때는 얼마나 말썽꾸러기인데요.

(2) 가 : 여러분 이번 시험은 좀 쉬웠지요?

    나 : ＿＿＿＿＿＿＿＿＿＿＿＿＿ 어려워서 거의 못 풀었어요.

(3) 가 : 명수 씨가 요즘 돈이 없다면서요?

    나 : ＿＿＿＿＿＿＿＿＿＿＿＿＿ 여자들에게는 돈을 많이 쓰던데요.

(4) 가 : 요즘 부산은 물가가 좀 안정됐나요?

    나 : ＿＿＿＿＿＿＿＿＿＿＿＿＿ 요즘 살기가 더 힘들어졌어요.

02 다음 [보기] 와 같이 대화를 만들어 보십시오.

> [보기]
> 가 : 왕홍 씨, 오늘 예쁘시네요.
> 나 : 예쁘기는요. <u>지희 씨가 더 예쁜걸요</u>.

(1) 가 : 한국어를 참 잘하시네요.

    나 : 잘하기는 요. ＿＿＿＿＿＿＿＿＿＿＿＿＿＿＿＿＿＿＿.

(2) 가 : 피아노를 잘 치시네요.

    나 : 잘치기는요. ＿＿＿＿＿＿＿＿＿＿＿＿＿＿＿＿＿＿＿.

(3) 가 : 요리를 정말 잘하시네요.

    나 : 잘하기는 요. ＿＿＿＿＿＿＿＿＿＿＿＿＿＿＿＿＿＿＿.

(4) 가 : 옷을 참 잘 입으시네요.

    나 : 잘입기는요. ＿＿＿＿＿＿＿＿＿＿＿＿＿＿＿＿＿＿＿.

–는 법이다

의미 어떤 일이 일어나는 것이 당연하다는 의미를 나타낸다. 속담이나 격언 등에 많이 사용한다.

- 가 : 엄마, 이번 시험에서 100점을 받았어요.

  나 : 대단하구나. 노력하면 잘 되**는 법이야**.

예문
(1) 성인이 되면 모든 일에 책임이 따르**는 법이다**.

(2) 현우 씨처럼 멋있고 성격까지 좋은 사람은 인기가 많**은 법이죠**.

(3) 남의 떡이 더 커 보이**는 법이에요**.

(4) 가 : 그 범인이 잡혔대요.

　 나 : 나쁜 일을 하면 벌을 받**는 법이에요**.

(5) 가 : 급하게 나오다가 지갑을 두고 나왔어요.

　 나 : 서두르면 실수하**는 법이에요**.

자세히 알아 봅시다

	동사	형용사
–는 법이다	가다 → 가**는 법이다**	예쁘다 → 예**쁜 법이다**
	먹다 → 먹**는 법이다**	작다 → 작**은 법이다**

1 '–는 법이다'는 속담이나 격언 등에 많이 사용하고, 의무의 의미를 나타낼 때에도 많이 사용한다.

　예 세상에 공짜는 없는 법이다.

　　 받는 만큼 주어야 하는 법이다.

2 '–는 법이다'는 '–기 마련이다'와 '–는 것이 당연하다'와 바꾸어 쓸 수 있다.

　예 나쁜 일을 하면 벌을 받**는 법이다**.

　　 = 나쁜 일을 하면 벌을 받**기 마련이다**.

　　 = 나쁜 일을 하면 벌을 받**는 것이 당연하다**.

　☞ '–기 마련이다'는 의무의 의미일 때에는 바꿔 사용할 수 없다.

　예 받는 만큼 주어야 하는 법이다. (○)

　　 받는 만큼 주어야 하기 마련이다. (×)

01 보기 와 '-는 법이다'를 사용하여 대화를 완성하십시오.

> 보기   가 : 엄마, 이번 시험 100점 받았어요.
> 나 : 대단하구나. 노력하면 <u>잘 되는 법이야</u>. (잘 되다)

(1) 가 : 나쁜 일을 많이 하던 그 새 엄마가 결국 경찰서로 가게 되었어.

　　나 : 나쁜 일을 하면_____. (벌을 받는다)

(2) 가 : 히로미는 우리 반에서 계속 1등을 했는데 이번에는 10등을 했대.

　　나 : _____. (원숭이도 나무에서 떨어지다)

(3) 가 : 아침에 서두르다가 중요한 서류를 놓고 왔어요.

　　나 : 서두르면_____. (실수하다)

(4) 가 : 공짜로 준다고 좋아했는데 가입비를 내야 한대요.

　　나 : 세상에_____. (공짜는 없다)

02 보기 와 같이 '-는 법이다'를 사용하여 문장을 완성하십시오.

> 보기   나쁜 일을 하면 <u>벌을 받는 법이다</u>.

(1) 많이 먹으면_____.

(2) 아플 때는_____.

(3) 지희 씨처럼 예쁘고 성격까지 좋은 사람은_____.

(4) 다른 사람에게 상처를 주면_____.

TOPIK 실전문제 a c t u a l t e s t

다음 (   )에 알맞은 말을 고르십시오.

01

> 가 : 어쩌다가 그렇게 다쳤어요?
> 나 : 공사현장에서 실수로 (   )

① 떨어질지도 몰라요
② 떨어질 뻔했어요.
③ 떨어지기 마련이에요
④ 떨어지고 말았어요

02

> 가 : 이번에 공부를 열심히 했더니 성적이 많이 올랐어요.
> 나 : 뭐든지 열심히 하면 좋은 결과가 (   ).

① 나올 뻔해요
② 나오는 셈이에요
③ 나오고 말았어요
④ 나오기 마련이에요

03

> 가 : 오늘 너 약속 있다고 하더니 왜 집에 있니?
> 나 : 엄마가 말하지 않았으면 약속을 (   ).

① 잊어려던 참이에요
② 잊어버리고 말았어요
③ 잊어버릴 뻔했어요
④ 잊어버리는 법이에요

04

> 가 : 요즘은 물가가 좀 안정되었나요?
> 나 : (   ). 살기가 더 힘들어 졌어요.

① 안정되던데요
② 안정되기는요
③ 안정되기 마련이에요
④ 안정될 뿐이에요

05

> 가 : 그 범인이 10년형을 선고 받았대요.
> 나 : 나쁜 짓을 하면 벌을 (   ).

① 받기는요
② 받는 참이에요
③ 받는 법이에요
④ 받을까 싶어요

06~08 다음 밑줄 친 부분이 맞는 것을 고르십시오.

06 ① 나는 어제 사고가 날 뻔해요.
② 시험일정이 게시판에 붙고 있다.
③ 사람은 부모를 공경해야 하기 마련이다.
④ 감기가 심하게 걸리는 바람에 시험을 망치고 말았다.

07 ① 받는 만큼 주어야 하는 법이다.
② 마침 나도 도서관에 가기 마련이다.
③ 열심히 노력하면 열매가 맺히는 셈이다.
④ 아이들이 조용한 것을 보니 잘 리가 없다.

08 ① 그 아이는 5분전부터 숙제를 해 냈다.
② 아이가 아파서 그런지 계속 울어 왔다.
③ 아침에 늦게 일어나서 기차를 놓칠 뻔 했어요.
④ 숙제가 한 장 남았으니 거의 다 하려던 참이다.

09~10 다음 밑줄 친 부분과 바꾸어 쓸 수 있는 것을 고르십시오.

09

> 가 : 옷이 왜 그래요?
> 나 : 옆 사람과 부딪쳐서 커피를 쏟고 말았어요.

① 쏟아졌어요   ② 쏟아 버렸어요.
③ 쏟을까 싶어요   ④ 쏟을 모양이에요

10

> 가 : 이번에 열심히 공부했더니 성적이 많이 올랐어요.
> 나 : 뭐든지 열심히 하면 좋은 결과가 나오기 마련이죠.

① 나오기는요   ② 나올 만 하죠
③ 나오는 법이죠   ④ 나올 리가 있어요

–기만 하면 되다

의미   원하는 결과를 위해서 앞 문장의 행동만 하면 된다는 뜻이다.

- 가 : 문제는 다 풀었어요?

  나 : 네, 이제 마지막 문제를 풀**기만 하면 돼요.**

예문

(1) 운동화는 무엇보다도 편하**기만 하면 됩니다.**

(2) 식사 준비가 다 끝났으니까 드시**기만 하면 돼요.**

(3) 편지는 다 썼으니까 보내**기만 하면 돼요.**

(4) 가 : 여보, 아이들은 준비를 다 했어요?

  나 : 네, 이제 옷을 입**기만 하면 돼요.**

(5) 가 : 아이가 어떻게 자랐으면 좋겠어요?

  나 : 건강하**기만 하면 돼요.**

–기만 하면 되다	동사	형용사
	가다 → 가**기만 하면 되다**	크다 → 크**기만 하면 되다**
	먹다 → 먹**기만 하면 되다**	작다 → 작**기만 하면 되다**

명사+이다
친구 → 친구**기만 하면 되다**
애인 → 애인**이기만 하면 되다**

1. '–기만 하면 되다'가 '–기만 하면'으로 사용되어 앞 문장의 행동이나 일이 생기면 반드시 뒤 문장의 내용이 나타날 때 사용한다.

   예 명수 씨랑 지희 씨는 만나**기만 하면** 싸워요.

01 다음 보기 와 같이 '-기만 하면 되다'를 사용하여 대화를 완성해 보십시오.

> 보기
> 가 : 문제는 다 풀었어요?
> 나 : 네, 이제 마지막 문제를 <u>풀기만 하면 돼요</u>. (풀기만 하다)

(1) 가 : 즉석밥은 어떻게 먹어요?

　　나 : ＿＿＿＿＿＿＿＿＿＿＿＿＿＿＿＿＿＿＿＿＿＿＿＿.(데우다)

(2) 가 : 음식이 다 됐어요?

　　나 : 네, ＿＿＿＿＿＿＿＿＿＿＿＿＿＿＿＿＿＿＿＿＿＿ . (먹다)

(3) 가 : 결혼 준비는 다 했어요?

　　나 : ＿＿＿＿＿＿＿＿＿＿＿＿＿＿＿＿＿＿＿. (예식장만 예약하다)

(4) 가 : 여보, 준비 다 했어요?

　　나 : ＿＿＿＿＿＿＿＿＿＿＿＿＿＿＿＿＿＿＿＿＿. (옷만 입다)

02 다음 보기 와 같이 '-기만 하면'을 사용해서 문장을 만들어 보십시오.

> 보기
> 약속을 지키다 / 좋다
> → <u>약속을 지키기만 하면 좋겠어요</u>.

(1) 공부를 잘 하다 / 소원이 없다

　　→ ＿＿＿＿＿＿＿＿＿＿＿＿＿＿＿＿＿＿＿＿＿＿＿＿ .

(2) 여름에 아이스크림을 먹다 / 배가 아프다

　　→ ＿＿＿＿＿＿＿＿＿＿＿＿＿＿＿＿＿＿＿＿＿＿＿＿ .

(3) 면접을 보다 / 긴장하다

　　→ ＿＿＿＿＿＿＿＿＿＿＿＿＿＿＿＿＿＿＿＿＿＿＿＿ .

(4) 상추만 먹다 / 잠이 오다

　　→ ＿＿＿＿＿＿＿＿＿＿＿＿＿＿＿＿＿＿＿＿＿＿＿＿ .

–곤 하다

의미 어떤 행동이나 일이 반복적으로 생기는 것을 말할 때 사용한다.

- 가 : 영화를 좋아하시나 봐요.

  나 : 네, 심심할 때마다 영화관에 가**곤 해요**.

예문 (1) 가끔 축구 게임을 하**곤 했어요**.

(2) 가끔 친구들을 만나면 놀이공원에 놀러 가**곤 했어요**.

(3) 고향 음식을 먹을 때는 엄마 생각이 나**곤 해요**.

(4) 가 : 헌책방에 자주 가요?

  나 : 아니요, 찾는 책이 없을 때 가**곤 해요**.

(5) 가 : 단팥빵 좋아해요?

  나 : 그럼요. 어렸을 때 엄마가 종종 만들어 주시**곤 했는걸요**.

자세히
알아
봅시다

	동사
과거	가다 → 가**곤 했다**
	먹다 → 먹**곤 했다**
현재	가다 → 가**곤 하다**
	먹다 → 먹**곤 하다**

1 '–곤 하다'가 부정적인 의미일 때는 '–기 일쑤이다'와 바꿔서 사용할 수 있다.

  예 학교에 다닐 때 지각하곤 했어요.

  = 학교에 다닐 때 지각하**기 일쑤였어요**.

2 '–곤 하다' 앞 문장에는 동사만 사용할 수 있다.

  예 그 남자는 가끔 **멋있**곤 했다. (×)

  가끔 축구 게임을 **하곤 했어요**. (○)

3 '–곤 하다'는 습관의 의미가 있기 때문에 항상 해야 하는 일에는 사용할 수 없다.

  예 1 교시는 9시에 시작하곤 해요. (×)

연습문제 e x e r c i s e

01 다음 보기 와 같이 '–곤 하다'를 사용하여 대화를 완성해 보십시오.

> 보기
> 가 : 주말에 뭐 했어요?
> 나 : 노래방에 갔어요. 친구들을 만나면 가끔 <u>가곤 하거든요</u>. (가다)

(1) 가 : 지희 씨는 어떻게 스트레스를 풀어요?

　나 : 스트레스가 쌓이면 _____. (노래방에 가다)

(2) 가 : 명수 씨는 연애할 때 어디에서 데이트를 했어요?

　나 : 날씨가 좋으면 교외로 _____. (드라이브를 하다)

(3) 가 : 시간이 있으면 뭐 하세요?

　나 : 친구들과 _____. (볼링을 치다)

(4) 가 : 남편이 집안일을 잘 도와 줘요?

　나 : 네, 주말에는 집안일을 _____. (도와주다)

02 보기 와 같이 '–곤 하다'를 사용해서 대화를 만들어 보십시오.

> 보기
> 가 : 단팥빵 좋아해요?
> 나 : 그럼요. 어렸을 때 엄마가 종종 만들어 <u>주시곤 했어요</u>.

(1) 가 : 아이들과 자주 놀아 주십니까?

　나 : 그럼요, _____.

(2) 가 : 요즘 지희 씨를 만나기가 힘들어요.

　나 : 그러게요. _____.

(3) 가 : 히로미 씨, 이 노래방 기억해요?

　나 : 네, _____.

(4) 가 : 이 커피숍은 정말 오랜만이에요.

　나 : _____.

–(으)ㄴ/는 척하다

의미

어떤 행동을 사실과 반대 또는 거짓으로 행동할 때 사용한다.

■ 가 : 어떤 남자를 싫어해요?

　나 : 사람들 앞에서 똑똑**한 척하는** 남자를 싫어해요.

예문

(1) 버스에서 할머니가 타시길래 자**는 척했어요.**

(2) 아까 모르**는 척해서** 정말 미안해요.

(3) 사람이 많은 곳에서 넘어졌는데 부끄러워서 안 아**픈 척했어요.**

(4) 가 : 저 사람 아는 사람이에요?

　나 : 아니요, 먼저 인사하길래 그냥 아**는 척했어요.**

(5) 가 : 술을 정말 못 마셔요?

　나 : 아니요, 술을 싫어해서 그냥 못 마시**는 척했어요.**

	동사	형용사	명사+이다
과거 (완료)	가다 → **간 척하다** 먹다 → 먹**은 척하다**	*	*
현재	가다 → 가**는 척하다** 먹다 → 먹**는 척하다**	크다 → **큰 척하다** 작다 → 작**은 척하다**	친구 → 친구**인 척하다** 학생 → 학생**인 척하다**

1 '–(으)ㄴ/는 척하다'는 '–(으)ㄴ/는 체하다'와 바꾸어 사용할 수 있다.

　예 컴퓨터 게임을 하다가 엄마가 갑자기 들어오셔서서 공부하**는 척했어요.**

　　= 컴퓨터 게임을 하다가 엄마가 갑자기 들어오셔서서 공부하**는 체했어요.**

2 '–(으)ㄴ/는 척하다' 앞에 '알다'를 사용할 때는 **현재**로만 사용해야 한다. 과거로 말하면 어색한 문장이 된다.

　예 명수 씨는 항상 잘 모르면서 **아는** 척해요. (○)

　　명수 씨는 항상 잘 모르면서 **안** 척해요. (×)

01 다음 보기 와 같이 '-(으)ㄴ/는 척하다'를 사용하여 대화를 완성해 보십시오.

> **보기**
> 가 : 정말 많이 아파요?
> 나 : 아니요, 공부하기 싫어서 <u>아픈 척했어요</u>. (아프다)

(1) 가 : 저 잘생긴 남자를 정말 몰라요?

　　나 : 아니요, 알아요. 하지만 바빠서 _____. (모르다)

(2) 가 : 명수 씨는 정말 똑똑한 것 같아요.

　　나 : 아니에요. 모르면서 _____. (알다)

(3) 가 : 술을 하나도 못 마셔요?

　　나 : 아니요, 술 마시기 싫어서_____. (못 마시다)

02 다음 보기 와 같이 문장을 만들어 보십시오.

> **보기**
> 컴퓨터 게임을 하는데 엄마가 들어왔다.
> 그래서 → <u>공부하는 척했다</u>.

(1) 사람들이 많은 곳에서 넘어졌다. 너무 부끄러웠다.

　　그래서 → _____

(2) 술을 아주 잘 마시지만 오늘따라 몸이 안 좋았다.

　　그래서 → _____

(3) 집에 늦게 들어왔다. 엄마가 또 화를 내실 것 같다.

　　그래서 내 방에 빨리 들어가서 → _____

(4) 엄마가 심부름을 시켰다. 귀찮았다.

　　그래서 바쁘지 않은데 → _____

–(으)ㄹ까 하다

의미   말하는 사람의 의도를 나타내거나 바뀔 수 있는 계획을 말할 때 사용한다.

- 가 : 이번 주말에 뭐 할 거예요?

  나 : 시간이 있으면 쇼핑을 **할까 해요**.

예문

(1) 저녁으로 스파게티를 **먹을까 해요**.

(2) 부모님 선물로 시계를 **살까 해요**.

(3) 이번 한국어능력시험에 합격하면 대학원에 진학**할까 해요**.

(4) 가 : 신혼여행은 어디로 가기로 했어요?

    나 : 아직 잘 모르지만 제주도로 **갈까 해요**.

(5) 가 : 겨울 방학 때 무엇을 할 거예요?

    나 : 친구들이랑 같이 따뜻한 나라로 여행을 **할까 해요**.

자세히
알아
봅시다

–(으)ㄹ까 하다	동사
	가다 → **갈까 하다**
	먹다 → **먹을까 하다**

1️⃣ '–(으)ㄹ까 하다'는 말하는 사람의 계획이나 의도를 나타내기 때문에 명령이나 청유에 사용
할 수 없다.

   예   저녁에 배가 고프면 라면을 먹을까 **해라**. (×)

        저녁에 배가 고프면 라면을 먹을까 **하자**. (×)

2️⃣ '–(으)ㄹ까 하다'는 '–(으)ㄹ까 보다', '–(으)ㄹ까 싶다'로 바꾸어 사용할 수 있다.

   예   졸업하면 회사에 취직할까 해요.

        = 졸업하면 회사에 취직**할까 봐요**.

        = 졸업하면 회사에 취직**할까 싶어요**.

01 보기 에서 알맞은 단어를 골라 '-(으)ㄹ까 하다'를 사용해서 대화를 완성해 보십시오.

보기	취직하다	축하 파티를 하다	집에서 쉬다	대학원에 가다

(1) 가 : 탕홍 씨, 한국어 연수가 끝나면 무엇을 할 계획이에요?

　　나 : 우선 고향에 돌아가서 _____.

(2) 가 : 말하기 대회에서 상금을 받으면 어떻게 할 거예요?

　　나 : 친구들과 _____.

(3) 가 : 금요일에 문화 체험을 마치고 같이 영화를 보러 갈까요?

　　나 : 미안해요. 요즘 몸이 안 좋아서 _____.

(4) 가 : 탕홍 씨는 어학연수를 마치고 취직할 거예요?

　　나 : 아니요, 계속 한국에 있으면서 _____.

02 다음 보기 와 같이 '-(으)ㄹ까 하다'를 사용해서 간단한 자신의 계획을 써 보십시오.

보기	가 : 겨울 방학 때 무엇을 할 거예요? 나 : 친구들이랑 같이 따뜻한 나라로 여행을 <u>할까 해요</u>.

(1) 가 : 생일 파티는 어디에서 할 거예요?

　　나 : _____.

(2) 가 : 결혼은 언제 할 생각이에요?

　　나 : _____.

(3) 가 : 여자 친구를 만나면 무엇을 먹을 거예요?

　　나 : _____.

(4) 가 : 대통령이 되면 처음에 무엇을 할 생각이에요?

　　나 : _____.

–(으)ㄴ/는/(으)ㄹ 모양이다

의미 말하는 사람이 어떤 사실이나 상황을 보고 생각하여 다음 행동을 추측할 때 사용한다.

■ 가 : 지희 씨가 결석했네요.
　나 : 아침에 잠깐 만났는데 몸이 좀 아**픈 모양이에요.**

예문
(1) 하늘이 흐린 걸 보니까 비가 **올 모양이에요.**
(2) 명수 씨가 졸고 있는 걸 보니까 피곤**한 모양이에요.**
(3) 스티브 씨가 비행기 표를 예매한 걸 보니까 집에 **갈 모양이에요.**
(4) 가 : 저 식당은 항상 기다리는 사람이 많네요.
　　나 : 사람이 많은 걸 보니 음식이 맛있**는 모양이에요.**
(5) 가 : 히로미 씨는 아직 안 왔어요?
　　나 : 좀 늦**을 모양이에요.**

자세히 알아 봅시다

		동사	형용사	명사 + 이다
과거		가다 → **간 모양이다**	크다 → **컸던 모양이다**	친구 → 친구**였던 모양이다**
		먹다 → **먹은 모양이다**	작다 → **작았던 모양이다**	애인 → 애인**이었던 모양이다**
현재		가다 → 가**는 모양이다**	크다 → **큰 모양이다**	친구 → 친구**인 모양이다**
		먹다 → 먹**는 모양이다**	작다 → 작**은 모양이다**	애인 → 애인**인 모양이다**
미래		가다 → **갈 모양이다**	크다 → **클 모양이다**	*
		먹다 → **먹을 모양이다**	작다 → 작**을 모양이다**	

1️⃣ '–(으)ㄴ/는/(으)ㄹ 모양이다'는 '–(으)ㄴ/는/(으)ㄹ 것 같다', '–(으)ㄴ/는/(으)ㄹ 듯하다', '–나 보다/–(으)ㄴ가 보다'와 바꿔 사용할 수 있다.

　예 명수 씨가 졸고 있는 걸 보니까 피곤한 모양이에요.
　　= 명수 씨가 졸고 있는 걸 보니까 피곤**한 것 같아요.**
　　= 명수 씨가 졸고 있는 걸 보니까 피곤**한가 봐요.**
　　= 명수 씨가 졸고 있는 걸 보니까 피곤**한 듯해요.**

　☞ 말하는 사람이 직접 경험한 사실에 대해서는 사용할 수 없다.

　예 저 식당에서 음식을 **먹어 보니까** 맛있는 모양이에요. (×)
　　저 식당에서 음식을 **먹어 보니까** 맛있는 것 같아요. (○)

연습문제 exercise

01 보기 에서 알맞은 단어를 골라 '(으)ㄴ/는/(으)ㄹ 모양이다"를 사용해서 문장을 만들어 보십시오.

보기   청소하다   회사를 그만두다   시험이 있다   산에 가다

(1) 방이 깨끗한 걸 보니까 _____.

(2) 등산복을 입은 걸 보니까 _____.

(3) 사표를 쓴 걸 보니 _____.

(4) 모든 학생들이 열심히 공부하는 걸 보니 _____.

02 보기 와 같이 '-(으)ㄴ/는/(으)ㄹ 모양이다'를 사용해서 다음 대화를 완성하십시오.

보기   가 : 저 식당은 항상 기다리는 사람이 많네요.
        나 : 사람이 많은 걸 보니 음식이 맛있는 모양이에요. (맛있다)

(1) 가 : 히로미 씨는 김밥을 자주 먹네요. (김밥을 좋아하다)

     나 : _____.

(2) 가 : 지희 씨는 아침부터 기분이 좋아 보여요. (좋은 일이 있다)

     나 : _____.

(3) 가 : 사람들이 요즘 이 영화에 대해 이야기를 많이 해요. (영화가 재미있다)

     나 : _____.

(4) 가 : 오늘따라 바람이 많이 불어요. (태풍이 오다)

     나 : 그러게요. _____.

TOPIK 실전문제 actual test

01~05 다음 (   )에 알맞은 것을 고르십시오.

01

> 가 : 일은 다 끝났어요?
> 나 : 네, 이제 마지막으로 정리만 (   ).

① 할 뻔합니다　　　　　　　　② 하곤 합니다
③ 하는 법입니다　　　　　　　④ 하기만 하면 됩니다

02

> 가 : 히로미 씨는 스트레스가 생기면 어떻게 해요?
> 나 : 산이나 바다로 가서 기분전환을 (   ).

① 하곤 해요　　　　　　　　　② 할 뻔해요
③ 하는 척해요　　　　　　　　④ 하는 법이에요

03

> 가 : 이 음식은 맛이 별로인 것 같은데 명수 씨는 잘 드시네요?
> 나 : 만들어 준 사람의 정성이 고마워서 그냥 (   ).

① 맛있나 봐요　　　　　　　　② 맛있곤 해요
③ 맛있는 법이에요　　　　　　④ 맛있는 척하는 거예요

04

> 가 : 수업을 마치고 뭐 하실 거예요?
> 나 : 피곤해서 집에 (   ).

① 갈까 봐요　　　　　　　　　② 가곤 해요
③ 가는 척해요　　　　　　　　④ 갈 모양이에요

05

> 가 : 명수 씨한테 연락을 했어요?
> 나 : 전화를 했는데 안 받는 걸 보니까 (   ).

① 바쁘곤 해요　　　　　　　　② 바쁜 모양이에요
③ 바쁜 법이에요　　　　　　　④ 바쁘기 마련이에요

06~10 다음 밑줄 친 부분이 맞는 것을 고르십시오.

06 ① 심심할 때마다 영화관에 갔곤 했습니다.
② 다리를 절뚝거리는 것을 보니 다친 법이다.
③ 아기가 아무것도 먹지 않고 울기만 하면 됩니다.
④ 비가 계속 오는 걸 보니까 장마가 시작된 모양입니다.

07 ① 졸업하면 유학을 갈까 해요.
② 배가 고프면 뭐라도 먹을 법하다.
③ 너무 부끄러워서 아팠던 척했어요.
④ 품질이 좋은 물건은 빨리 팔리는 마련이지요.

08 ① 몇 번 먹어보니까 짠 모양이에요.
② 일을 하기 싫어서 아픈 척했어요.
③ 아침부터 굶으면 죽을 뻔할 거에요.
④ 명수랑 같이 영화관에 갔곤 했어요.

09 ① 유행이 지났지만 아직은 입었을 만해요.
② 어릴 때는 친구들과 야구를 하곤 했지요.
③ 겨울이 지나면 봄이 오기 마련일 거예요.
④ 내일 여자 친구와 같이 영화관에 가던 참이에요.

10 ① 많이 도와주셔서 감사한 뿐입니다.
② 이번 주말에 제주도에 갔을까 합니다.
③ 졸고 있는 걸 보니까 피곤할 모양입니다.
④ 3분 요리는 전자레인지에 데우기만 하면 됩니다.

11~14 다음 밑줄 친 부분과 바꾸어 쓸 수 있는 것을 고르십시오.

11

> 가 : 행사 준비는 다 끝났어요?
> 나 : 네, 준비는 끝났고 이제 <u>시작하기만 하면 됩니다</u>.

① 시작할까 합니다   ② 시작할 뻔합니다

③ 시작하면 됩니다   ④ 시작하는 법입니다

12

> 가 : 명수 씨는 왜 그렇게 지희 씨를 싫어해요?
> 나 : 지희 씨는 일도 안 하면서 <u>일하는 척하거든요</u>.

① 일할까 해요   ② 일할 것이에요

③ 일하는 체하거든요   ④ 일하는 모양이에요

13

> 가 : 여름휴가 때는 뭐 하실 거예요?
> 나 : 부모님과 제주도에 <u>갈까 해요</u>.

① 가는 척해요   ② 갈 뿐이에요

③ 가는 중이에요   ④ 갈 생각이에요

14

> 가 : 히로미 씨는 아직 도착하지 않았어요?
> 나 : 네, 조금 <u>늦을 모양입니다</u>.

① 늦는 척해요   ② 늦는 법입니다

③ 늦을 듯합니다   ④ 늦기만 하면 됩니다

–나 보다 / –(으)ㄴ가 보다

의미 어떤 사실이나 일을 근거로 해서 추측할 때 사용한다.

- 가 : 오늘따라 지희 씨가 좀 슬퍼 보이죠?
  나 : 네, 한국어능력시험에 또 떨어졌**나 봐요**.

예문

(1) 하늘에 먹구름을 보니까 비가 오려**나 봐요**.

(2) 히로미 씨가 몸이 좀 안 좋은**가 봐요**.

(3) 지희 씨가 소화제를 먹는 걸 보니 저녁을 너무 많이 먹었**나 봐요**.

(4) 가 : 아침에 땅이 젖어 있던데 어젯밤에 비가 **왔나 봐요**.
  나 : 네, 어젯밤 비가 많이 왔어요.

(5) 가 : 영화관 앞에 사람들이 북적거리네요.
  나 : 재밌는 영화가 개봉되었**나 봐요**.

자세히
알아
봅시다

	동사	형용사	명사 + 이다
과거	먹다 → 먹**었나 보다** 가다 → **갔나 보다**	크다 → **컸나 보다** 작다 → 작**았나 보다**	친구 → 친구**였나 보다** 애인 → 애인**이었나 보다**
현재	먹다 → 먹**나 보다** 가다 → 가**나 보다**	크다 → 큰**가 보다** 작다 → 작**은가 보다**	친구 → 친구**인가 보다** 애인 → 애인**인가 보다**
미래	가다 → 가**려나 보다** 가다 → 갈 **건가 보다** 먹다 → 먹**으려나 보다** 먹다 → 먹**을 건가 보다**	*	*

1 ‘–나 보다’ 뒤에는 항상 현재만 사용할 수 있다.

  예 지희 씨가 무슨 고민이 있나 **봐요**. (○)
    지희 씨가 무슨 고민이 있나 **봤어요**. (×)

2 ‘–나 보다’ 앞에는 과거, 현재, 미래를 모두 사용할 수 있다.

  예 히로미 씨가 수학 공부를 못 **했나** 봐요. (○)
    히로미 씨가 수학 공부를 못 **하나** 봐요. (○)
    히로미 씨가 수학 공부를 못 **하겠나** 봐요. (○)

③ '–나 보다'는 '–는 것 같다', '–는 모양이다', '–는 듯하다'와 바꿔서 사용할 수 있다.

예 지희 씨가 웃는 걸 보니 좋은 일이 있**나 봐요**.
= 지희 씨가 웃는 걸 보니 좋은 일이 있**는 모양이에요**.
= 지희 씨가 웃는 걸 보니 좋은 일이 있**는 것 같아요**.
= 지희 씨가 웃는 걸 보니 좋은 일이 있**는 듯해요**.

☞ '–나 보다'와 '–는 모양이다'는 말하는 사람이 경험하지 않고 추측하는 것이다.

예 저 식당에서 음식을 **먹어 보니까** 맛있는 모양이에요. (×)
저 식당에서 음식을 **먹어 보니까** 맛있나 봐요. (×)
저 식당에서 음식을 **먹어 보니까** 맛있는 것 같아요. (○)

연습문제 exercise

01 다음 두 문장을 보기 와 같이 '–나 보다'을 사용하여 문장을 완성하십시오.

> **보기**
> 가 : 오늘따라 지희 씨가 좀 슬퍼 보이죠?
> 나 : 네, 한국어능력시험에 또 <u>떨어졌나 봐요</u>. (떨어지다)

(1) 가 : 명수 씨는 땀을 많이 흘리시네요.

　　나 : 네, 제가 남들보다 ＿＿＿＿＿＿＿＿＿＿＿＿＿＿＿＿＿. (더위를 많이 타다)

(2) 가 : 스티브 씨가 어떤 여자랑 데이트를 하던대요?

　　나 : 아마 여자 친구가 ＿＿＿＿＿＿＿＿＿＿＿＿＿＿＿＿. (생기다)

(3) 가 : 다이어트는 잘 하고 있어요?

　　나 : 아니요, 오히려 몸이 더 피곤해요. ＿＿＿＿＿＿＿＿＿＿＿. (무리를 하다)

02 '–나 보다'를 사용해서 이야기를 만들어 보십시오.

> **보기**
> 가 : 영화관 앞에 사람들이 북적거리네요.
> 나 : <u>재밌는 영화가 개봉되었나 봐요.</u>

(1) 가 : 명수가 오늘 짜증을 많이 내요.

　　나 : ＿＿＿＿＿＿＿＿＿＿＿＿＿＿＿＿＿＿＿＿＿＿.

(2) 가 : 사장님이 김 대리에게 화를 내고 있어요.

　　나 : ＿＿＿＿＿＿＿＿＿＿＿＿＿＿＿＿＿＿＿＿＿＿.

(3) 가 : 명수 씨 여자 친구가 왜 울고 있어요?

　　나 : ＿＿＿＿＿＿＿＿＿＿＿＿＿＿＿＿＿＿＿＿＿＿.

(4) 가 : 히로미 씨가 왜 연락이 안 돼요?

　　나 : ＿＿＿＿＿＿＿＿＿＿＿＿＿＿＿＿＿＿＿＿＿＿.

–아/어 있다

의미   어떤 일이 끝난 후에도 그 상태나 결과가 계속됨을 나타낸다.

- 가 : 하나 씨, 많이 피곤해 보여요.

  나 : 네, 어제 일 때문에 하루 종일 **서 있어서** 다리가 아프네요.

예문   (1) 탕홍 씨 전화가 계속 꺼**져 있어요.**

(2) 가방 안에 책과 지갑이 들**어 있습니다.**

(3) 김 선생님은 병원에 입원**해 계십니다.**

(4) 가 : 히로미 씨, 전자사전 좀 빌려 줄 수 있어요?

   나 : 네, 가방 안에 들**어 있으니까** 가져가세요.

(5) 가 : 아버지 오늘 신문 어디에 있어요?

   나 : 거실에 가 보렴. 탁자 위에 놓**여 있을 거야.**

자세히
알아
봅시다

–아/어 있다	동사
	가다 → **가 있다**
	놓다 → **놓여 있다**

1 '–아/어 있다'는 목적어가 필요 없는 동사(자동사)에 쓰인다.

- 예 명수 씨가 병원에 입원**해 있다.**

  교실에 학생들이 앉**아 있다.**

  저는 밥을 먹**어 있습니다.** (×)

☞ '먹다'와 같이 목적어가 필요한 동사(타동사)에는 '–고 있다'를 쓴다.

예 저는 밥**을** 먹**고 있습니다.**

2 보통 '–아/어 있다'는 '열리다, 닫히다'등과 같은 피동사와 같이 쓰인다.

- 예 문이 **열려** 있습니다.

  벽에 사진이 **걸려** 있어요.

  책상 위에 책이 **놓여** 있습니다.

3 주어를 높여야 할 때에는 '–아/어 계시다'로 사용된다.

- 예 **할아버지**는 지금 집에 가 계십니다.

  저기 앉아 계시는 분이 하나 씨의 **할머니**십니다.

연습문제 exercise

01 그림을 보고 하나 씨의 방의 모습을 보기 의 단어를 사용해서 말해 보십시오.

보기	놓이다	닫히다	쌓이다	걸리다	앉다	꺼지다	켜다
	들다	열리다	쓰이다	꽂히다	켜지다	붙다	

하나 씨 침대 위에 가방이 놓여 있습니다. 그리고 가방 안에 _____

_____

_____

02 보기 와 같이 자유롭게 대화를 완성하십시오.

보기	가 : 여러분, 교실 칠판에 무엇이 쓰여 있어요?
	나 : "안녕하세요"라고 쓰여 있어요.

(1) 가 : 여러분의 방 책상 위에 무엇이 놓여 있어요?

　　나 : _____.

(2) 가 : 여러분의 방 벽에 무엇이 걸려 있어요?

　　나 : _____.

(3) 가 : 여러분의 가방 안에 무엇을 들어 있어요?

　　나 : _____.

(4) 가 : 여러분의 휴대전화에 무엇이 달려 있어요?

　　나 : _____.

-기는 하다

의미

① 어떤 일이나 다른 사람이 한 말에 대해서 일부는 인정하지만 뒤 문장에는 그와 반대되는 상황이 올 때 사용한다.

- 가 : 하나 씨, 내일 모임에 오실 거지요?

  나 : 내일 모임에 가**기는 합니다만** 조금 늦을 것 같습니다.

② 형용사 뒤에 사용되어 앞 문장의 상태를 강조할 때 사용한다.

- 가 : 자야 씨, 이번에 스마트폰으로 바꾸셨다면서요?

  나 : 네, 스마트폰으로 바꾸니까 편하**기는 하더라고요**.

예문

(1) 김치를 먹**기는 하지만** 좋아하지는 않습니다.

(2) 히로미 씨와 연락을 하**기는 했어요**. 하지만 만날 수는 없었어요.

(3) 옛날에는 소설책을 자주 읽**기는 했어요**. 그런데 요즘에는 읽을 시간이 없네요.

(4) 가 : 현우 씨, 지난 학기에 '독서와 토론'이라는 수업 들으셨지요? 어때요?

  나 : 듣**기는 했지만** 결석을 많이 해서 잘 모르겠어요.

(5) 가 : 지난 일요일에 놀이 동산에 갔다 왔다면서요? 사람이 많았지요?

  나 : 네, 일요일이라서 그런지 사람이 많**기는 하더라고요**.

자세히 알아 봅시다

	동사	형용사	명사
-기는 하다	가다 → 가**기는 하다**	크다 → 크**기는 하다**	학교 → 학교**이기는 하다**
	먹다 → 먹**기는 하다**	많다 → 많**기는 하다**	집 → 집**이기는 하다**

1 '-기는 하다'는 ①의 뜻일 때 보통 '-기는 하지만'의 형태로 많이 쓰인다.

예 한국 생활이 힘들**기는 하지만** 재미있어요.

  김치를 먹**기는 하지만** 좋아하지는 않아요.

☞ '-기는 하지만'은 '-지만'과 같이 앞 문장과 반대되는 말이 뒤 문장에 오지만 아래와 같이 조금의 의미 차이가 있다.

예 김치를 먹기는 하지만 좋아하지 않아요.

  (김치를 먹는다는 사실은 **인정하지만** 좋아하지 않는다는 사실을 강조함)

  김치를 먹지만 좋아하지 않아요.

  (김치를 먹을 수 있다는 사실과 좋아하지 않는다는 **사실을 상반되게 나타냄**)

연습문제 exercise

01 보기 와 같이 '-기는 하지만'을 사용하여 문장을 완성하십시오.

> 보기
> 매일 운동을 하다 / 살이 안 빠지다
> → 매일 운동을 하기는 하지만 살이 안 빠져요.

(1) 이 옷은 디자인이 마음에 들다 / 비싸다

→ _____ .

(2) 연극 보는 것을 좋아하다 / 시간이 없다

→ _____ .

(3) 집과 회사가 멀다 / 교통이 편리하다

→ _____ .

(4) 술을 마시다 / 예전보다 많이 안 마시다

→ _____ .

02 보기 와 같이 대화를 완성하십시오.

> 보기
> ① 가 : 하나 씨, 내일 모임에 오실 거지요?
>   나 : 내일 모임에 가기는 합니다만 조금 늦을 것 같습니다.
>
> ② 가 : 자야 씨, 이번에 스마트폰으로 바꾸셨다면서요?
>   나 : 네, 스마트폰으로 바꾸니까 편하기는 하더라고요.

(1) 가 : 왕홍 씨 고향에도 이렇게 덥나요?

나 : 네, _____ 부산보다 습하지는 않은 것 같아요.

(2) 가 : 현우 씨, 지난 학기에 이 수업 들으셨지요? 많이 어려운가요?

나 : 글쎄요. 이 수업을 _____ 잘 모르겠어요.

(3) 가 : 명수 씨, 오늘 비 온다고 했어요?

나 : 네, 비가 _____ 오후에 그친다고 했어요.

(4) 가 : 주말에 히로미 씨와의 데이트는 재미있었어요?

나 : 네, 재미있었어요. 그런데 주말이라서 그런지 놀이공원에 _____ .

(5) 가 : 이번에 개봉한 "도둑"이라는 영화가 인기가 많던데요. 지희 씨는 보셨어요?

나 : 네, 지난 주말에 봤어요. 유명한 배우들이 많이 나와서 그런지 영화가 _____ .

–(으)ㄴ/는/(으)ㄹ 듯하다

의미 앞 문장과 같다는 추측을 나타낼 때 사용한다.

- 가 : 왕홍 씨, 김 선생님 결혼하셨나요?
  나: 결혼반지를 낀 걸 보니까 결혼**한 듯해요.**

예문 (1) 그 사람은 아직 그 동네에 사**는 듯합니다.**
(2) 탕홍 씨가 히로미 씨에게 할 말이 있**는 듯해요.**
(3) 요즘 왕홍 씨가 열심히 공부하**는 듯해요.**
(4) 가 : 아무래도 비가 **올 듯하니까** 우산을 가지고 가렴.
    나 : 알겠어요.
(5) 가 : 자야 씨한테 요즘 안 좋은 일이 있**는 듯해요.**
    나 : 그러게요. 아무래도 남자친구와 헤어**진 듯해요.**

자세히
알아
봅시다

		동사	형용사	명사 + 이다
과거		가다 → **간 듯하다**	*	*
		먹다 → 먹**은 듯하다**		
현재		가다 → 가**는 듯하다**	크다 → **큰 듯하다**	학교 → 학교**인 듯하다**
		먹다 → 먹**는 듯하다**	많다 → 많**은 듯하다**	집 → 집**인 듯하다**
미래		가다 → **갈 듯하다**	*	*
		먹다 → 먹**을 듯하다**		

1 '–(으)ㄴ/는/(으)ㄹ 듯 하다'는 '–(으)ㄴ/는/(으)ㄹ 것 같다'와 바꿔 사용할 수 있다.

   예 요즘 왕홍 씨가 열심히 공부하**는 듯해요.**
      = 요즘 왕홍 씨가 열심히 공부하**는 것 같아요.**

   아무래도 비가 **올 듯하니까** 우산을 가지고 가세요.
   = 아무래도 비가 **올 것 같으니까** 우산을 가지고 가세요.

2 '–(으)ㄴ/는/(으)ㄹ 듯하다'는 '–(으)ㄴ/는/(으)ㄹ 듯싶다'로도 바꿔 사용할 수 있다.

   예 김 선생님은 결혼**한 듯합니다.**
      = 김 선생님은 결혼**한 듯싶습니다.**

   왕홍 씨와 히로미 씨가 자주 만나**는 듯해요.**
   = 왕홍 씨와 히로미 씨가 자주 만나**는 듯싶어요.**

연습문제 e x e r c i s e

01 보기 와 표현을 선택하여 '-(으)ㄴ/는/(으)ㄹ 듯하다'를 사용하여 문장을 완성하십시오.

| 보기 | 비가 오다 | 아프다 | 두 사람이 사귀다 |
| | 집에 없다 | 감기에 걸리다 | |

(1) 명수 씨와 지희 씨가 자주 만나는 걸 보니까 _____.

(2) 왕홍 씨에게 전화를 했는데 안 받는 걸 보니까 _____.

(3) 현우 씨가 아침부터 땀을 많이 흘리는 걸 보니까 _____.

(4) 히로미 씨가 계속 기침을 하는 걸 보니까 _____.

(5) 아침에 땅이 젖은 걸 보니까 어젯밤에 _____.

02 보기 와 같이 '-(으)ㄴ/는/(으)ㄹ 듯 하다'를 사용하여 대화를 완성하십시오.

| 보기 | 가 : 자야 씨한테 요즘 안 좋은 일이 있는 듯해요. |
| | 나 : 그러게요. 아무래도 남자친구와 헤어진 듯해요. |

(1) 가 : 히로미 씨, 이 치마가 저한테 맞을까요?

　　나 : 글세요. 조금 _____. 조금 큰 사이즈로 입어 보는 게 어때요?

(2) 가 : 왕홍 씨는 한국어 공부가 끝나면 뭐 한대요?

　　나 : 글쎄요. 더 공부하고 싶다고 했으니까 _____.

(3) 가 : 오늘 자야 씨가 학교에 안 왔어요?

　　나 : 네. 어제 감기 기운이 조금 있더니 아무래도 _____.

(4) 가 : 탕홍 씨는 아직 학교 앞에 사나요?

　　나 : 확실히 잘 모르겠지만 아직 _____.

–거든요

의미

앞에서 말한 내용이나 상대방의 질문에 대한 이유를 말하거나 자신의 생각 등을 더해서 말할 때 쓴다.

- 가 : 히로미 씨는 왜 현우 씨를 좋아해요?
  나 : 키도 크고 자상하**거든요**.

예문

(1) 안 맵게 해주세요. 매운 음식을 못 먹**거든요**.
(2) 다음 주에 만나면 안 될까요? 이번 주는 일이 많**거든요**.
(3) 저는 이 드라마를 좋아해요. 제가 좋아하는 배우가 나오**거든요**.
(4) 가 : 스티브 씨, 피곤해 보여요.
   나 : 네, 어제 밤늦게까지 일하느라고 잠을 못 잤**거든요**.
(5) 가 : 히로미 씨, 요즘 살이 많이 빠졌네요.
   나 : 네, 요즘 다이어트를 하**거든요**.

자세히 알아 봅시다

	동사	형용사	명사 + 이다
–거든요	가다 → 가**거든요**	크다 → 크**거든요**	학교 → 학교**거든요**
	먹다 → 먹**거든요**	많다 → 많**거든요**	집 → 집**이거든요**

1 '–거든요'는 대화에서 자주 사용되며, 듣는 사람이 **모르는 정보**를 말할 때 사용한다.

  예 가 : 김치를 안 먹어요?
   나 : 네, 저는 매운 음식을 못 먹거든요.
      ('가'는 '나'가 매운 음식을 못 먹는지 모른다.)

2 '–거든요'는 어떤 화제를 제시할 때도 사용된다. 이때는 듣는 사람에게 정보를 알려주며, 먼저 이야기를 시작할 때 사용한다.

  예 가 : 어제 명동에 갔**거든요**.
   나 : 그래요?
   가 : 그런데 유명한 가수 사인회를 하더라고요.

연습문제 e x e r c i s e

01 보기 와 같이 '-거든요'를 사용하여 대화를 완성하십시오.

> 보기
> 가 : 히로미 씨는 왜 그 사람을 좋아해요?
> 나 : <u>키도 크고 잘 생겼거든요</u>.

(1) 가 : 왜 학교에 가다가 집에 다시 왔어요?

　　나 : _____.

(2) 가 : 이번 방학 때 어디로 여행을 갈까요?

　　나 : 경주로 가는 게 어때요? _____.

(3) 가 : 왕홍 씨, 오늘 왜 이렇게 일찍 학교에 왔어요?

　　나 : _____.

(4) 가 : 명수 씨, 왜 여자 친구와 헤어졌어요?

　　나 : _____.

02 다음 보기 와 같이 '-거든요'를 사용하여 문장을 완성하십시오.

> 보기　저는 한국 배우 중에서 현빈 씨를 좋아해요. <u>자상하고 잘 생겼거든요</u>.

(1) 요즘 선풍기가 잘 팔려요. _____.

(2) 요즘 '연가'라는 영화가 인기가 많아요. _____.

(3) 저 가게는 항상 손님이 많아요. _____.

(4) 어젯밤에 잠을 못 잤어요. _____.

TOPIK 실전문제 actual test

01~05 다음 ( )에 알맞은 말을 고르십시오.

01

> 가 : 왕홍 씨, 벌써 집에 갔어요?
> 나 : 글쎄요. 가방이 있는 걸 보니까 안 ( ).

① 갔나 봐요
② 갔을 만해요
③ 갔기는 해요
④ 갔으면 돼요

02

> 가 : 저 식당이 그렇게 맛있다면서요?
> 나 : 값이 비싸지만 ( ).

① 맛있으면 돼요
② 맛있기는 해요
③ 맛있을 만해요
④ 맛있는 셈이에요

03

> 가 : 김 선생님은 결혼하셨나요?
> 나 : 글쎄요. 결혼반지를 낀 걸 보니까 ( ) 해요.

① 결혼한 척
② 결혼한 듯
③ 결혼한 셈
④ 결혼한 법

04

> 가 : 아침에 본 신문 어디에 있어?
> 나 : 테이블 위에 ( ) 있잖아.

① 놓여
② 놓고
③ 놓곤
④ 놓아

05

> 가 : 현우 씨가 여자한테 인기가 많던데요.
> 나 : 옷도 잘 입는 데다가 여자한테 ( ).

① 자상하기는요
② 자상하거든요
③ 자상하지도 몰라요
④ 자상하기 마련이에요

06~08 다음 밑줄 친 부분이 맞는 것을 고르십시오.

06 ① 이 음식을 먹었는데 <u>짰나 봐요</u>.
　　② 요즘에는 밥을 많이 <u>먹어 있는</u> 편이에요.
　　③ 날이 더울 때는 에어컨을 자주 <u>켜는 셈이에요</u>.
　　④ 그 사람을 좋아 <u>하기는 하지만</u> 고백을 못하겠어요.

07 ① 여름이 되면 바다로 <u>가곤 할 거예요</u>.
　　② 영업시간이 끝나서 문이 <u>닫아 있었어요</u>.
　　③ 공부를 안 했더니 시험에 <u>떨어지고 말겠어요</u>.
　　④ 도서관에 가는 걸 보니 열심히 공부를 <u>하는 듯해요</u>.

08 ① 아무래도 비가 <u>올 듯하니까</u> 비가 내리네요.
　　② 그 사람을 <u>좋아하는 척하지만</u> 정말 좋아했다.
　　③ 매운 음식을 <u>먹기는 하지만</u> 좋아하지는 않아요.
　　④ 전 어렸을 때 요리를 <u>좋아하더니</u> 요리사가 됐어요.

09~12 다음 밑줄 친 부분과 바꿔 사용할 수 있는 말을 고르십시오.

09

> 가 : 왕홍 씨, 지금 뭐 해요? 조금 전에 집에 들어 온 것 같은데.
> 나 : 방에 들어가서 안 나오는 거 보니까 <u>게임하는 모양이지요</u>.

① 게임할 만하지요　　　　　　② 게임하나 보지요
③ 게임하고 하지요　　　　　　④ 게임하는 척하지요

10

> 가 : 아무래도 요즘 현우 씨에게 안 좋은 일이 <u>있는 듯해요</u>.
> 나 : 얼마 전에 여자 친구와 헤어졌대요.

① 있으면 돼요　　　　　　　　② 있을 뻔해요
③ 있는 것 같아요　　　　　　　④ 있는 게 마련이에요

11

> 가 : 지희 씨, 왜 안 먹어요?
>
> 나 : 모르셨군요. 제가 매운 음식을 못 <u>먹어서요</u>.

① 먹거든요   ② 먹잖아요

③ 먹기는요   ④ 먹더라고요

12

> 가 : 탕홍 씨가 요즘 많이 <u>바쁜가 봐요</u>. 수업을 마치자마자 가네요.
>
> 나 : 다음 학기 학비 때문에 아르바이트를 한대요.

① 바쁠 거예요   ② 바쁜 체해요

③ 바쁜 것 같아요   ④ 바쁜 편이에요

−밖에

의미 다른 선택이나 가능성이 없고 선택할 수 있는 것이나 가능성이 오직 이것뿐일 때 사용한다.

> ■ 가 : 자야 씨 반에는 남학생들이 많이 있나요?
> 나 : 많이 있기는요. 모두 여학생**밖에** 없어요.

예문
(1) 내가 갔을 때는 세 명**밖에** 남아 있지 않았다.
(2) 내가 사랑하는 사람은 당신**밖에** 없습니다.
(3) 왕훙 씨는 노는 것**밖에** 모른다.
(4) 가 : 탕훙 씨, 무슨 음료수 마실래요?
　　나 : 괜찮아요. 저는 물**밖에** 안 마셔요.
(5) 가 : 명수 씨, 어제 모임에 사람들이 많이 왔나요?
　　나 : 아니요, 저를 포함해서 다섯 명**밖에** 안 왔어요.

−밖에	명사
	학교 → 학교**밖에**
	집 → 집**밖에**

① '−밖에'는 항상 뒤에 '안, −지 않다, 못' 등과 같이 부정문이 온다.

> 예 여학생밖에 **없어요.**
> 물밖에 **안** 마셔요.

> ☞ 뒤에 긍정문이 올 때에는 '−밖에'가 아니라 '−만'을 쓴다.

> 예 여학생**만** 있어요.
> 물**만** 마셔요.

② '−밖에'가 동사와 같이 사용하여 '−(으)ㄹ 수밖에 없다'가 되면 '동사−아/어야 하다'와 같은 의미로 바꿔 사용할 수 있다.

> 예 내일 모임에는 반드시 **갈 수밖에 없어요.**
> = 내일 모임에는 반드시 **가야 해요.**

③ '−밖에'가 형용사와 같이 사용하여 '−(으)ㄹ 수밖에 없다'가 되면 '형용사−(으)ㄴ 것이 당연하다'와 같은 의미로 바꿔 사용할 수 있다.

> 예 주말에는 사람이 많**을 수밖에 없어요.**
> = 주말에는 사람이 많**은 것이 당연해요.**

연습문제 exercise

01 '-밖에'와 다음 보기 의 표현을 선택하여 문장을 완성하십시오.

보기	비행기 표가 비싸지다	택시를 타다	눈이 나빠지다
	밥을 사 먹다	우등생이다	

(1) 약속시간에 늦어서 _____.

(2) 휴가철에는 해외여행을 하는 사람이 많으니까 _____.

(3) 혼자 밖에서 생활하다 보니까 _____.

(4) 자야 씨는 매일 도서관에서 공부하니까 _____.

(5) 오랜 시간동안 어두운 곳에서 컴퓨터를 하다 보면 _____.

02 다음 문장을 읽고 맞는 것에 ○를 하십시오.

(1) 음식이 조금(만 / 밖에) 안 남았다.

(2) 그 상황에서는 그렇게(만 / 밖에) 할 수 없었어요.

(3) 저는 저녁에는 조금(만 / 밖에) 먹어요.

(4) 세일이라서 이 상품(만/ 밖에) 없어요.

(5) 죄송한데 저는 오늘(만 / 밖에) 시간이 없어요.

–(이)나마

의미 아주 마음에 들지는 않지만 현재 상황에서는 아쉬운 대로 선택해야 할 때 쓴다.

> ■ 가 : 우산이 없어서 집에 어떻게 가야할지 걱정이에요.
>   나 : 창고에 낡은 우산**이나마** 있어서 다행이에요. 나중에 같이 쓰고 가요.

예문

(1) 너무 배고파서 그런데 찬밥**이나마** 있으면 주세요.

(2) 남은 시간**이나마** 열심히 공부합시다.

(3) 그의 전화를 받고 조금**이나마** 위로가 되었다.

(4) 가 : 현우 씨, 어제 푹 쉬었어요?
    나 : 네. 하루**나마** 쉬니까 피곤이 풀리는 것 같아요.

(5) 가 : 이렇게 전화로**나마** 목소리를 들으니까 마음이 편해지는 것 같구나.
    나 : 앞으로 자주 전화할게요.

자세히
알아
봅시다

–이나마	명사
	학교 → 학교**나마**
	시간 → 시간**이나마**

1 '–이나마'는 '잠시, 조금, 잠깐' 등과 같이 사용하여 '잠시나마, 조금이나마, 잠깐이나마'와 같은 형태로 자주 사용된다.

> 예 피곤한데 **잠깐이나마** 자는 게 어때요?
>   **조금이나마** 남아 있어서 다행이에요.
>   **잠시나마** 같이 지낼 수 있어서 즐거웠습니다.

2 '–이나마'는 '–이라도'가 **선택의 의미일 때** 바꿔 쓸 수 있다

> 예 낡은 우산**이나마** 쓰고 갑시다.
>   = 낡은 우산**이라도** 쓰고 갑시다.

> ☞ '–이라도'는 **양보의 의미가 될 때**는 바꿔 사용할 수 없다.

> 예 어른이라도 그 일은 하는 것은 무리이다. (○)
>   어른이나마 그 일은 하는 것은 무리이다. (×)

3 '–이나마'는 '–에서' 등의 조사나 부사어 뒤에 쓰기도 한다.

> 예 그곳**에서나마** 편히 쉴 수 있으면 좋겠습니다.
>   **이렇게나마** 얼굴을 볼 수 있어서 다행입니다.

01 보기 와 같이 대화를 완성하십시오.

> 보기
>
> 가 : 우산이 없어서 집에 어떻게 가야할지 걱정이에요.
> 나 : 창고에 <u>낡은 우산이나마</u> 있어서 다행이에요.

(1) 가 : 엄마, 배고파서 그런데 뭐 먹을 거 없나요?

　　나 : 어떻게 하지? 지금 남은 거라고는 찬밥밖에 없는데. ＿＿＿＿＿＿＿＿＿＿ 먹을래?

(2) 가 : 어제 잠을 못 자서 그런지 너무 피곤하네요.

　　나 : 아직 회의시간이 남았으니까 ＿＿＿＿＿＿＿＿＿＿ 자도록 하세요.

(3) 가 : 조금 있으면 여름인데 에어컨 한 대 있었으면 좋겠다.

　　나 : 나는 에어컨은 바라지도 않아. ＿＿＿＿＿＿＿＿＿＿ 있었으면 좋겠다.

02 다음 중 맞는 것에 ○를 하십시오. 두 개 모두 맞으면 두 개에 ○를 하십시오.

(1) 남은 시간(이나마 / 이라도) 열심히 합시다.

(2) 어른(이나마 / 이라도) 그 일을 하는 건 무리이다.

(3) 낡은 것(이나마 / 이라도) 없는 것보다 낫다.

(4) 죽(이나마 / 이라도) 먹으니까 살 것 같다.

(5) 한 사람(이나마 / 이라도) 남아 있어서 다행이다.

TOPIK 실전문제 actual test

01~02 다음 ( )에 알맞은 말을 고르십시오.

01

> 가 : 이번에도 명수 씨가 일등을 했다면서요?
> 나 : 매일 도서관에서 공부하니 일등을 ( ) 없어요.

① 할 수밖에   ② 하려다가

③ 하다시피   ④ 하는 대신에

02

> 가 : 요즘 집값이 비싸서 집을 사기가 어렵네.
> 나 : 나는 작은 집( ) 있어서 다행인걸.

① 은커녕   ② 에다가

③ 이나마   ④ 이야말로

03~04 다음 밑줄 친 부분이 맞는 것을 고르십시오.

03 ① <u>이렇게나마</u> 얼굴을 볼 수 있어서 다행입니다.

② 이번에 <u>장학금마저</u> 받을 수 있어서 기쁩니다.

③ <u>전화에다가</u> 당신과 이야기할 수 있어서 행복해요.

④ 요즘 젊은 <u>사람들치고</u> 스마트폰이 없는 사람이 있더라고요.

04 ① <u>너라도</u> 나를 떠날 줄 몰랐다.

② <u>오늘은커녕</u> 어제도 참석했는걸요.

③ <u>아무나든지</u> 신청만 하시면 됩니다.

④ 이 일을 할 사람은 <u>당신밖에</u> 없습니다.

05~06 다음 밑줄 친 부분과 바꿔 사용할 수 있는 말을 고르십시오.

05

> 가 : 어제 올림픽 경기 보느라고 늦게 잤더니 계속 졸리네.
>
> 나 : 그러지 말고 아직 수업 시간이 남았으니까 잠시라도 자는 게 어때?

① 조차   ② 마저

③ 치고   ④ 나마

06

> 가 : 어제 해운대에 갔는데 사람이 너무 많아서 수영도 못하고 왔어요.
>
> 나 : 주말이니까 사람이 많을 수밖에 없어요.

① 많은 것 같아요   ② 많지 않아요.

③ 많으면 돼요   ④ 많은 것이 당연해요

다 된 밥에 재 뿌리기.
  – 잘되어 가던 일을 갑자기 망쳐 실패가 되었을 때 쓰는 말.

닭 쫓던 개 지붕 쳐다보듯 한다.
  – 하려고 애쓰던 일이 실패로 돌아가거나 같이 애를 쓰다가 남에게 뒤떨어져 어찌할 도리가
    없이 민망할 때 이르는 말.

도둑이 제 발 저리다.
  – 죄를 지은 자가 그것이 드러날까 걱정이 되어 너무 두려워 한 나머지 도리어 자기도 알지
    못하는 사이에 그 사실을 나타내게 된다는 뜻.

돌다리도 두드려 보고 건너라.
  – 어떤 행동을 취하기 전에는 모든 전후 상황을 고려하라는 뜻.

등잔 밑이 어둡다.
  – 등잔 밑이 어두운 것처럼 오히려 너무 가까운 곳에서 생긴 일을 상당히 먼 곳에서 벌어진
    일 보다 잘 모른다는 뜻.

떡 줄 사람은 생각도 않는데 김칫국부터 마신다.
  – 해줄 사람은 생각치도 않는데 일이 다 된 것처럼 여기고 미리부터 기대한다는 뜻.

똥 묻은 개가 겨 묻은 개 나무란다.
  – 자신의 처지도 모르고 남을 핀잔줄 때를 두고 하는 말.

모난 돌이 정 맞는다.
  – 말과 행동에 모가 나면 미움을 받는다는 뜻.

모르면 약 아는 게 병.
  – 차라리 아무것도 모르고 있으면 마음이 편하여 좋은데, 좀 알고 있으면 도리어 걱정거리가
    생겨 편치 않다는 말.

목구멍이 포도청.
  – 먹고살기 위하여, 해서는 안 될 짓까지 하지 않을 수 없음을 이르는 말.

PART

3

이것도 알면 고득점.
(저빈도)

-(으)ㄴ/는다면

의미 조건이나 가정을 나타낸다.

- 가 : 이거 내가 다 먹어도 돼요?
  나 : 형이 안 **먹는다면** 네가 다 먹어라.

예문
(1) 지금이라도 공부를 열심히 **한다면** 대학에 갈 수 있을 거예요.
(2) 이번 일이 **없었다면** 그 사람과 저의 관계는 계속 좋았을 거예요.
(3) 네가 그 모임에 **간다면** 나도 가겠다.
(4) 가 : 비가 오는데 오늘 우리가 소풍을 갈 수 있을까?
  나 : 날씨가 좋아**진다면** 갈 수 있고, 그렇지 **않다면** 못 갈 거 같아.
(5) 가 : 작년 여름보다 이번 여름이 더 더운 것 같아.
  나 : 환경을 보호하지 **않는다면** 내년에는 더 더울거야.

자세히
알아
봅시다

	동사	형용사	명사 + 이다
과거	가다 → **갔다면**	예쁘다 → 예**뻤다면**	여자**였다면**
	먹다 → 먹**었다면**	작다 → 작**았다면**	학생**이었다면**
현재	가다 → **간다면**	예쁘다 → 예쁘**다면**	여자**라면**
	먹다 → 먹**는다면**	작다 → 작**다면**	학생**이라면**
미래	가다 → **갈 거라면**	*	*
	먹다 → 먹**을 거라면**		

1. '-는다면'은 '-(으)면'과도 바꾸어 쓸 수 있는데 '-는다면'이 더 일어날 가능성이 없거나 사실이 아닌 것을 가정한다는 의미가 더 많다.

    예 한국에 간**다면** 제주도로 여행을 갈 거예요.
       = 한국에 **가면** 제주도로 여행을 갈 거예요.

2. '-는다면'은 '만약(에), 만일(에)' 등과 함께 많이 사용한다.

    예 **만약에** 한국에 간다면 제주도로 여행을 갈 거예요.
       만일 복권에 당첨된다면 세계 여행을 할 거예요.

연습문제 exercise

01 보기 와 같이 '-는다면'를 사용하여 문장을 완성하십시오.

> 보기 내가 대통령이 <u>된다면</u> 이렇게 정치를 하지 않을 거야. (되다)

(1) 내가 너만큼 키가 _____. (크다)

(2) 그 사람이 정말 나의 좋은 _____. (친구)

(3) 내가 나중에 부자가 _____. (되다)

(4) 내가 _____. (너)

02 보기 와 같이 대화를 완성하십시오.

> 보기 가 : 이거 내가 다 먹어도 돼요?
> 나 : 형이 안 **먹는다면** 네가 다 먹어라.

(1) 가 : 나는 왜 여자 친구를 잘 못 사귀지?

　　나 : 내가 너만큼 _____ 여자 친구를 많이 사귀었을 거야.

(2) 가 : 오늘 파티에 너도 갈 거야?

　　나 : 네가 _____ 나도 갈게

(3) 가 : 비가 많이 오는데 내일 제주도에 갈 수 있을까?

　　나 : 글쎄, 내일 비가 지금처럼 많이 _____ 못 갈 거 같아.

(4) 가 : 나중에 결혼할 때 어떤 사람과 결혼하고 싶어?

　　나 : _____ 누구든지 좋아.

–(으)ㄴ 나머지

의미 어떤 일의 결과를 나타낸다. 주로 부정적인 결과가 나타난다.

- 가 : 왜 병원에 입원을 하게 되었어요?

    나 : 요즘 너무 과로를 **한 나머지** 쓰러졌거든요.

예문

(1) 나는 너무 당황**한 나머지** 물을 쏟고 말았다.

(2) 그 사람은 너무 가난**한 나머지** 다른 사람의 물건을 훔치고 말았다.

(3) 민호는 공부를 너무 열심히 **한 나머지** 코피가 나고 말았다.

(4) 일에 너무 집중을 **한 나머지** 약속을 잊어버렸다.

(5) 가 : 너 왜 소화제 먹어? 속이 안 좋아?

    나 : 아까 배가 너무 고**픈 나머지** 정신없이 밥을 먹었거든.

자세히 알아 봅시다

	동사	형용사	명사 + 이다
–(으)ㄴ 나머지	가다 → **간 나머지**	예쁘다 → 예**쁜 나머지**	여자**인 나머지**
	먹다 → 먹**은 나머지**	작다 → 작**은 나머지**	학생**인 나머지**

1️⃣ '–(으)ㄴ 나머지'는 '–(으)ㄴ 결과'와 비슷한 의미로 사용할 수 있다.

- 예 민호는 공부를 너무 열심히 **한 나머지** 코피가 나고 말았다.

    = 민호는 공부를 너무 열심히 **한 결과** 코피가 나고 말았다.

- ☞ 하지만 '–(으)ㄴ 결과'는 긍정적, 부정적인 경우에 모두 사용할 수 있는 반면에 '–(으)ㄴ 나머지'는 부정적인 결과에만 사용할 수 있다.

- 예 열심히 공부한 결과 시험에 합격했다. (○)

    열심히 공부한 나머지 시험에 합격했다. (×)

2️⃣ '–(으)ㄴ 나머지'는 '–는 바람에'와 바꿔 사용할 수 있다.

- 예 일에 너무 집중을 **한 나머지** 약속을 잊어버렸다.

    = 일에 너무 집중을 **하는 바람에** 약속을 잊어버렸다.

연습문제 exercise

01 보기 와 같이 '-(으)ㄴ 나머지'를 사용하여 두 문장을 연결해 보십시오.

> 보기
> 요즘 옷을 너무 많이 샀다 / 생활비까지 다 쓰고 말았다.
> → 요즘 옷을 너무 많이 산 나머지 생활비까지 다 쓰고 말았다.

(1) 며칠 밤을 새다 / 쓰러지고 말았다.

→ _____ .

(2) 너무 당황하다 / 사람들 앞에서 울어 버리고 말았다.

→ _____ .

(3) 다른 일에 너무 집중하다 / 수업을 잊어버리고 말았다.

→ _____ .

(4) 내 동생은 너무 미래만을 생각하다 / 현실을 파악하지 못 하다

→ _____ .

02 보기 와 같이 대화를 완성하십시오.

> 보기
> 가 : 왜 병원에 입원을 하게 되었어요?
> 나 : 요즘 너무 과로한 나머지 쓰러졌거든요. (과로하다)

(1) 가 : 왜 그 사람은 감옥에 가게 되었어요?

나 : 너무 _____ 돈을 훔치다가 경찰에게 잡혔대요. (가난하다)

(2) 가 : 민호 씨는 왜 아내와 이혼했어요?

나 : 민호 씨가 너무 개를 _____ 아내와 이혼하게 되었대요. (사랑하다)

(3) 가 : 옷이 왜 이렇게 젖었어요?

나 : 소개팅하는 사람 앞에서 너무 _____ 물을 쏟았거든요. (긴장하다)

(4) 가 : 우리 약속이 3시인데 왜 안 와요?

나 : 죄송해요. 책에 너무 _____ 시간가는 줄 몰랐어요. (집중하다)

-고도

의미 앞 문장과 상반되거나 기대한 결과와 다를 때 사용한다.

- 가 : 민호 씨가 나에게 화가 난 것 같아요.

  나 : 무슨 일이 있었어요?

  가 : 어제 나를 보**고도** 못 본 척 하고 지나가더라고요.

예문 (1) 지희 씨는 잘못을 하**고도** 사과를 하지 않는다.

(2) 공부를 열심히 하**고도** 나쁜 결과를 받았다.

(3) 아이가 과자를 먹**고도** 또 사달라고 조른다.

(4) 가 : 요즘 차 사고가 많이 나는 것 같아요.

  나 : 맞아요. 사람들이 신호등을 보**고도** 그냥 지나가서 그래요.

(5) 가 : 너는 이렇게 웃긴 영화를 보**고도** 웃지도 않네.

  나 : 난 별로 웃긴 영화라고 생각하지 않아.

자세히 알아 봅시다

	동사
-고도	가다 → 가**고도**
	먹다 → 먹**고도**

① '-고도'는 과거나 미래와 같이 사용하지 않는다.

  예 그 사람은 여자 친구와 헤어지고도 슬퍼하지 않았다. (○)

  그 사람은 여자 친구와 **헤어졌고도** 슬퍼하지 않았다. (×)

  지희 씨는 잘못을 하고도 사과를 하지 않을 것이다. (○)

  지희 씨는 잘못을 **하겠고도** 사과를 하지 않을 것이다. (×)

연습문제 exercise

01 '–고도'와 [보기] 의 단어를 사용하여 문장을 완성하십시오.

보기	당하다	졸업하다	먹다	벌다	보다

(1) 요즘은 대학을 _____ 취직하는 것이 어렵다.

(2) 우리 아이가 조금 전에 아이스크림을 _____ 또 사달라고 한다.

(3) 민호는 돈을 많이 _____ 항상 부족하다고 한다.

(4) 그 사람은 한 번 부주의로 교통사고를 _____ 조심하지 않는다.

(5) 지희는 선생님을 _____ 인사하지 않고 그냥 지나갔다.

02 다음을 알맞게 연결하고 '–고도'를 사용하여 문장을 만드십시오.

(1) 그 남자는 그 여자에게 여러 번 거절당하다 ·   · 숙제를 하지 않다.

(2) 내 남편은 금방 아침밥을 먹다 ·   · 배가 고프다고 한다.

(3) 숙제를 알다 ·   · 또 다시 데이트를 신청했다.

(4) 약속을 지키지 않다 ·   · 미안해하지 않다.

(1) _____

(2) _____

(3) _____

(4) _____

–게

의미 뒤에 나오는 행동에 대한 목적을 나타낸다.

- 가 : 선생님, 글자가 잘 안 보여요.
  나 : 그래요? 그럼 모든 학생이 잘 보이**게** 다시 쓸게요.

예문 (1) 학생들이 공부에 집중할 수 있**게** 조용히 해 주세요.

(2) 살이 찌지 않**게** 조금만 드세요.

(3) 지희 씨가 일을 빨리 끝낼 수 있**게** 도와줍시다.

(4) 가 : 지희 씨가 아직도 안 일어나고 있네요.
  나 : 지각하지 않**게** 빨리 깨우세요.

(5) 가 : 구름이 많은 것을 보니 오후에 비가 올 것 같아요.
  나 : 비를 맞지 않**게** 우산을 가지고 가세요.

	동사	형용사
–게	가다 → 가**게**	예쁘다 → 예쁘**게**
	먹다 → 먹**게**	작다 → 작**게**

1️⃣ 목적의 의미 '–게'는 큰 의미의 차이가 없이 '–도록', '–게끔'과 바꾸어 쓸 수 있다.

  예 뒤에도 다 들을 수 있**게** 큰 소리로 말해 주세요.
    = 뒤에도 다 들을 수 있**도록** 큰 소리로 말해 주세요.
    = 뒤에도 다 들을 수 있**게끔** 큰 소리로 말해 주세요.

2️⃣ '–게'가 형용사와 같이 사용될 경우 정도의 뜻을 나타내기도 한다.

  예 누나는 머리를 **길게** 길렀다.
    맵게 해 주세요.

연습문제 exercise

01 두 문장을 연결하고 '-게'를 사용하여 문장을 완성하십시오.

(1) 영화를 잘 볼 수 있다 · · 도와줄래요?

(2) 사고가 나지 않다 · · 앞자리에 가서 앉읍시다.

(3) 나이가 들어서도 음식을 잘 먹을 수 있다 · · 조심해서 운전하세요.

(4) 일을 빨리 끝내다 · · 이를 잘 관리하세요.

(1) 영화를 잘 볼 수 있게 앞자리에 가서 앉읍시다.

(2) _____

(3) _____

(4) _____

02 다음 대화를 보기 와 같이 '-게'를 사용하여 완성하십시오.

> 보기
> 가 : 지희가 아직도 안 일어나고 있네요.
> 나 : 지각하지 않게 빨리 깨우세요.

(1) 가 : 오늘 날씨가 너무 춥네요.

　　나 : _____ 옷을 많이 입으세요.

(2) 가 : 아빠, 구급차가 우리 뒤에 오고 있어.

　　나 : 그럼 구급차가 _____ 우리가 비켜야 되겠구나.

(3) 가 : 오늘 햇빛이 너무 강하네요.

　　나 : 눈이 _____ 선글라스를 끼세요.

(4) 가 : 기숙사가 불편해서 학생들의 불만이 많아요.

　　나 : 학생들이 _____ 다시 고쳐야 할 것 같아요.

–(으)면서(도)

의미 앞 문장과 상반되는 내용이 뒤 문장에 나올 때 사용한다.

- 가 : 그 가게의 물건은 어때요?

  나 : 질도 별로 좋지 않**으면서(도)** 값은 아주 비싸요.

예문 (1) 민호 씨는 자신은 일하지 않**으면서** 다른 사람들에게 일을 많이 시킨다.

(2) 지희는 이번 일에 자신의 잘못을 알**면서도** 끝까지 모른 척했다.

(3) 친구는 살을 뺀다고 말하**면서** 계속 먹는다.

(4) 가 : 히로미 씨는 이번 일을 같이 하기로 했어요?

  나 : 마음에 들어 하지 않**으면서도** 같이 하기로 했대요.

(5) 가 : 야! 너도 청소 좀 해.

  나 : 너도 안하**면서** 왜 나한테만 하라고 해?

자세히 알아 봅시다

	동사	형용사	명사 + 이다
과거	가다 → 갔**으면서도**	*	*
	먹다 → 먹**었으면서도**		
현재	가다 → 가**면서도**	예쁘다 → 예쁘**면서도**	여자 → 여자**면서도**
	먹다 → 먹**으면서도**	작다 → 작**으면서도**	학생 → 학생**이면서도**
미래	가다 → 갈 **거면서도**	*	*
	먹다 → 먹을 **거면서도**		

① 앞, 뒤의 문장의 주어는 반드시 같아야 한다.

  예 지희는 이번 일에 자신의 잘못을 알면서도 지희는 끝까지 모른 척 했다. (○)

  지희는 이번 일에 자신의 잘못을 알면서도 **나는** 끝까지 모른 척 했다. (×)

연습문제 exercise

01 다음의 보기 에서 알맞은 것을 골라서 문장을 완성하십시오.

보기 하다   좋아하다   미안해하다   가다

(1) 히로미는 그 남자를 _____ 싫어하는 척 한다.

(2) 너도 숙제를 안 _____ 왜 나한테만 하라고 하니?

(3) 그 사람은 마음속으로는 _____ 사과하지 않는다.

(4) 현우 씨는 미국에 공부하러 _____ 영어 공부를 하지 않는다.

02 다음 문장 맞는 것은 ○를, 틀린 것은 ×를 하십시오.

(1) 민호 씨는 그 사람을 알면서도 나는 모른 척 했다. (   )

(2) 지희는 밥을 안 먹었으면서도 먹은 척했다. (   )

(3) 동생은 내일 여행을 갈 거면서도 나는 여행 준비를 안 하고 있다. (   )

(4) 나는 친구를 봤으면서도 인사를 안 했다. (   )

(5) 스티브 씨는 담배가 건강에 나쁜 줄 알면서도 형은 끊지 못한다. (   )

(6) 왕홍은 푹 쉬었으면서도 계속 졸린다고 한다. (   )

-는 한

| 의미 | 뒤 문장의 결과에 대한 가정이나 조건을 나타낸다. |

■ 가 : 연세도 많으신데 운동을 계속하시네요.
　 나 : 건강이 허락하**는 한** 계속 운동을 할 거예요.

| 예문 |

(1) 내가 살아있**는 한** 너희들의 결혼을 허락할 수 없다.
(2) 내가 이 회사에 근무하**는 한** 그 사람은 들어올 수 없다.
(3) 네가 날 떠나지 않**는 한** 우리는 영원히 행복할 거야.
(4) 가 : 나는 이번 모임에 안 가고 싶어.
　 나 : 네가 가지 않**는 한** 우리도 안 갈 거야.
(5) 가 : 제가 이번에 장학금을 받을 수 있을까요?
　 나 : 기말고사에서 모두 A학점을 받지 않**는 한** 이번 장학금은 못 받을 거 같아.

자세히
알아
봅시다

	동사
-는 한	가다 → 가**는 한**
	먹다 → 먹**는 한**

[1] '-는 한'은 관용적 표현에도 사용한다. '될 수 있는 한(가능한 한)', '관한 한' 등으로 쓰인다.

예　**될 수 있는 한** 오늘 모임에 참석하도록 하세요.
　 = **가능한 한** 오늘 모임에 참석하도록 하세요.
　 이 이론에 **관한 한** 김 선생님을 따라갈 사람이 없다.

연습문제 exercise

01 보기 에서 선택하여 '-는 한'을 사용해서 문장을 완성하십시오.

보기
^ 옛날 남자친구가 그 모임에 있다.
^ 내 남편이 옆에 있다.
^ 내가 학생들을 가르치다.
^ 엄마가 결혼을 허락하지 않다.

(1) _____ 나는 그 모임에 가지 않을 것이다.

(2) _____ '학생 중심의 수업을 하자'는 나의 규칙은 꼭 지킬 겁니다.

(3) _____ 나는 외롭지 않아요.

(4) _____ 나는 당신과 결혼할 수 없어요.

02 보기 와 같이 다음 대화를 완성해 보십시오.

보기	가 : 나는 이번 모임에 안 가고 싶어. 나 : 네가 가지 않는 한 우리도 안 갈 거야.

(1) 가 : 아직도 매일 이렇게 운동을 하세요?

　　나 : _____ 저는 계속 운동을 하고 싶어요.

(2) 가 : 한국의 경제에 대해서 어떻게 생각하십니까?

　　나 : _____ 한국 경제는 계속 발전할 것으로 보입니다.

(3) 가 : 우리 이번 방학에 여행 갈 수 있을까?

　　나 : _____ 우리는 여행을 갈 수 없어.

(4) 가 : 우리가 영원히 행복하게 살 수 있겠지?

　　나 : _____ 우리는 행복하게 살 수 있을 거야.

–느니

의미   앞 문장의 상황보다는 뒤의 상황이 더 낫다고 생각할 때 사용한다.

- 가 : 오늘 성적표가 나왔는데 결과가 안 좋아서 아빠한테 못 보여 드리겠어.
  나 : 그렇게 걱정하**느니** 사실대로 말하는 게 낫겠다.

예문

(1) 그런 맛없는 음식을 먹**느니** 안 먹고 말겠다.

(2) 이렇게 힘들게 사**느니** 차라리 죽고 싶다.

(3) 그 남자랑 결혼하**느니** 혼자 살겠다.

(4) 가 : 휴대폰을 수리하는 데 10만원이나 든대.
  나 : 10만 원이나 주고 수리하**느니** 사는 게 낫겠다.

(5) 가 : 생선이 왜 이렇게 비싸지?
  나 : 그 가격이면 생선을 사**느니** 소고기를 사는 것이 좋겠어.

자세히
알아
봅시다

	동사
–느니	가다 → 가**느니**
	먹다 → 먹**느니**

1 '–느니'는 '차라리', '아예' 등과 같이 많이 사용한다.

   예   매일 택시를 타느니 **차라리** 차를 사는 게 낫겠다.
       그 남자랑 결혼하느니 **아예** 혼자 살겠다.

2 '–느니'는 '–(으)ㄹ 바에'와 바꾸어 사용할 수 있다.

   예   이렇게 힘들게 사**느니** 차라리 죽고 싶다.
       = 이렇게 힘들게 **살 바에** 차라리 죽고 싶다.

연습문제 e x e r c i s e

01 다음 선택 1과 선택 2 중에서 어떤 것이 더 마음에 듭니까? '-느니'를 사용하여 문장을 만드십시오.

선택 1	선택 2
(1) 짜장면을 먹다	비빔밥을 먹다
(2) 돈이 많은 남자와 사귀다	성격이 좋은 남자와 사귀다
(3) 매일 택시를 타다	차를 사다
(4) 집에서 빈둥거리다	청소하다

(1) 짜장면을 먹느니 비빔밥을 먹겠다.

(2) _____ .

(3) _____ .

(4) _____ .

02 보기 에서 알맞은 것을 골라 '-느니'를 사용하여 완성하십시오.

보기	결혼하다	수선하다	먹다	걱정하다

(1) 나는 못생긴 사람과 _____ 혼자 사는 것이 낫다고 생각한다.

(2) 이 가방을 _____ 새로 사겠다.

(3) 싫은 사람과 밥을 _____ 안 먹고 말겠다.

(4) 야단을 맞는 게 두려워서 _____ 사실대로 말하고 혼나는 게 낫겠다.

–던지

의미

과거 일을 회상하여 감탄하거나 강조할 때 사용한다.

- 가 : 그 아이가 얼마나 예쁘**던지** 모든 사람이 그 아이만 봤다니까.
  나 : 그 아이가 그렇게 예뻐?

예문

(1) 어찌나 날씨가 덥**던지** 사람들이 한 명도 안 왔어.

(2) 민호가 어찌나 키가 크**던지** 그 많은 사람들 중에서 혼자만 보이더라고요.

(3) 할머니가 그 개를 얼마나 좋아했**던지** 매일 같이 다녔어요.

(4) 가 : 엄마, 어릴 때 나는 어땠어?
  나 : 정말 많이 울었어. 어찌나 많이 울**던지** 어린 네 목이 쉴 정도였어.

(5) 가 : 그 시장 가격이 싸던가요?
  나 : 네, 얼마나 사람이 많**던지** 발 디딜 틈이 없었어요.

자세히
알아
봅시다

	동사	형용사
과거	가다 → 갔**던지**	예쁘다 → 예쁘**던지**
	먹다 → 먹었**던지**	작다 → 작**던지**
현재	가다 → 가**던지**	예쁘다 → 예쁘**던지**
	먹다 → 먹**던지**	작다 → 작**던지**

1 '–던지'는 보통 '어찌나', '얼마나' 등과 같이 사용한다.

　예 그 사람이 **얼마나** 많이 먹던지 옆 사람들이 놀랄 정도였어.

2 '–던지'를 감탄이나 강조할 때는 문장 마지막에 사용하기도 한다.

　예 그 시절은 어찌나 가난하**던지**.

01 다음 에서 알맞은 단어를 골라 '−던지'를 사용하여 문장을 완성하십시오.

| 보기 | 재미있다 | 예쁘다 | 공부를 열심히 하다 | 안 하다 |

(1) 방 청소를 얼마나 _____ 방에 먼지가 쌓였어.

(2) 지희가 옛날에 얼마나 _____ 남자가 줄을 섰었지.

(3) 내 친구가 어찌나 _____ 코피가 날 정도였어.

(4) 그 영화가 얼마나 _____ 금방 매진되었어요.

02 다음 그림을 보고 '−던지'를 사용하여 과거 일을 회상해 보십시오.

(1)

_____ 밖에 데리고 나가기가 무서웠어.

(2)

_____ 많은 남자들이 당신을 쫓아 다녔지.

–(으)ㄹ 바에

의미 최선의 선택은 아니지만 뒤 문장의 상황을 선택할 수밖에 없다는 의미를 나타낸다.

- 가 : 이번 여행을 민호 씨 고향으로 갈까?

  나 : 나는 거기 갔다 왔는데 별로던데. 거기 **갈 바에** 그냥 집에서 쉴래.

예문 (1) 그 음식을 먹**을 바에** 안 먹는 게 낫겠다.

(2) 아무도 모르는 그런 곳에 **갈 바에** 안 가는 것이 좋겠어.

(3) 이런 일로 계속 관계가 나빠**질 바에** 당분간 만나지 말자.

(4) 가 : 요즘 왜 이렇게 음식 재료값이 비싸지?

  나 : 맞아. 그 돈으로 힘들게 요리**할 바에** 시켜서 먹는 게 낫겠다.

(5) 가 : 이 일을 다시 시작하려니까 어디부터 시작해야 할지 모르겠어.

  나 : 그래. 이 일을 다시 시작**할 바에** 다른 일을 하자.

	동사
–(으)ㄹ 바에	가다 → **갈 바에**
	먹다 → 먹**을 바에**

1 '–(으)ㄹ 바에'는 큰 의미의 차이 없이 '–느니'와 바꾸어 사용할 수 있다.

  예 그 음식을 먹**을 바에** 안 먹는 게 낫겠다.

    = 그 음식을 먹**느니** 안 먹는 게 낫겠다.

2 '–(으)ㄹ 바에야'로도 사용할 수 있다.

  예 이 일을 다시 시작**할 바에야** 다른 일을 하자.

연습문제 e x e r c i s e

01 보기 와 같이 '-(으)ㄹ바에'를 사용하여 문장을 완성하십시오.

> 보기   비싼 소고기를 먹다 / 닭고기를 먹다
> → 비싼 소고기를 먹을 바에 닭고기를 먹겠다.

(1) 성격이 나쁜 남자와 결혼하다 / 혼자 살다

→ _____ .

(2) 재료가 신선하지 않은 햄버거를 먹다 / 굶다

→ _____ .

(3) 월급이 많지만 늦게 마치는 회사에서 일하다 / 월급이 적지만 일찍 마치는 회사에서 일하다

→ _____ .

02 다음 대화를 보기 와 같이 완성하십시오.

> 보기   가 : 이번 여행에는 민호 씨 고향으로 갈까?
> 나 : 나는 거기 갔다 왔는데 별로던데. 거기 갈 바에 그냥 집에서 쉴래.

(1) 가 : 휴대폰이 고장 나서 수리센터에 갔더니 수리비가 10만 원이나 한대.

나 : _____ .

(2) 가 : 이 컴퓨터가 저거보다 성능은 좀 떨어지지만 좀 싸대.

나 : _____ .

(3) 가 : 이번 평가는 중간시험을 보거나 보고서를 제출해야 한다고 들었어.

나 : _____ .

(4) 가 : 요즘 정말 생선이 비싸네. 소고기랑 가격이 비슷한 것 같아.

나 : _____ .

–(으)ㄴ 가운데

의미 어떤 상황이 계속되는 것을 나타낸다.

■ 가 : 그 사람은 집중력이 대단한 것 같아.
  나 : 맞아. 그렇게 시끄러**운 가운데(도)** 집중해서 공부를 하더라.

예문 (1) 바**쁜 가운데** 결혼식에 참석해 주셔서 감사합니다.
  (2) 우리 엄마는 집안 살림이 어려**운 가운데도** 사람들을 많이 도우신다.
  (3) 운동선수들이 모두 모**인 가운데** 개회식이 시작되었다.
  (4) 가 : 이번 대회를 성공적으로 마쳤습니다. 축하드립니다.
    나 : 힘**든 가운데** 열심히 도와 준 사람들에게 먼저 감사드립니다.
  (5) 가 : 어떻게 범인이 도망을 갔습니까?
    나 : 사람들이 정신이 없**는 가운데** 몰래 빠져나간 것 같습니다.

	동사	형용사
–(으)ㄴ 가운데	가다 → 가**는 가운데**	바쁘다 → 바**쁜 가운데**
	먹다 → 먹**는 가운데**	어렵다 → 어려**운 가운데**

1 '–(으)ㄴ 가운데'는 뒤에 조사 '–에, 에서, 도, 에서도' 등의 조사가 붙어 그 의미를 강조한다.

예 민호는 바쁜 가운데**도** 남을 잘 돕는다.

연습문제 e x e r c i s e

01 두 문장을 [보기] 와 같이 '-(으)ㄴ 가운데'를 사용하여 연결해 보십시오.

> [보기]
> 운동선수들이 모두 모이다 / 개회식 시작되었다.
> → 운동선수들이 모두 모인 가운데 개회식이 시작되었다.

(1) 시끄럽다 / 공부를 열심히 하다.

→ _____ .

(2) 손자 손녀들이 지켜보다 / 할머니가 숨을 거두셨다.

→ _____ .

(3) 바쁘다 / 찾아 주셔서 감사합니다.

→ _____ .

(4) 비가 오다 / 경기는 계속 진행되었다.

→ _____ .

02 [보기] 와 같이 '-(으)ㄴ 가운데'를 사용하여 문장을 완성하십시오.

> [보기]
> 우리 엄마는 집안 살림이 어려운 가운데도 사람들을 많이 도우신다.

(1) 많은 사람들이 _____ 졸업식이 시작되었다.

(2) 엄마는 몸이 _____ 봉사활동을 쉬지 않았다.

(3) 눈이 _____ 우리는 일정을 취소하지 않고 계속 했다.

(4) 사람들이 _____ 범인이 몰래 빠져나간 것 같습니다.

-(으)ㄴ들

의미

앞 문장에서는 어떤 상황을 가정하고 뒤 문장에서는 그 결과가 생각과 다른 내용일 때 사용한다.

■ 가 : 걱정하지 마세요. 선생님이 오실 거예요.
　 나 : 선생님이 오**신들** 무슨 방법이 있겠습니까?

예문

(1) 열심히 공부**한들** 아무도 인정해 주지 않으면 의미가 있을까?
(2) 내가 아무리 착하게 **산들** 사람들이 모르면 무슨 의미가 있습니까?
(3) 그 아이는 부모님 말씀도 안 듣는데 선생님 말씀**인들** 들을까요?
(4) 가 : 선생님을 부르면 괜찮을까요?
　 나 : 지금 선생님을 부**른들** 무슨 소용이 있겠어요?
(5) 가 : 아마 히로미는 이 문제를 풀 수 있을 거야.
　 나 : 히로미**인들** 이 문제를 풀 수 있을까?

자세히
알아
봅시다

	동사	형용사	명사 + 이다
과거	가다 → **갔던들**	크다 → 컸**던들**	아이 → 아이**였던들**
	먹다 → 먹**었던들**	작다 → 작**았던들**	말씀 → 말씀**이었던들**
현재	가다 → **간들**	크다 → **큰들**	아이 → 아이**인들**
	먹다 → 먹**는들**	작다 → 작**은들**	말씀 → 말씀**인들**

1 '-(으)ㄴ들'은 의미를 강조하기 위해 의문문의 형태로 주로 사용된다.

　예　열심히 공부**한들** 무슨 소용이 **있겠어요?**

2 '-(으)ㄴ들'은 '-아/어도'와 바꿔 사용할 수 있다.

　예　선생님이 오신들 무슨 방법이 있겠습니까?
　　　= 선생님이 오**셔도** 무슨 방법이 있겠습니까?

연습문제 exercise

01 보기 와 같이 '-(으)ㄴ들'을 사용하여 문장을 완성하십시오.

> 보기
>
> 가 : 아들이 시험에 떨어져서 마음이 아프시겠어요.
> 나 : 아이 <u>마음인들</u> 오죽하겠어요?

(1) 가 : 무슨 좋은 방법이 있을까요? 선생님께 물어 볼까요?

   나 : _____ 다른 방법이 있을까요?

(2) 가 : 아이들이 밥을 안 먹어서 큰일이에요. 라면을 먹여 볼까요?

   나 : _____ ?

(3) 가 : 지금 가면 선생님께서 화를 덜 내실 거예요.

   나 : 지금 _____ 화가 풀리시겠어요?

(4) 가 : 아이들을 혼내 주세요.

   나 : 아이들을 _____ 버릇이 고쳐지겠어요?

02 보기 와 같이 '-(으)ㄴ들'을 사용하여 대화를 완성하십시오.

> 보기
>
> 가 : 지금이라도 가서 용서를 구하세요.
> 나 : 지금 <u>간들 용서해 주겠어요?</u>

(1) 가 : 선생님한테 그 문제를 한번 여쭤볼까요?

   나 : 문제가 너무 어려워서 _____.

(2) 가 : 히로미 씨에게 부탁해 봤어요?

   나 : 아니요, 일이 힘들어서 _____ (으)ㄹ 수 있겠어요?

(3) 가 : 아들이 천재라서 좋겠어요.

   나 : 아무리 _____ 노력하지 않으면 성공할 수 없어요.

(3) 가 : 운전면허를 땄어요? 정말 축하해요.

   나 : 운전면허증을 _____ 차가 없으면 무슨 소용이 있겠어요.

–(으)ㄴ/는 셈 치고

의미 앞 문장의 내용을 가정하고 뒤 문장의 행동을 할 때 사용한다.

- 가 : 그 사람한테 또 돈을 빌려 줬어요?
  나 : 네, 불쌍해서 못 받**는 셈 치고** 빌려 줬어요.

예문
(1) 속**는 셈 치고** 믿어 보기로 했다.
(2) 한국어 공부하**는 셈 치고** 아르바이트를 시작했다.
(3) 친구 하나 없**는 셈 치세요.**
(4) 가 : 명수한테 빌려준 책 받았어?
  나 : 아니, 그냥 잃어버**린 셈 치고** 안 받으려고.
(5) 가 : 돈 잃어버린 것이 너무 아까워.
  나 : 그냥 맛있는 것을 사 먹**은 셈 치세요.**

자세히
알아
봅시다

	동사
과거	가다 → 간 **셈 치고**
	먹다 → 먹**은 셈 치고**
현재	가다 → 가**는 셈 치고**
	먹다 → 먹**는 셈 치고**

1️⃣ '–(으)ㄴ/는 셈 치고'를 문장 끝에 사용할 때는 –(으)ㄴ/는 셈 치다'의 형태로 사용할 수 있다.

　예 돈을 잃어버린 것이 아깝겠지만 그냥 맛있는 것을 사 먹**은 셈 치세요.**

2️⃣ '–(으)ㄴ/는 셈치고는'은 보통 가지고 있는 생각과 다른 것을 나타낸다.

　예 공부를 많이 안 한 **셈 치고는** 시험을 잘 봤다.

3️⃣ '–(으)ㄴ/는 셈이다'는 앞 문장과 비슷하다고 느낄 때 사용하지만, '–(으)ㄴ/는 셈 치고'는 앞 문장의 내용을 가정할 때 사용한다.

　예 아르바이트를 하면서 한국어를 많이 배우니까 한국어 공부를 하는 셈이에요.
　　(한국어 공부를 하는 것은 아니지만 한국어 공부를 하는 것과 비슷하다는 뜻)

　　아르바이트를 하는 것이 힘들지만 한국어 공부하는 셈 치려고요.
　　(원해서 아르바이트를 하는 것은 아니지만 한국어 공부를 하는 것으로 가정한다는 뜻)

연습문제 exercise

01 보기 와 같이 '-(으)ㄴ/는 셈 치고', '-(으)ㄴ/는 셈 치다'를 사용하여 대화를 완성하십시오.

> **보기**
> 가 : 케이크를 땅에 떨어뜨렸어요.
> 나 : 어쩔 수 없죠. <u>그냥 먹은 셈 치세요.</u>

(1) 가 : 지갑을 잃어버렸어요.

　 나 : 이제 못 찾아요. 그냥 _____. (기부하다)

(2) 가 : 저 친구를 또 믿어볼 거예요?

　 나 : 네, 그래도 친구니까 _____ 믿어 볼 거예요. (속다)

(3) 가 : 사업에 실패했다면서요?

　 나 : 네, 그냥 _____. (인생 공부를 하다)

(4) 가 : 내일 숙제가 있는 줄 알고 밤새웠어요.

　 나 : 그냥 미리 _____. (공부하다)

02 보기 와 같이 '-(으)ㄴ/는 셈 치고'를 사용하여 문장을 완성하십시오.

> **보기**
> 거짓말을 잘 하지만 <u>한번만 더 속는 셈 치고</u> 믿어 보기로 했다.

(1) 일하는 것이 싫지만 _____ 열심히 했다.

(2) 지갑을 잃어버렸는데 아이스크림을 _____ 잊어버렸다.

(3) 말하기 _____ 아르바이트를 시작하다

(4) 친구에게 저번에 빌려준 돈도 못 받았지만 _____ 한 번 더 빌려주기로 했다.

-(으)ㄴ 덕분에

의미   앞 문장 때문에 뒤 문장에 좋은 일이 생길 때 사용한다.

- 가 : 시험은 잘 봤어요?
  나 : 선생님께서 잘 가르쳐 주**신 덕분에** 잘 봤어요.

예문

(1) 약을 먹**은 덕분에** 건강해졌어요.

(2) 걱정해 주**신 덕분에** 잘 다녀왔어요.

(3) 말씀해 주**신 덕분에** 잘 찾아왔어요.

(4) 가 : 이사는 잘 했어요?
     나 : 친구들 **덕분에** 빨리 했어요.

(5) 가 : 시험장에 늦지 않았어요?
     나 : 엄마가 깨워주**신 덕분에** 늦지 않았어요.

자세히 알아 봅시다

	동사	명사 + 이다
-(으)ㄴ 덕분에	가다 → **간 덕분에**	친구 → 친구**인 덕분에**
	먹다 → 먹**은 덕분에**	선생님 → 선생님**인 덕분에**

1️⃣ '-(으)ㄴ 덕분에'는 명령이나 청유에서 사용할 수 없다.

    예   선생님 덕분에 소풍을 **갑시다.** (×)

2️⃣ '명사 + 인 덕분에'와 '명사 덕분에'는 뜻이 조금 다르다.

    예   그 사람이 의사인 덕분에 (나는) 살 수 있었다.

       (내가 살 수 있었던 이유는 그 사람이 의사이기 때문이다.)

       그 사람이 의사 덕분에 살 수 있었다.

       (그 사람이 살 수 있었던 이유는 의사 때문이다.)

연습문제 exercise

01 다음 보기 와 같이 '-(으)ㄴ 덕분에'를 사용하여 대화를 완성해 보십시오.

> 보기
>
> 가 : 결혼식은 잘 마쳤어요? (많은 손님들)
> 나 : <u>많은 손님들 덕분에</u> 정말 행복했어요.

(1) 가 : 여러분, 졸업을 축하합니다. (잘 가르쳐 주시다)

　　나 : 선생님께서 _____.

(2) 가 : 환자분, 퇴원을 축하합니다. (의사 선생님)

　　나 : _____.

(3) 가 : 회사 면접에 늦지 않았어요? (길이 안 막히다)

　　나 : 네, _____.

(4) 가 : 바다에 빠졌다면서요? (구조대원)

　　나 : 네, 하지만 _____.

02 '-덕분에'를 사용해서 다음 대화를 완성하세요.

> 보기
>
> 가 : 시험은 잘 봤어요?
> 나 : 선생님께서 잘 가르쳐 <u>주신 덕분에</u> 잘 봤어요.

(1) 가 : 한국 여행이 힘들지 않았어요?

　　나 : 친절한 한국 사람들 _____.

(2) 가 : 배를 타면 멀미를 해요?

　　나 : 네, 하지만 배를 타기 전에 약을 _____.

(3) 가 : 탕홍 씨, 이사는 잘 하셨어요?

　　나 : 네, _____ 빨리 마칠 수 있었어요.

(4) 가 : 왕홍 씨, 어제 시험에는 지각하지 않았어요?

　　나 : 네, 어제는 지희 씨가 _____ 지각하지 않았어요.

-(으)ㄴ/는 데도 불구하고

의미 앞 내용의 결과에서 기대할 수 있는 것과 다르거나 반대의 사실이 뒤에 올 때 사용한다.

- 가 : 조금 전에 밥을 먹**었는데도 불구하고** 계속 배가 고프네.
  나 : 아까 그렇게 많이 먹었는데도 배가 고프단 말이야?

예문

(1) 그는 그렇게 아**픈데도 불구하고** 결석을 하지 않았다.

(2) 그는 밤**인데도 불구하고** 검은 선글라스를 끼고 있다.

(3) 두 사람은 가족들이 반대하**는데도 불구하고** 결혼하였다.

(4) 가 : 열심히 공부를 **했는데도 불구하고** 성적이 오르지 않아요.
  나 : 그러면 공부하는 방법을 바꿔 보는 것도 것이 어때요?

(5) 가 : 왜 이렇게 입을 옷이 없는지 모르겠어. 오늘 백화점에 가야겠다. 같이 갈래?
  나 : 넌 그렇게 옷이 많이 있**는데도 불구하고** 또 사려고? 며칠 전에도 샀잖아.

자세히 알아 봅시다

	동사	형용사
과거	가다 → **갔는데도 불구하고**	크다 → **컸는데도 불구하고**
	먹다 → 먹**었는데도 불구하고**	작다 → 작**았는데도 불구하고**
현재	가다 → 가**는데도 불구하고**	크다 → **큰데도 불구하고**
	먹다 → 먹**는데도 불구하고**	작다 → 작**은데도 불구하고**

	명사 + 이다
과거	학교 → 학교**였는데도 불구하고**
	집　 → 집**이었는데도 불구하고**
현재	학교 → 학교**인데도 불구하고**
	집　 → 집**인데도 불구하고**

1️⃣ '-(으)ㄴ/는데도 불구하고'는 '-(으)ㅁ에도 불구하고'와 바꿔 사용할 수 있다.

  예 그는 운전면허시험에 떨어**졌는데도 불구하고** 계속해서 시험을 치려고 한다.
  = 그는 운전면허시험에 떨어**졌음에도 불구하고** 계속해서 시험을 치려고 한다.

  두 사람은 가족들이 반대하**는데도 불구하고** 결혼하기로 했다.
  = 두 사람은 가족들이 반대**함에도 불구하고** 결혼하기로 했다.

  ☞ 이때 '-(으)ㄴ/는데도 불구하고'는 '-(으)ㄴ/는데', '-(으)ㄴ/는데도'와 같이 대조의 뜻을 가지고 있지만 강조의 정도에 차이가 있다.

> -(으)ㄴ/는데　→　-(으)ㄴ/는데도　→　-(으)ㄴ/는데도 불구하고
> 약　　　　　　　　　　　　　　　　　　　　　　　　　강

연습문제 exercise

01 '-(으)ㄴ/는 데도 불구하고'와 보기 의 단어를 사용해서 문장을 완성하십시오.

> **보기** 덥다 자다 공부하다 비싸다 재미있다 사용하다

(1) 이번 시험은 열심히 _____ 잘 못 본 것 같아요.

(2) 푹 _____ 계속 잠이 오네요. 아무래도 병원에 가 봐야 할 것 같아요.

(3) 요즘에 하는 주말 드라마가 _____ 시청률은 높지 않다고 해요.

(4) 명수 씨는 이렇게 날씨가 _____ 선풍기도 켜지 않아요.

(5) 이 노트북은 _____ 없어서 못 판다고 해요.

02 보기 와 같이 '-(으)ㄴ/는 데도 불구하고'를 사용하여 대화를 완성하십시오.

> **보기** 가 : 열심히 공부를 했는데도 불구하고 성적이 오르지 않아요.
> 나 : 그러면 공부하는 방법을 바꿔 보는 것도 좋을 것 같아요.

(1) 가 : 방이 왜 이렇게 지저분해?

　　나 : 날씨가 더워서 창문을 열어 놔서 그런지 _____ 금방 지저분해지네.

(2) 가 : 저 식당은 항상 사람이 많네요. 얼마나 맛이 있길래 사람이 많지요?

　　나 : 다른 식당보다 가격이 _____ 사람들이 많이 가요.

　　　 저도 지난주에 가 봤는데 맛있더라고요.

(3) 가 : 스티브 씨, 탕홍 씨에게 내일 모임에 오라고 전화했어요?

　　나 : 전화를 _____ 안 받아서 문자 메시지를 남겼어요.

(4) 가 : 현우 씨 집이 학교에서 제일 빠른가 봐요. 항상 제일 먼저 학교에 오잖아요.

　　나 : 아니에요. 현우 씨 집이 학교에서 제일 멀어요. 버스로 2시간이 걸린다고 했어요.

　　가 : 정말요? 집이 학교와 _____ 제일 먼저 오다니 현우 씨는 정말

　　　 부지런하네요.

01

> 가 : 환경보호가 기온변화에 큰 영향을 끼치는 것 같아요.
> 나 : 맞아요. 환경을 ( ) 계속 기온이 올라갈 거예요.

① 보호하다가　　　　　　　　② 보호하는 대신에
③ 보호하지 않는다면　　　　　④ 보호하지 않는데다가

02

> 가 : 왜 병원에 입원하게 되었어요?
> 나 : 요즘 너무 ( ) 쓰러졌거든요.

① 과로한 나머지　　　　　　　② 과로한다면
③ 과로한 반면에　　　　　　　④ 과로하나마

03

> 가 : 요즘은 취직하는 것이 너무 힘든 것 같아.
> 나 : 맞아요. 대학을 ( ) 취직하기가 쉽지 않아요.

① 졸업하느니　　　　　　　　② 졸업하고도
③ 졸업하다시피　　　　　　　④ 졸업하다가는

04

> 가 : 제가 눈이 나빠서 뒤에 앉으면 잘 안 보여요.
> 나 : 그러면 글자가 잘 ( ) 앞자리에 앉으세요.

① 보이게　　　　　　　　　　② 보이더니
③ 보이고도　　　　　　　　　④ 보이던지

05

> 가 : 지희 씨가 명수 씨에게 사과했어요?
> 나 : 아니요. 지희가 자신의 잘못을 ( ) 사과하지 않네요.

① 안다면　　　　　　　　　　② 알고도
③ 아는 한　　　　　　　　　　④ 아는 나머지

06

> 가 : 연세도 많으신데 운동을 계속하시네요.
> 나 : 건강이 (   ) 계속 운동을 할 거예요.

① 허락하더라도   ② 허락하고도

③ 허락하느니   ④ 허락하는 한

07

> 가 : 카메라를 수리하는 데 15만 원이나 든대.
> 나 : 그 돈을 주고 (   ) 카메라를 새로 사는 게 낫겠다.

① 수리한   ② 수리하느니

③ 수리하고도   ④ 수리하다가는

08

> 가 : 결혼식에 사람이 많이 왔던가요?
> 나 : 사람들이 얼마나 (   ) 앉지도 못했어요.

① 많게   ② 많길래

③ 많듯이   ④ 많던지

09

> 가 : 명수야, 우리 저번에 갔다 온 그 공원에 갈까?
> 나 : 나는 그 공원은 별로던데. 거기 (   ) 차라리 집에서 쉴래.

① 가 봤자   ② 갈 바에

③ 가느라고   ④ 가는 한

10

> 가 : 그 사람은 집중력이 아주 좋은 것 같아.
> 나 : 그렇지? 저렇게 (   ) 집중해서 공부를 하고 있잖아.

① 시끄럽거든   ② 시끄러운 나머지

③ 시끄럽던지   ④ 시끄러운 가운데도

11

> 가 : 걱정하지 마세요. 선생님이 오실 거예요.
>
> 나 : 선생님이 (   ) 무슨 방법이 있겠습니까?

① 오신들   ② 오시던지

③ 오실 바에   ④ 오실뿐더러

12

> 가 : 그 사람한테 또 돈을 빌려줬어요?
>
> 나 : 저번 것도 못 받았지만 (   ) 다시 빌려줬어요.

① 속는 셈 치고   ② 속는 한

③ 속을까 봐   ④ 속을 테니까

13

> 가 : 수학여행은 잘 다녀왔어요?
>
> 나 : 네, 걱정해 (   ) 잘 다녀왔습니다.

① 준 만큼은   ② 주신 덕분에

③ 줄 뿐   ④ 주심으로 인해

14

> 가 : 영미 씨랑 명수 씨랑 결혼한대요.
>
> 나 : 네, 가족들의 (   ) 결혼을 하려나 봐요.

① 반대에도 불구하고   ② 반대뿐만 아니라

③ 반대 덕분에   ④ 반대는 말할 것도 없고

15~25 다음 밑줄 친 부분이 맞는 것을 고르십시오.

15 ① 공부를 열심히 <u>하고도</u> 성적이 좋다.

② 10년간 <u>일해 간</u> 회사를 그만두었다.

③ 친구가 돈을 <u>빌려주는 나머지</u> 위기를 넘겼다.

④ 네가 날 떠나지 <u>않는 한</u> 우리는 영원히 행복할 거야.

16 ① 옷을 입은 탓에 물에 들어갔다.
② 그 사람과 결혼하느니 혼자 살겠어요.
③ 그 공원에 가 봤자 차라리 집에서 쉴래.
④ 저렇게 시끄러운 나머지 열심히 공부하고 있다.

17 ① 모든 일을 다 해결하고도 마음이 편해졌다.
② 이 집은 시내에 있으면서도 집값이 비싸다.
③ 날씨가 좋아진다면 소풍을 갈 수 있을 거예요.
④ 성공을 위해 열심히 일하는 한 건강이 나빠졌다.

18 ① 저번 것도 못 받았지만 속을까 봐 다시 빌려줬어요.
② 그 사람은 여자 친구와 헤어졌고도 슬퍼하지 않았다.
③ 내 동생은 공부를 너무 열심히 한 나머지 코피가 나고 말았다.
④ 그 여자가 얼마나 예쁘길래 모든 사람이 그 여자를 쳐다보았다.

19 ① 이 제품은 습기에 약한들 가격이 비싸다.
② 아이가 과자를 먹고도 또 사달라고 조른다.
③ 끝까지 할까 말까 해서 지금의 성공을 이루었습니다.
④ 회의 준비를 끝내는 셈치고 회의가 시작되기 2분전이었다.

20 ① 친구가 빨리 끝낼 수 있게 도와줍시다.
② 어젯밤에는 바람이 많이 불면서도 아침에는 비가 온다.
③ 부모님이 열심히 일한 나머지 좋은 집으로 이사를 갔다.
④ 이 방은 할아버지가 쓰는 가운데 지금은 내가 사용한다.

21 ① 내가 머리가 아프느니 동생이 약을 사다 줬다.
② 그 영화가 재미있는 한 영화관객수가 많지 않다.
③ 민호는 그 사람을 좋아하면서도 싫어하는 척한다.
④ 시험문제가 어려워서 3번을 읽고도 마침내 이해했다.

22 ① 이 음식을 먹느라고 굶겠다.
　　② 아이가 얼마나 많이 <u>울었던지</u> 목이 쉬었다.
　　③ 운전자가 깜빡 잠이 <u>든다면</u> 사고가 났다고 한다.
　　④ 환경을 보호하지 <u>않는데다가</u> 지구는 점점 더워질 것이다.

23 ① 선생님이 <u>오신들</u> 방법이 많다.
　　② 이 약은 언제 <u>먹고도</u> 상관이 없다.
　　③ 나라마다 언어가 <u>다르면서도</u> 문화도 다르다.
　　④ 그 돈으로 <u>요리할</u> 바에 시켜서 먹는 게 낫겠다.

24 ① <u>아픈데도</u> 불구하고 대회에 참석했다.
　　② 가격이 <u>싸 보이면서도</u> 사 왔습니다.
　　③ 친구도 <u>만났던 겸</u> 학교에 갔습니다.
　　④ 영어 시간에 수학을 <u>공부하는 한</u> 혼났어요.

25 ① 친구들이 도와 <u>준 덕분에</u> 빨리 했어요.
　　② 비가 <u>온 탓에</u> 좀 시원한 것 같아요.
　　③ <u>문화를 따라서</u> 인사법이 많이 달라요.
　　④ 하도 배가 <u>고팠어서</u> 빨리 집에 갔어요.

26~28 다음 밑줄 친 부분과 바꾸어 쓸 수 있는 것을 고르십시오.

26

> 가 : 옷이 젖었네요. 왜 그랬어요?
>
> 나 : 아까 발표할 때 너무 당황한 나머지 물을 쏟고 말았어.

① 당황한들   ② 당황하다가는

③ 당황한다면   ④ 당황하는 바람에

27

> 가 : 선생님, 글자가 잘 안 보여요.
>
> 나 : 그래요? 그럼 잘 보이게 크게 쓸게요.

① 보이느니   ② 보일지

③ 보이던데   ④ 보이도록

28

> 가 : 생선이 왜 이렇게 비싸지? 한 마리에 만원이야.
>
> 나 : 사지 말자. 그 가격이면 생선을 살 바에 소고기를 사겠다.

① 사느니   ② 사느라고

③ 산 셈치고   ④ 산 나머지

–아/어 놓다(두다)

의미　어떤 행동이 끝나고 난 뒤에 그것이 계속 될 때 사용한다.

- ■ 가 : 미안해요. 잠깐 집에 가도 돼요?
  나 : 왜요? 무슨 일이 있어요?
  가 : 창문을 **열어 놓고** 나왔어요.

예문
(1) 책을 **펴 놓고** 기다리세요.
(2) 지희 씨에게 전화가 와서 메모를 남**겨 두었어요.**
(3) 영화표를 미리 예매**해 놓는** 게 좋겠어요.
(4) 가 : 주차는 어디에 할까요?
　　나 : 지금은 자리가 없으니까 문 앞에 세**워 놓으세요.**
(5) 가 : 엄마! 배가 고파요.
　　나 : 식탁에 저녁을 차**려 놨으니까** 밥 먹어라.

	동사
–아/어 놓다	끄다 → **꺼 놓다**
	열다 → 열**어 놓다**

1 '놓아'는 '놔'의 형태로 짧게 사용할 수 있다.
　예 집에서 나올 때 창문을 열어 **놓았어요.**
　　＝ 집에서 나올 때 창문을 열어 **놨어요.**
　　숙제를 미리 해 **놓아서** 괜찮아요.
　　＝ 숙제를 미리 해 **놔서** 괜찮아요.

2 '–아/어 놓다'는 이동 동사(가다, 오다, 도착하다 등)나 느끼다, 만지다, (냄새를)맡다 등과
같은 동사와는 잘 어울리지 않는다.
　예 집에 가 놓았어요. (×)
　　이 물건을 만져 놓았어요. (×)

3 '–아/어 놓다'는 '–아/어 두다'와 바꾸어 쓸 수 있다.
　예 예매해 **놓았으니까** 걱정하지 마세요.
　　＝ 예매해 **두었으니까** 걱정하지 마세요.

4 동사 '놓다'는 '놓아 놓다'의 형태로 사용하지 않고 '–아/어 두다'를 사용한다.
　예 열쇠는 문 밑에 놓아 놓았어요. (×)
　　열쇠는 문 밑에 놓아 두었어요. (○)

01 '-아/어 놓다(두다)'와 다음 보기 의 단어를 사용하여 문장을 완성해 보십시오.

보기	먹다	만들다	쓰다	끄다	하다	맞추다

(1) 아침에 일찍 일어나려고 알람시계를 _____.

(2) 미래를 위해서 항상 저금을 _____ 기를 바랍니다.

(3) 어젯밤에 김밥을 미리 _____ 먹고 가세요.

(4) 환기가 잘 되도록 창문을 _____.

(5) 엄마가 메모에 밥을 꼭 먹고 학교에 가라고 _____.

02 다음 보기 와 같이 대화를 완성해 보십시오.

보기	가 : 이거 무슨 커피예요? 나 : 명수 씨가 아침에 <u>사 놓은</u> 커피예요.(사다)

(1) 가 : 야구장 표가 벌써 매진이 되었대요.

　　나 : 걱정하지 마세요. 미리 예매를 _____. (하다)

(2) 가 : 집이 너무 더운 것 같아요.

　　나 : 아침에 실수로 난방기를 _____ 집이 더운 거예요. (켜다)

(3) 가 : 왜 감기에 걸렸어요?

　　나 : 어제 창문을 _____ 채로 잠을 잤거든요. (열다)

(4) 가 : 맥주를 얼려 놓으셨네요.

　　나 : 네, 맥주를 냉동실에 _____. (넣다)

-게 되다

의미   피동을 표현할 때 사용한다. 즉, 주어와 상관이 없는 어떤 이유 때문에 새로운 일이 일어나거나 변화가 있을 때 사용한다.

- 가 : 왜 갑자기 전학을 가요?
  나 : 아버지 회사 때문에 부산으로 **가게 되었거든요.**

예문

(1) 이제는 김치를 좋아하**게 되었어요.**

(2) 드디어 한국에 유학을 가**게 되었다.**

(3) 경기가 안 좋아져서 회사는 문을 닫**게 되었다.**

(4) 가 : 왜 한국에 왔어요?
  나 : 장학생으로 뽑혀서 한국에 오**게 되었어요.**

(5) 가 : 그 가수를 정말 좋아하시네요.
  나 : 네, 처음에 노래를 부르는 모습을 보고 좋아하**게 되었어요.**

자세히 알아 봅시다

	동사	형용사
-게 되다	가다 → 가**게 되다**	예쁘다 → 예쁘**게 되다**
	먹다 → 먹**게 되다**	맛있다 → 맛있**게 되다**

① 피동사가 없는 동사는 '-게 되다'를 사용하여 피동의 의미를 나타낸다.

예 이제는 김치를 좋아하**게 되었어요.**

   (처음에는 김치를 안 좋아했는데 어떤 이유 때문에 지금은 김치를 좋아한다는 뜻)

알쏭달쏭 ?!

-아/어지다 vs -게 되다

		(1) -아/어지다	(2) -게 되다
형용사	변화	○	○
	피동	X	X
동사	변화	X	○
	피동	○	○

예문

(형용사)

(1) 음식이 맛있어졌어요. (맛이 없는 음식이 맛이 있는 음식이 되었다는 뜻)

(2) 음식이 맛있게 되었어요. (어떤 사람이 음식을 맛있게 만들었다는 뜻)

(동사)

(1) 한국에 오래 살다보니까 매운 음식도 잘 먹어졌어요. (?)
   시험 날짜가 정해졌어요. (피동 : 다른 누군가 날짜를 정했다는 뜻)

(2) 한국에 오래 살다보니까 매운 음식도 잘 먹게 되었어요.
   시험 날짜를 정하게 되었어요. (피동 : 어떤 이유 때문에 주어가 날짜를 정했다는 뜻)

01 '-게 되다'와 다음 보기 의 단어를 사용하여 문장을 완성해 보십시오.

보기   잘하다   오다   좋아하다   살다   뽑히다   이해하다

(1) 열심히 공부해서 마침내 장학생으로 _____.

(2) 남편과 정말 우연히 만나서 _____.

(3) 명수 씨도 이 시를 읽으면 시인의 마음을 _____.

(4) 아버지께서 회사를 옮겨서 서울에 _____.

(5) 혼자 살면 저절로 요리를 _____.

02 다음 보기 와 같이 맞는 문장에는 ○, 어색한 문장은 ×를 하십시오.

보기
가 : 이제 기분이 좋게 됐어요. (○)
나 : 이제 기분이 좋아졌어요. (○)

(1) 이 책은 50년 전에 쓰여졌어요. (   )

　　이 책은 50년 전에 쓰이게 됐어요. (   )

(2) 지희 씨는 옛날보다 더 예뻐졌어요. (   )

　　지희 씨는 옛날보다 더 예쁘게 되었어요. (   )

(3) 회사 때문에 직장을 옮겨졌다. (   )

　　회사 때문에 직장을 옮기게 되었다. (   )

(4) 같은 수업을 들어서 알게 되었다. (   )

　　같은 수업을 들어서 알아졌다. (   )

–고 말고(요)

의미 상대방의 말에 동의하거나 의지를 말할 때 사용한다.

- 가 : 여행은 재미있었어요?
  나 : 그럼요. 재미있었**고 말고요**.

예문 (1) 가 : 오늘 집들이 갈 거예요?
  나 : 네, 가**고 말고요**.

(2) 가 : 내일 저녁식사 예약이 가능할까요?
  나 : 물론 가능하**고 말고요**.

(3) 가 : 한국이 여행하기 좋아요?
  나 : 그럼요. 좋**고 말고요**. 꼭 가 보세요.

(4) 가 : 제 부탁을 들어 줄 수 있어요?
  나 : 그럼요. 들어 드리**고 말고요**.

자세히 알아 봅시다

	동사	형용사	명사+이다
과거	가다 → 갔**고 말고요**	크다 → 컸**고 말고요**	친구 → 친구였**고 말고요**
	먹다 → 왔**고 말고요**	좋다 → 좋았**고 말고요**	학생 → 학생이었**고 말고요**
현재	가다 → 가**고 말고요**	크다 → 크**고 말고요**	친구 → 친구**고 말고요**
	먹다 → 오**고 말고요**	좋다 → 좋**고 말고요**	학생 → 학생**이고 말고요**

1 '–고 말고요'는 상대방의 말에 찬성하거나 동의하는 감탄사(그럼요, 물론요)와 함께 사용할 수 있다.

  예 가 : 서울 여행은 어땠어요? 좋았어요?
    나 : 그럼요(물론이죠). 좋고 말고요.

2 '–고 말고요'는 '–다마다요'로 바꾸어 쓸 수 있다.

  예 가 : 서울 여행은 어땠어요? 좋았어요?
    나 : 그럼요. 좋**고 말고요**.
      = 그럼요. 좋**다마다요**.

연습문제 exercise

01 '–고 말고요'를 사용해서 대화를 완성해 보십시오.

> **보기**
>
> 가 : 엄마, 졸업 선물을 주실 거예요?
> 나 : 그럼, <u>주고말고</u> . (주다)

(1) 가 : 모두 여섯 명인데 예약이 가능할까요?

　　나 : _____ . (가능하다)

(2) 가 : 지금 11시인데 집에 가는 버스가 있을까요?

　　나 : _____ . (있다)

(3) 가 : 히로미 씨는 이제 김치를 먹을 수 있어요?

　　나 : _____ . (먹을 수 있다)

(4) 가 : 중국의 자금성은 정말 커요?

　　나 : _____ . (크다)

02 다음 **보기** 와 같이 '–고 말고요'를 사용해서 문장을 완성해 보십시오.

> **보기**
>
> 가 : 여행은 재미있었어요?
> 나 : 그럼요. <u>재미있었고 말고요</u>.

(1) 가 : 모두 10명인데요. 예약이 될까요?

　　나 : _____ . 몇 시에 오십니까?

(2) 가 : 제주도가 그렇게 예쁘다면서요?

　　나 : _____ . 꼭 가보세요.

(3) 가 : 이번 휴가 때 같이 여행갈 거지?

　　나 : 물론이지. _____ . 어디로 갈까?

(4) 가 : 명수가 반장이 되었다면서요? 파티를 해야지요.

　　나 : 그럼요. _____ .

‒(으)ㄹ걸(요) / ‒(으)ㄴ걸요

의미 미래의 일이나 잘 모르는 일에 대해 추측할 때 사용한다.

- 가 : 지금 출발하면 괜찮을 거야.

  나 : 아**닐걸요**. 지금은 차가 많이 막히는 시간이잖아요.

예문 (1) 지금 서울에는 비가 많이 **올걸요**.

(2) 아마 두 시에나 도착**할걸요**.

(3) 주말이라서 사람이 많**을걸요**.

(4) 가 : 고향에 있는 동생은 지금 뭘 하고 있을까?

   나 : 오늘이 생일이니까 생일파티를 하고 있**을걸**.

(5) 가 : 명수는 지금 어디 있니?

   나 : 도서관에 있**을걸요**.

자세히 알아 봅시다

	동사	형용사	명사+이다
과거	가다 → **갔을걸요**	예쁘다 → 예**뺬을걸요**	친구 → 친구**였을걸요**
	먹다 → **먹었을걸요**	좋다 → 좋**았을걸요**	학생 → 학생**이었을걸요**
현재	가다 → **갈걸요**	예쁘다 → 예**쁠걸요**	친구 → 친구**일걸요**
	먹다 → **먹을걸요**	좋다 → 좋**을걸요**	학생 → 학생**일걸요**

1 ‘‒(으)ㄹ걸요’는 말하는 사람이 자신에 대해서 추측할 때도 사용할 수 있다.

  예 아마 다음 달에는 제가 집에 **없을걸요**.

  나라도 공부하기 **싫었을걸요**.

2 ‘‒(으)ㄹ걸요’는 추측을 나타내는 ‘‒을 거예요’와 바꾸어 사용할 수 있다.

  예 장마철이라서 내일도 비가 **올걸요**.

  = 장마철이라서 내일도 비가 **올 거예요**.

3 ‘‒(으)ㄴ/는걸요’는 다른 사람의 말에 가볍게 반박하면서 자신의 생각이나 주장을 말할 때 사용한다.

  예 가 : 이번 중간고사 문제가 어려웠지요?

  나 : 아니요, 이번 중간고사 문제는 **쉬웠는걸요**.

  가 : 오늘까지 이 일을 다 끝내세요.

  나 : 일이 많아서 오늘까지는 다 못 **끝내겠는걸요**.

연습문제 e x e r c i s e

01　보기 와 같이 '-(으)ㄹ걸요'를 사용해서 문장을 완성해 보십시오.

> 보기
> 가 : 빨리 가요. 시간이 없어요.
> 나 : 소용없어요. 이미 <u>늦었을걸요</u>. (늦다)

(1) 가 : 내일 동물원에 갈 수 있을까요?

　　나 : 내일 회사일이 많아서 ＿＿＿＿＿＿＿＿＿＿＿＿＿＿＿＿＿. (힘들다)

(2) 가 : 오늘 히로미 씨를 본 적 있어요?

　　나 : 지금쯤 집에 ＿＿＿＿＿＿＿＿＿＿＿＿＿＿＿＿＿. (있다)

(3) 가 : 아까 축구를 시작했는데 아직도 축구를 하고 있을까요?

　　나 : 지금이 두 시니까 ＿＿＿＿＿＿＿＿＿＿＿＿＿＿＿＿＿. (끝나다)

(4) 가 : 공연장에 지금 가도 괜찮을까요?

　　나 : 늦었어요. 아마 벌써 ＿＿＿＿＿＿＿＿＿＿＿＿＿＿＿. (시작하다)

02　보기 와 같이 '-(으)ㄴ/는 걸요'를 사용해서 문장을 완성해 보십시오.

> 보기
> 가 : 이번 중간고사 문제가 어려웠지요?
> 나 : 아니요, 이번 중간고사 문제가 <u>쉬웠는걸요</u>.

(1) 가 : 여자 친구가 가끔 싫지 않아요?

　　나 : 아니요, 항상 ＿＿＿＿＿＿＿＿＿＿＿＿＿＿＿＿＿.

(2) 가 : 집에서 학교까지 너무 멀지 않아요?

　　나 : 어렸을 때는 더 먼 거리도 ＿＿＿＿＿＿＿＿＿＿＿＿＿＿＿.

(3) 가 : 한국에는 매운 음식만 있는 것 같아요.

　　나 : 아니에요. 삼계탕 같은 음식도 ＿＿＿＿＿＿＿＿＿＿＿＿＿.

(4) 가 : 지희 씨는 언제 결혼해요?

　　나 : 네? 벌써 ＿＿＿＿＿＿＿＿＿＿＿＿＿＿＿＿＿.

-(으)ㄹ 지경이다

의미   아주 강한 정도를 말할 때 사용한다.

■ 가 : 명수 씨, 일이 많이 바빠요?

나 : 네, 너무 바빠서 죽**을 지경이에요.**

예문

(1) 배가 고파서 너무 많이 먹었더니 배가 터**질 지경이다.**

(2) 청소가 너무 힘들어서 죽**을 지경이에요.**

(3) 숙제가 많아서 미**칠 지경입니다.**

(4) 가 : 회사에서 일은 할 만해요?

나 : 아니요. 너무 많아서 쓰러**질 지경이에요.**

(5) 가 : 추워도 창문을 좀 열까요?

나 : 그래요. 방 안이 답답해서 숨이 막**힐 지경이에요.**

자세히
알아
봅시다

	동사
-(으)ㄹ 지경이다	미치다 → 미**칠 지경이다**
	죽다 → 죽**을 지경이다**

1 '-(으)ㄹ 지경이다'는 이유의 '-아/어서'와 같이 자주 사용한다.

예 청소가 너무 힘들**어서** 죽을 지경이에요.

2 '-(으)ㄹ 지경이다'는 '-(으)ㄹ 것 같다'와 바꿔 사용할 수 있다.

예 배가 고파서 너무 많이 먹었더니 배가 터**질 지경이다.**
= 배가 고파서 너무 많이 먹었더니 배가 터**질 것 같다.**

3 '-(으)ㄹ 지경이다'는 보통 부정적인 경우에 사용하지만 아주 좋을 경우에도 사용하기도 한다.

예 새로 태어난 아기가 좋아서 미**칠 지경이에요.**

01 보기 와 같이 대화를 완성하십시오.

| 보기 | 가 : 요즘에도 많이 바빠요? |
| | 나 : 네, 너무 바빠서 미칠 지경이에요. |

(1) 가 : 이번 여름은 많이 더운 것 같아요.

　　나 : _____.

(2) 가 : 보일러가 고장이 났다면서요?

　　나 : _____.

(3) 가 : 여자 친구랑 심하게 다퉜다면서요?

　　나 : _____.

(4) 가 : 아기가 태어나서 그렇게 좋아요? 매일 웃으시네요.

　　나 : _____.

02 보기 와 같이 문장을 완성하십시오.

| 보기 | 숙제가 많아서 죽을 지경이에요. |

(1) 새로 맡은 일이 힘들어서 _____.

(2) 며칠 째 야근을 했더니 피곤해서 _____.

(3) 안 추운지 알고 반팔을 입었더니 _____.

(4) 사람이 너무 많아서 누가 누구인지 _____.

–았/었으면 하다/싶다

의미 말하는 사람의 희망이나 바람을 말할 때 사용한다.

- 가 : 명수 씨, 새해 소망이 뭐예요?
  나 : 올해는 꼭 결혼을 **했으면 해요.**

예문 (1) 시험에 꼭 합격**했으면 합니다.**

(2) 아들이 좋은 회사에 취직**했으면 싶어요.**

(3) 이번 시험에서 꼭 일등을 **했으면 합니다.**

(4) 가 : 명수야, 지금 시장에 갔다 와라.
  나 : 죄송해요. 지금 좀 바빠서 이따가 **갔으면 해요.**

(5) 가 : 이번 방학 때 제주도로 갔으면 하는데 네 생각은 어때?
  나 : 제주도는 지난번에도 갔으니까 이번에는 해운대로 **갔으면 싶어.**

자세히 알아 봅시다

	동사	형용사
–았/었으면 하다	가다 → **갔어야 하다**	예쁘다 → 예**뻤으면 하다**
	먹다 → 먹**었어야 하다**	작다 → 작**았으면 하다.**

1 '–았/었으면 하다'는 '–았/었으면 좋겠다'로 바꿔 사용할 수 있다.

예 아들이 좋은 회사에 취직**했으면 싶어요.**

= 아들이 좋은 회사에 취직**했으면 좋겠어요.**

01 보기 와 같이 대화를 완성하십시오.

> 보기
> 가 : 어떤 여자를 만나고 싶어요?
> 나 : 그냥 착했으면 싶어요.

(1) 가 : 김 대리, 이따가 저녁 같이 먹을까요? 된장찌개가 어때요?

　　나 : 전 짜장면을 _____ .

(2) 가 : 탕홍 씨, 여행은 잘 다녀왔어요?

　　나 : 네, 잘 다녀왔어요. 기회가 되면 한 번 더 _____ .

(3) 가 : 친구들하고 같이 영화 보러 가요.

　　나 : 아니에요. 오늘은 피곤해서 그냥 집에서 _____ .

(4) 가 : 휴가 때 뭐하고 싶어요?

　　나 : 이번 휴가는 날도 더우니까 그냥 _____ .

02 보기 와 같이 '-았/었으면 하다/싶다'를 사용해서 질문에 답하십시오.

> 보기
> 가 : 휴가 때 뭐하고 싶어요?
> 나 : 이번 휴가는 날도 더우니까 그냥 집에 있었으면 해요.

(1) 가 : 이번 여름 방학 때 무엇을 할 거예요?

　　나 : _____ .

(2) 가 : 여러분의 부모님은 여러분이 무엇이 되길 원해요?

　　나 : _____ .

(3) 가 : 여러분은 어떤 남자, 여자와 결혼했으면 좋겠어요?

　　나 : _____ .

(4) 가 : 복권에 당첨이 된다면 무엇을 하고 싶어요?

　　나 : _____ .

–(으)ㄴ/는 편이다

의미 보통 어느 한 쪽에 가깝다는 뜻으로 사용한다.

- 가 : 탕홍 씨는 보통 주말에 뭐 하세요?
  나 : 주말에는 영화를 보**는 편이에요.**

예문

(1) 학교 식당은 가격도 싸고 맛도 좋은 **편이에요.**

(2) 저는 보통 집에 가면 바로 잠을 자**는 편입니다.**

(3) 나는 다른 친구에 비해 시험을 못 **본 편이다.**

(4) 가 : 스티브 씨는 어렸을 때도 키가 컸어요?
  나 : 아니요, 어렸을 때는 키가 작**은 편이었어요.**

(5) 가 : 자야 씨, 한국 음식은 입에 맞아요?
  나 : 네, 입에 잘 맞**는 편이에요.**

자세히 알아 봅시다

	동사	형용사
과거	가다 → **간 편이다**	*
	먹다 → 먹**은 편이다**	
현재	가다 → 가**는 편이다**	예쁘다 → 예**쁜 편이다**
	먹다 → 먹**는 편이다**	작다 → 작**은 편이다**

1 '–는 편이다'는 말하는 사람의 주관적인 판단에 사용하기 때문에 정확한 상황이나 판단에는 사용하지 않는다.

  예 하나 씨는 부산에 사는 편이에요. (×)
    하나 씨는 부산에 **살아요.** (O)

2 '–는 편이다'는 동사 앞에 '자주, 보통' 등과 같은 부사와 잘 어울린다.

  예 저는 주말에 **보통** 등산을 하는 편입니다.
    쇼핑을 **자주** 하는 편입니다.

01 보기 와 같이 대화를 완성하십시오.

> 보기
> 가 : 제시카 씨는 어렸을 때도 말랐었지요?
> 나 : 아니요, 어렸을 때는 지금보다 뚱뚱한 편이었어요.

(1) 가 : 지희 씨는 커피를 자주 마시는 것 같은데 커피를 좋아하나 봐요.

나 : 네, 차에 비해서 커피를 _____.

(2) 가 : 자야 씨, 한국 음식은 입에 맞아요? 맵지 않으세요?

나 : 조금 맵기는 하지만 대체로 _____ 맛있게 먹어요.

(3) 가 : 올해는 작년보다 더 더운 것 같아요.

나 : 네, 작년에 비해서 더 _____.

(4) 가 : 수영 씨, 동생이 운동을 잘 한다면서요?

나 : 잘하지는 못하지만 다른 가족보다는 _____.

02 다음 표를 보고 보기 와 같이 자신이나 친구의 성격을 표현해 보십시오.

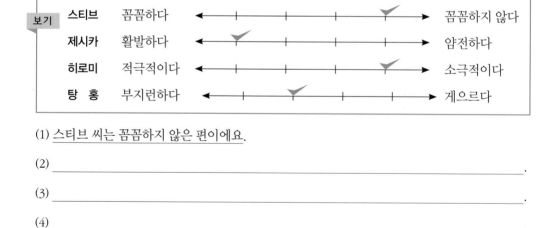

(1) 스티브 씨는 꼼꼼하지 않은 편이에요.

(2) _____.

(3) _____.

(4) _____.

01~07 다음 (   )에 알맞은 것을 고르십시오.

01

> 가 : 엄마, 배가 고파요.
> 나 : 식탁 위에 밥을 (   ) 먹으렴.

① 차린들   ② 차린 셈이니
③ 차려 두었으니   ④ 차릴 지경이니

02

> 가 : 내일 부산으로 전학을 간다면서?
> 나 : 응, 아버지 회사 때문에 (   ).

① 갈걸   ② 갈 뿐이야
③ 가게 되었어   ④ 가는 편이야

03

> 가 : 새로 취직한 회사는 어때요? 좋아요?
> 나 : 그럼요. (   ).

① 좋고 말고요   ② 좋을 걸요
③ 좋을 모양이에요   ④ 좋았으면 해요

04

> 가 : 히로미 봤니? 아까부터 안 보이는구나.
> 나 : 지금 도서관에 (   ).

① 있을걸요   ② 있어야지요
③ 있고 말고요   ④ 있을 뿐이에요

05

> 가 : 바빠요? 왜 그렇게 정신이 없어요?
> 나 : 숙제가 너무 많아서 (   ).

① 미치는 편이에요   ② 미치고 싶어요
③ 미치게 되었어요   ④ 미칠 지경이에요

06

> 가 : 김 대리, 내일 같이 등산을 갈까요?
>
> 나 : 아니요. 가능하면 집에서 좀 (   ).

① 쉬고 말고요　　　　　　　　　② 쉴걸요

③ 쉬었으면 합니다　　　　　　　④ 쉬는 셈 칩시다.

07

> 가 : 제주도는 날씨가 어때요?
>
> 나 : 다른 지역에 비해 날씨가 (   ).

① 따뜻해야지요　　　　　　　　② 따뜻할 지경이에요

③ 따뜻한 편이에요　　　　　　　④ 따뜻했으면 싶어요

08~12 다음 밑줄 친 부분이 맞는 것을 고르십시오.

08　① 외출하려고 에어컨을 미리 <u>꺼 두었다</u>.

　　　② 지금 막 출발을 <u>했는 참이에요</u>.

　　　③ 동생은 클수록 아빠를 많이 <u>닮고 간다</u>.

　　　④ 어렸을 때는 많이 했지만 요즘은 안 <u>한 편이에요</u>.

09　① 제가 할 수 있는 외국어는 <u>영어뿐이겠어요</u>.

　　　② 다음 학기에는 꼭 장학금을 <u>받은 셈이에요</u>.

　　　③ 혼자서 청소를 다 하려니 정말 <u>죽는 지경이에요</u>.

　　　④ 남자 친구를 처음 만났을 때부터 <u>좋아하게 되었어요</u>.

10　① 청소를 미리 <u>하고 놔서</u> 괜찮아요.

　　　② 어차피 잃어버린 거 저녁 <u>먹을 셈치세요</u>.

　　　③ 하루종일 굶어서 배가 고파 <u>죽을 지경이에요</u>.

　　　④ 열심히 공부해서 마침내 장학생으로 <u>가도록 되었어요</u>.

11　① 열쇠는 문 밑에 <u>놔 놓았습니다</u>.

　　　② 문제가 어려워서 <u>죽는 지경입니다</u>.

　　　③ 큰딸이 좋은 회사에 <u>취직했으면 합니다</u>.

　　　④ 열심히 공부한 덕에 결국 <u>합격해졌습니다</u>.

12　① 피곤해서 퇴근을 했을 참입니다.

　　② 거짓말입니다. 이혼할 리가 있어요.

　　③ 종종 감기에 걸리지만 건강한 편입니다.

　　④ 결혼반지를 낀 걸 보니 결혼을 하는 듯합니다.

13~15 다음 밑줄 친 부분과 바꾸어 쓸 수 있는 것을 고르십시오.

13

> 가 : 아이가 커서 어떤 사람이 되면 좋겠어요?
>
> 나 : 음, 컴퓨터 전문가가 되었으면 합니다.

① 될까 합니다　　　　　　　　② 되기 마련입니다

③ 될 모양입니다　　　　　　　④ 되었으면 좋겠습니다

14

> 가 : 혼자 있으면 심심하지 않아요?
>
> 나 : 그렇지 않아도 심심해 죽을 지경이에요.

① 죽을 만해요　　　　　　　　② 죽을 뻔했어요

③ 죽을 것 같아요　　　　　　　④ 죽었으면 해요

15

> 가 : 문 좀 닫을게요.
>
> 나 : 아니에요. 냄새가 나니까 그냥 열어 두세요.

① 열까 봐요　　　　　　　　　② 열기는요

③ 열어 놓으세요　　　　　　　④ 열고 말겠어요

―아/어야지(요)

의미 듣는 사람에게 어떤 일을 권유하거나 해야 함을 나타낸다.

- 가 : 추운 날씨에 옷을 얇게 입고 갔더니 감기에 걸렸어요.
  나 : 날씨가 추울 때에는 옷을 두껍게 **입어야지요**.

예문 (1) 기차 시간이 다 되었으니 이제 나가**셔야지요**.

(2) 살을 빼려면 음식을 줄**여야지요**.

(3) 한국어를 잘 하려면 한국 사람들과 이야기를 많이 **해야지요**.

(4) 가 : 늦어서 죄송합니다.
  나 : 왜 이렇게 늦었어? 일찍 **와야지**.

(5) 가 : 요즘 무리해서 일을 많이 했더니 몸이 안 좋아요.
  나 : 몸이 안 좋으면 일찍 들어가서 쉬**어야지요**.

	동사	형용사	명사 + 이다
과거	가다 → **갔어야지요** 먹다 → 먹**었어야지요** 하다 → **했어야지요**	*	*
현재	가다 → **가야지요** 먹다 → 먹**어야지요** 하다 → **해야지요**	작다 → 작**아야지요** 크다 → **커야지요** 유명하다 → 유명**해야지요**	여자 → 여자**여야지요** 학생 → 학생이**어야지요**

1 '―아/어야지'의 형태로 쓰여 말하는 사람의 의지를 나타내기도 한다.

예 그 책이 그렇게 재미있어요? 나도 읽어 봐야지.
  내일부터 일찍 일어나야지.

01 보기 에서 알맞은 것을 골라 '–어/아야지'를 사용하여 대화를 완성해 보십시오.

권유
1. 먼저 사과하다
2. 이제 공부하다
3. 일찍 오다
4. 한국 사람을 자주 만나다
5. 들어가서 밥을 먹다

(1) 가 : 한국어를 어떻게 하면 잘 할 수 있을까요?

　　나 : 우선 _____.

(2) 가 : 늦어서 죄송합니다.

　　나 : 왜 이렇게 늦었어? _____.

(3) 가 : 게임하러 가자.

　　나 : 내일 시험이니까 _____.

(4) 가 : 나 어제 여자 친구와 싸웠어. 이번에는 내가 먼저 미안하다고 안 할 거야.

　　나 : 그래도 네가 남자인데 _____.

(5) 가 : 엄마, 조금 더 놀면 안 돼요?

　　나 : 저녁 먹을 시간이니까 _____.

02 여러분들은 올해에 결심한 일들이 많이 있나요? 다음 표를 보고 보기 와 같이 결심한 것들을
써 보십시오.

사람	결심	사람	결심
보기 스티브	담배를 끊다	(3) 명수	여자 친구를 만들다
(1) 자야	살을 빼다	(4) 현우	세계여행을 하다
(2) 지희	운전면허 시험을 보다	(5) 나	

보기 스티브 : 올해는 담배를 끊어야지.

(1) 자야 : _____.

(2) 지희 : _____.

(3) 명수 : _____.

(4) 현우 : _____.

(5) 나 : _____.

–았/었어야 하다

의미 과거에 해야 하거나 하지 못한 일을 아쉬워하거나 후회할 때 사용한다.

- 가 : 명수 씨, 오늘 모임이 몇 시였어요?
  나 : 모임이 취소가 됐어요. 미리 **말했어야 했는데** 죄송해요.

예문 (1) 그는 우리에게 미리 그 사실을 **알렸어야 했다**.

(2) 노트북이 이렇게 비싸질 줄 알았으면 세일할 때 **샀어야 했는데** 아쉬워요.

(3) 저녁까지 밥을 못 먹을 줄 알았으면 아까 나눠 준 빵이라도 **먹었어야 했다**.

(4) 가 : 명수 씨, 현우 씨와 싸웠다면서요?
  나 : 네, 내가 **참았어야 했는데** 참지 못하고 싸우고 말았어요.

(5) 가 : 오늘 보충 수업이 오후부터라고 했지요?
  나 : 죄송해요. 미리 연락을 **했어야 했는데** 깜박 잊어버렸어요. 수업이 내일로 바뀌었어요.

	동사
–았/었어야 하다	가다 → **갔어야 하다**
	먹다 → 먹**었어야 하다**

1️⃣ '–았/었어야 하다'는 주어가 '나'일 때에는 말하는 사람의 아쉬움이나 후회를 나타낸다.

- 예 **내**가 참았어야 했는데 참지 못하고 동생과 싸우고 말았다.
  주어

  → '내'가 참지 못하고 싸운 것에 대해 후회하고 있다.

☞ 하지만, '–았/었어야 하다'의 주어가 '나'가 아닐 때에는 그 주어에 대한 말하는 사람의 아쉬움을 나타낸다.

- 예 **명수**가 참았어야 했는데 참지 못하고 현우와 싸우고 말았다.
  주어

  → '명수'가 참지 못하고 현우와 싸운 것에 대해 아쉬워하고 있다.

2️⃣ '–았/었어야 하다'는 보통 '–았/었어야 했는데'의 형태로 자주 사용한다.

- 예 내가 참**았어야 했는데** 참지 못하고 동생과 싸우고 말았다.

연습문제 exercise

01 보기 와 같이 대화를 완성하십시오.

> 보기
> 가 : 오늘 모임이 몇 시였나요?
> 나 : 모임이 취소가 됐어요. 미리 **말했어야 했는데** 죄송해요.

(1) 가 : 여보, 오늘 언제 집에 들어와요? 오늘 저녁 같이 먹을 수 있지요?

　　나 : 미안해요. 미리 ＿＿＿＿＿＿＿＿＿ 전화를 못했어요. 오늘 회식이 있어요.

(2) 가 : 이번 여행은 잘 다녀왔어요?

　　나 : 네, 잘 다녀왔어요. 하나 씨가 같이 ＿＿＿＿＿＿＿＿＿＿.

　　　　왕흥 씨가 하나 씨와 같이 안 와서 아쉬워했어요.

(3) 가 : 동생이랑 싸웠다면서?

　　나 : 응, 동생이랑 싸웠다고 엄마한테 나만 혼났어.

　　가 : 동생인데 네가 ＿＿＿＿＿＿＿＿＿.

(4) 가 : 탕흥 씨, 어제 모임에는 왜 안 오셨어요? 모두 기다렸는데.

　　나 : 죄송해요. 어제 모임에 못 간다고 미리 ＿＿＿＿＿＿＿ 일이 늦게 끝나서 갈 수 없었어요.

02 보기 와 같이 두 문장을 한 문장으로 완성하십시오.

> 보기
> 내가 참다 / 참지 못하고 동생과 싸우고 말다
> → 내가 참았어야 했는데 참지 못하고 동생과 싸우고 말았다.

(1) 미리 연락을 하다 / 하지 못해서 죄송하다

　　→ ＿＿＿＿＿＿＿＿＿＿＿＿＿＿＿＿＿＿＿＿＿＿＿ .

(2) 소금을 적게 넣다 / 소금을 많이 넣어서 짜다

　　→ ＿＿＿＿＿＿＿＿＿＿＿＿＿＿＿＿＿＿＿＿＿＿＿ .

(3) 그는 합격하기를 바랐으면 열심히 공부를 하다 / 놀기만 하다

　　→ ＿＿＿＿＿＿＿＿＿＿＿＿＿＿＿＿＿＿＿＿＿＿＿ .

(4) 오래 걸을 줄 알았으면 편한 신발을 신다 / 구두를 신었더니 발이 아프다

　　→ ＿＿＿＿＿＿＿＿＿＿＿＿＿＿＿＿＿＿＿＿＿＿＿ .

–아/어 내다

의미 어떤 일을 끝내거나 완성했다는 뜻을 나타낼 때 사용한다.

- 가 : 어제 메달을 딴 '신아영' 선수의 경기를 봤어? 정말 감동적이더라.
  나 : 응, 부상을 **이겨 내고** 경기에 나온 것만 하더라도 정말 대단한 것 같아.

예문
(1) 세 시간 만에 그 문제의 답을 **찾아 냈다**.

(2) 그 아이는 어려워도 마지막까지 그 책을 **읽어 냈다**.

(3) 아무리 힘든 일이 있어도 **참아 내면** 좋은 일이 생길 겁니다.

(4) 가 : 명수 씨, 일은 모두 끝났나요?
  나 : 네, 일주일 동안 동료들과 고생한 덕분에 일을 **완성해 냈어요**.

(5) 가 : 그렇게 담배를 좋아하던 현우 씨가 담배를 끊었다면서요?
  나 : 네, 담배를 피고 싶은 유혹을 **이겨 내고** 끊은 걸 보면 정말 대단한 것 같아요.

자세히 알아 봅시다

–아/어 내다	동사
	이기다 → 이**겨 내다**
	참다 → 참**아 내다**

1️⃣ '–아/어 내다'는 동사 '하다, 찾다, 알다'와 결합하여 '해내다', '찾아내다', '알아내다'와 같이 한 단어로 붙여서 사용한다.

예 김 과장님이 이번 일을 **해 냈다**.
  오랜 논의 끝에 해결 방법을 **찾아 냈다**.
  그녀의 전화번호를 친구를 통해서 **알아 냈다**.

2️⃣ '–아/어 내다'는 보통 '참다', '극복하다', '견디다'와 같이 어떤 어려운 일을 극복했다는 뜻의 동사와 같이 사용된다.

예 그는 부상을 **이겨 내고** 금메달을 땄다.
  그는 고통을 **견뎌 내고** 성공적으로 수술을 마쳤다.
  그는 어려운 환경을 **극복해 낸** 성공한 사업가이다.

3️⃣ '–아/어 내다'는 '–고 말겠다'와 같이 사용하여 강조의 뜻을 나타낸다.

예 누가 범인인지 반드시 찾**아내고 말겠다**.

연습문제 e x e r c i s e

01 다음 보기 의 단어를 사용하여 문장을 완성하십시오.

보기	하다	이기다	참다	찾다	기억하다	알다

(1) 아이는 주사를 맞으면서 울지 않고 잘 _____.

(2) 그는 혼자 힘으로 그 일을 성공적으로 _____.

(3) 이 영화는 암에 걸린 한 남자가 강한 정신력으로 병을 _____ 감동적인 이야기이다.

(4) 그 사람의 이름을 _____ 노력했지만 생각이 나지 않아서 계속 웃고만 있었다.

(5) 그는 몇 사람에게 물어 보고 나서야 그녀의 전화번호를 _____ 수 있었다.

02 보기 와 같이 대화를 완성하십시오.

보기	가 : 프로젝트는 다 끝났나요?
	나 : 네, 매일 밤을 새다시피 해서 오늘 아침에서야 <u>완성해 냈어요</u>.

(1) 가 : 현우 씨, 술을 끊으셨다면서요?

　　나 : 네. 병원에 갔더니 의사 선생님이 술을 끊으라고 하셨어요.

　　　　하지만 중간에 다시 술을 마시고 싶은 유혹을 _____ 정말 힘들었어요.

(2) 가 : 이 문제의 답을 _____ ?

　　나 : 아니, 아직 찾지 못했어. 현우가 수학을 잘한다고 해서 현우에게 물어보려고 해.

(3) 가 : 탕홍, 아까 왕훙을 보고 계속 높임말을 하더라. 너 왕훙인 줄 몰랐어?

　　나 : 아까 만난 사람이 왕훙이었어? 아까 인사하는데 이름을 _____

　　　　생각이 안 나서.

(4) 가 : 어제 올림픽의 장미라 선수가 나오는 경기를 봤어요? 경기가 끝나고 눈물을 흘리는 모습이

　　　　정말 감동적이었어요.

　　나 : 네, 봤어요. 비록 메달은 따지 못했지만 힘든 상황을 _____ 올림픽에

　　　　참가한 것을 보니까 정말 대단하더라고요.

–다고(요)

의미 자신의 말을 다시 말하면서 강조할 때 사용한다.

- 가 : 어제 모임에 왜 안 오셨어요?
  나 : 어제 좀 아팠어요.
  가 : 뭐라고요?
  나 : 어제 아팠**다고요**.

예문 (1) 가 : 방금 일기예보에서 내일 날씨가 맑다고 했어?
  나 : 아니, 내일도 비가 온**다고요**.

(2) 가 : 현우 씨가 고등학교 때까지 축구선수였대요.
  나 : 네? 뭐라고요?
  가 : 현우 씨가 고등학교 때까지 축구선수**였다고요**.

(3) 가 : 탕홍 씨는 방학 때 고향에 갈 거예요?
  나 : 아니요. 이번 방학 때는 아르바이트를 하려고 해요.
  가 : 고향에 간**다고요**?
  나 : 아니요. 고향에 안 가고 아르바이트를 한**다고요**.

		동사	형용사	명사+이다
–(으)ㄴ/는 다고(요)	과거	가다 → 갔**다고요**	크다 → 컸**다고요**	학교 → 학교**였다고요**
		먹다 → 먹었**다고요**	많다 → 많았**다고요**	집 → 집**이었다고요**
	현재	가다 → 간**다고요**	크다 → 크**다고요**	학교 → 학교**다고요**
		먹다 → 먹는**다고요**	많다 → 많**다고요**	집 → 집**이다고요**
	미래	가다 → 가**겠다고요**	크다 → 크**겠다고요**	학교 → 학교**겠다고요**
		먹다 → 먹**겠다고요**	많다 → 많**겠다고요**	집 → 집**이겠다고요**

① '–다고요'가 이미 들은 것을 다시 한 번 확인할 때는 말끝을 올려 질문으로 나타낸다.

  예 뭐라고요? 그 음식이 맛이 없**다고요**?
    저더러 한국 사람이 다 됐**다고요**?

② '–다고요'와 '얼마나'를 같이 사용하면 강조하는 뜻을 나타낸다.

  예 어렸을 때 우리 아이가 **얼마나** 머리가 좋았다고요.
    얼음을 넣어서 마시면 **얼마나** 시원하다고요.

연습문제 e x e r c i s e

01 보기 와 같이 대화를 완성하십시오.

> 보기
> ① 가 : 어제 왜 모임에 안 오셨어요?
>   나 : 어제 좀 아팠어요.
>   가 : 뭐라고요?
>   나 : 어제 <u>아팠다고요.</u>
>
> ② 가 : 요즘 텔레비전 광고에서 맛있다고 해서 산 음료수인데 별로 맛이 없어요.
>   나 : 아니에요. 음료수에 얼음을 넣어서 마시면 <u>얼마나 시원하고 맛있다고요.</u>
>   지희 씨도 얼음을 넣어서 마셔 보세요.

(1) 가 : 탕홍 씨가 이번 시험에서 1등을 했대요.
  나 : 네? 누가요?
  가 : 탕홍 씨가 _____.

(2) 가 : 자야 씨, 이번 방학 때 뭐 할 거예요?
  나 : 제주도로 여행을 가려고 생각 중이에요.
  가 : 네?
  나 : _____.

(3) 가 : 일기예보를 보니까 내일 비가 올 거라고 해요.
  나 : 네? 오늘 비가 온다고요?
  가 : 아니요. _____.

(4) 가 : 하나 씨, 배가 고픈데 점심을 먹으러 갈까요?
  나 : 저는 조금 전에 먹었어요?
  가 : 뭐라고요?
  나 : _____.

(5) 가 : 명수 씨는 어렸을 때도 키가 작았지요?
  나 : 아니요. 어렸을 때는 _____. 여기 사진을 보세요.
  가 : 어? 그렇네요. 어렸을 때는 정말 키가 컸네요.

(6) 가 : 아침에 보니까 왕홍 씨가 머리가 아프다고 하던데 지금은 괜찮아요?
  나 : 아직도 좀 아픈 것 같아요. 어제 술을 많이 마셨거든요.
  가 : 어제 모임에서는 왕홍 씨가 술을 안 마셨잖아요.
  나 : 아니에요, 제시카 씨가 집에 가고 나서 술을 _____.
    혼자서 열 병이나 더 마셨어요.

–아/어 대다

의미   어떤 행동을 반복적으로 계속하거나 심하게 할 때 사용한다.

- 가 : 현우 씨, 오늘 평소보다 피곤한 것 같아요.
  나 : 네, 어제 아기가 **울어 대서** 잠을 못 잤거든요.

예문

(1) 그는 계속 밥을 사 달라고 **졸라 댄다**.

(2) 그가 이야기만 하면 사람들은 **웃어 댄다**.

(3) 엄마가 매일 잔소리를 **해 대서** 스트레스를 받는다.

(4) 가 : 그렇게 계속 **먹어 대면** 다시 뚱뚱해질 거야.
  나 : 괜찮아. 운동하면 되니까.

(5) 가 : 미안한데 조금 전에 뭐라고 했어?
  나 : 내가 한 말 못 들은 거야?
  가 : 사람들이 하도 **떠들어 대서** 소리가 들리지 않았어.

자세히 알아 봅시다

	동사
–아/어 대다	사다 → 사 **대다**
	먹다 → 먹어 **대다**

1️⃣ 보통 '–아/어 대다'는 말하는 사람의 부정적인 느낌을 나타낼 때 사용한다.

> 예   그렇게 계속 **먹어 대면** 뚱뚱해질 거야.
> → 쉬지 않고 계속 먹으면 뚱뚱해질 거라고 이야기한다.
>
> 아기가 **울어 대서** 잠을 한숨도 못 잤어요.
> → 아기가 계속 울어서 잠을 못 잤다고 이야기하고 있다.

2️⃣ '–아/어 대다'는 '마구', '막', '함부로', '자꾸', '계속' 등의 말과 같이 사용하기도 한다.

> 예   뒤에서 **마구** 밀어 대는 통에 앞으로 넘어져 버렸다.
> 아기가 엄마에게 **자꾸** 장난감을 사 달라고 졸라 댄다.

연습문제 exercise

01 보기 와 같이 문장을 완성하십시오.

> 보기
> 운동하지 않다 / 자꾸 먹다 / 살이 찌다
> → 운동하지 않고 자꾸 먹어 대면 살이 찔 거예요.

(1) 아침부터 고함을 지르다 / 목이 쉬다

→ _____ .

(2) 아이가 장난감을 사 달라고 조르다 / 울다

→ _____ .

(3) 도서관에서 옆 사람이 떠들다 / 공부를 하지 못하다

→ _____ .

(4) 날씨가 덥다고 아이스크림을 먹다 / 배탈이 나다

→ _____ .

02 보기 와 같이 대화를 완성하십시오.

> 보기
> 가 : 현우 씨, 많이 피곤해 보여요.
> 나 : 네, 어제 아기가 자꾸 울어 대서 잠을 못 잤어요.

(1) 가 : 자야 씨 방에 웬 상자가 이렇게 많이 쌓여 있어요?

　　나 : 룸메이트가 매일같이 인터넷으로 물건을 _____ 방이 정신이 없어요.

(2) 가 : 탕홍 씨는 노래방에 가면 마이크를 놓지 않는다면서요?

　　나 : 네, 어제도 혼자서 계속 _____ 오늘 목이 쉬었더라고요.

(3) 가 : 물을 많이 마셔도 목이 계속 아프네요.

　　나 : 그렇게 매일 소리를 _____ 목이 아플 수밖에요.

(4) 가 : 오늘 일찍 집에 왔네. 도서관에 간다고 하지 않았어?

　　나 : 도서관에 갔는데 옆 사람이 하도 _____ 공부에 집중을 할 수 없어서 일찍 왔어.

293

–(으)ㄹ락 말락 하다

의미 어떤 일이 거의 일어날 것 같다가 안 일어남을 나타낼 때 사용한다.

- 가 : 현우 씨, 어제 잠을 잘 못 잤나 봐요. 피곤해 보여요.
  나 : 네, 어제 잠이 겨우 **들락 말락 할 때** 전화가 와서 벨소리에 잠이 깼어요.

예문 (1) 그는 무슨 말을 **할락 말락 하다가** 그만두었다.

(2) 선반 위에 있는 그릇을 사용하려고 손을 뻗었는데 **닿을락 말락 한다.**

(3) 그녀가 **들릴락 말락 하는** 소리로 이야기 하는 바람에 제대로 알아들을 수 없었다.

(4) 가 : 아침부터 비가 **올락 말락 하면서도** 비가 안 오네요.
   나 : 그러게요. 비가 온다고 해서 세차를 안 했는데 할 걸 그랬어요.

(5) 가 : 하나 씨, 오늘 백화점에서 세일을 한다는데 같이 갈래요?
   나 : 자야 씨, 얼마 전에 돈이 없다고 하지 않았어요?
   가 : 돈이 **떨어질락 말락 했는데** 부모님께서 돈을 부쳐 주셨어요.

	동사
–(으)ㄹ락 말락 하다	들리다 → 들**릴락 말락 하다**
	닿다 → 닿**을락 말락 하다**

① '–(으)ㄹ락 말락 하다'는 '–(으)ㄹ 듯 말듯 하다'로 바꿔 사용할 수도 있다.

예 그녀는 들**릴락 말락 하는** 소리로 이야기한다.

= 그녀는 들**릴 듯 말듯 하는** 소리로 이야기한다.

비가 **올락 말락 하면서도** 안 온다.

= 비가 **올 듯 말듯 하면서도** 안 온다.

연습문제 exercise

01 보기 와 같이 문장을 완성하십시오.

> 보기
> 그녀는 들리다 / 작은 소리로 속삭이다
> → 그녀는 들릴락 말락 하는 작은 소리로 속삭였다.

(1) 선반 위에 가방이 떨어지다 / 밑에 두다

→ _____ .

(2) 그는 무슨 말을 하다 / 그만두다

→ _____ .

(3) 돈이 떨어지다 / 부모님께서 돈을 부쳐 주다

→ _____ .

(4) 아기가 잠들다 / 전화벨이 울리다 / 아기가 깨다

→ _____ .

02 보기 와 같이 대화를 완성하십시오.

> 보기
> 가 : 어제 잠을 잘 못 잤나 봐요. 피곤해 보여요.
> 나 : 네, 어제 잠이 겨우 들락 말락 할 때 전화가 와서 벨소리에 잠이 깼어요.

(1) 가 : 하늘을 보니까 비가 _____.

나 : 그러게요. 어제 일기예보 보니까 비가 안 온다고 했는데 비가 올 것 같네요.

(2) 가 : 선반 위에 있는 그릇이 _____ 위험해 보여요.

나 : 어, 그렇네요. 밑에 두어야겠어요.

(3) 가 : 텔레비전 소리를 좀 크게 해 보세요. 소리가 작아서 뉴스가 _____.

나 : 이 소리가 작다는 말씀이세요? 소리를 더 크게 하면 너무 시끄러워요.

(4) 가 : 현우 씨, 아까부터 계속 말을 _____ 하고 있던데 저한테 할 이야기가 있어요?

나 : 히로미 씨, 혹시 이번 주 일요일에 시간이 있으면 같이 영화 볼래요?

가 : 좋아요.

−기 십상이다

의미   앞 문장의 상황이 되기 쉽다거나 그럴 가능성이 크다는 것을 나타낼 때 사용한다.

> ■ 가 : 조금 있으면 엄마 올 시간이니까 빨리 청소하자. 청소를 안했다가는 엄마한테 혼나**기**
> **십상이야.**
> 나 : 응, 알았어. 오빠.

예문

(1) 전문가의 말을 듣지 않으면 실패하**기 십상이다.**

(2) 서두르다 보면 오히려 물건을 잊어버리**기 십상입니다.**

(3) 안전장비를 갖추지 않고 오토바이를 타면 다치**기 십상이니** 주의해야 한다.

(4) 가 : 조심해서 올라와.

　　나 : 알겠어. 여기에서 발을 잘못 디디면 떨어지**기 십상이겠다.**

(5) 가 : 우리 안에 들어가서 기다리자. 여기는 너무 추워서 온몸이 얼 것 같아.

　　나 : 그래. 여기 조금만 더 있다가는 얼어 죽**기 십상이겠어.**

자세히
알아
봅시다

	동사
−기 십상이다	오다 → 오**기 십상이다**
	먹다 → 먹**기 십상이다**

1 '−기 십상이다'는 '−기 쉽다'로 바꿔 사용할 수 있다.

> 예 여기에서 발을 잘못 디디면 떨어지**기 십상이다.**
> = 여기에서 발을 잘못 디디면 떨어지**기 쉽다.**
>
> 여기서 조그만 더 있으면 얼어 죽**기 십상이다.**
> = 여기서 조그만 더 있으면 얼어 죽**기 쉽다.**
>
> 서두르다 보면 물건을 잃어버리**기 십상이다.**
> = 서두르다 보면 물건을 잃어버리**기 쉽다.**

2 '−기 십상이다'는 앞에는 보통 부정적인 표현이 온다.

> 예 여기에서 발을 잘못 디디면 떨어지기 십상이다.
> 청소를 하지 않았다가는 엄마한테 혼나기 십상이다.
> 안전장비를 갖추지 않고 오토바이를 타면 크게 다치기 십상이다.

연습문제 exercise

01 보기 와 표현을 골라 문장을 완성하십시오.

| 보기 | 배탈이 나다 | 쓰러지다 | 실패하다 | 시험에 떨어지다 | 사고가 나다 |

(1) 경험자의 말을 듣지 않으면 _____.

(2) 공부하지 않으면 _____.

(3) 무리하게 일을 하다가는 _____.

(4) 안전모를 쓰지 않고 오타바이를 타다가는 _____.

(5) 아무리 날씨가 덥다고 해서 아이스크림만 먹으면 _____.

02 보기 의 단어를 사용하여 대화를 완성하십시오.

| 보기 | 잊어버리다 | 시험을 망치다 | 건조하다 | 살이 찌다 | 오해를 받다 |

(1) 가 : 추운데 왜 계속 문을 열어? 좀 닫아.

　　나 : 안 돼. 춥다고 계속 문을 닫으면 방 안의 공기도 안 좋은데다가 _____.

(2) 가 : 내일 시험인데 공부를 안 해서 걱정이야. 오늘 밤을 새워서라도 공부를 해야겠어.

　　나 : 밤을 새워 공부를 하면 _____ 일찍 자고 아침에 일찍 일어나서 책을 보는

　　　　게 좋을 것 같아.

(3) 가 : 밤이 되니까 배가 고프네. 피자를 주문해서 먹어야겠다.

　　나 : 저녁밥을 먹은 지 얼마 안 됐잖아. 그렇게 밤늦게 많이 먹으면 다시 _____

　　　　_____.

(4) 가 : 지희야, 요즘 현우와 다니던데 두 사람이 사겨?

　　나 : 아니야, 과제 때문에 매일 만나는 거뿐이야.

　　가 : 두 사람이 같이 다니다가는 애인으로 _____.

-잖아(요)

의미 듣는 사람이 알고 있는 이유를 말하거나 알고 있는 사실을 확인할 때 사용한다.

- 가 : 내일 방학해요?
  나 : 선생님께서 다음 주에 한다고 하셨**잖아요**.

예문 (1) 가 : 지희 씨는 명수 씨를 싫어해요?
　　　　 나 : 왜요?
　　　　 가 : 지희 씨는 명수 씨만 만나면 싸우**잖아요**.
　　　(2) 가 : 지희 씨가 영어 말하기대회에서 1등을 했어요.
　　　　 나 : 지희 씨는 어렸을 때부터 영어를 잘했**잖아요**.
　　　(3) 가 : 명수가 합격했어?
　　　　 나 : 아니, 명수는 떨어**졌잖아**.
　　　(4) 가 : 민호의 결혼식이 언제지?
　　　　 나 : 다음 **주잖아**.

자세히 알아 봅시다

	동사	형용사	명사 + 이다
과거	가다 → **갔잖아요**	크다 → **컸잖아요**	애인 → 애인**이었잖아요**
	먹다 → 먹**었잖아요**	작다 → 작**았잖아요**	친구 → 친구**였잖아요**
현재	가다 → 가**잖아요**	크다 → 크**잖아요**	애인 → 애인**이잖아요**
	먹다 → 먹**잖아요**	작다 → 작**잖아요**	친구 → 친구**잖아요**
미래	가다 → **갈 거잖아요**	크다 → **클 거잖아요**	애인 → 애인**일 거잖아요**
	먹다 → 먹**을 거잖아요**	작다 → 작**을 거잖아요**	친구 → 친구**일 거잖아요**

1 '-잖아요'는 자신이 말한 충고를 듣지 않았을 때 비난의 뜻으로도 사용한다.

　예 가 : 뜨거우니까 조심해.
　　　 나 : 알았어. 앗! 뜨거워.
　　　 가 : 내가 조심하라고 **했잖아**.

2 '-잖아요'는 보통 친구나 아주 친한 사람에게 사용한다. 또는 말하는 사람보다 나이가 적은 사람에게 사용한다.

　예 할아버지, 제가 어제 말씀드렸잖아요. (예의가 없는 느낌이 있다)

연습문제 exercise

01 다음 보기 와 같이 대화를 완성해 보십시오.

보기
> 가 : 우유를 싫어해요?
> 나 : 옛날에 말했잖아. (옛날에 말했다)

(1) 가 : 히로미가 오늘 한국에 도착하니?

　　나 : _____. (히로미는 내일 온다)

(2) 가 : 왕홍이 한국어능력시험에 합격했대요.

　　나 : _____. (왕홍은 공부를 잘한다)

(3) 가 : 오늘도 지각해서 선생님한테 혼났어요.

　　나 : _____. (일찍 일어나라고 했다)

(4) 가 : 미안해요. 제가 또 실수를 했어요.

　　나 : _____. (조심하라고 했다)

02 '–잖아요'를 사용해서 다음 대화를 완성하세요.

(1) 가 : 주말에 제주도에 갈까요?

　　나 : 제주도는 너무 _____. 가까운 데로 가요. (멀다)

(2) 가 : 저녁에 같이 떡볶이를 먹을까요?

　　나 : 지희 씨는 매운 음식을 _____. 순대를 먹어요. (못 먹다)

(3) 가 : 이번 여름 방학 때 일본으로 여행을 갈까요?

　　나 : _____. 부산이나 갑시다. (돈이 없다)

(4) 가 : 지희 씨는 방학 때마다 중국에 가더라고요.

　　나 : 지희 씨 남자 친구가 중국에 _____. (있다)

–더라고(요)

의미 말하는 사람이 과거에 직접 느끼거나 생각한 사실을 회상할 때 사용한다.

- 가 : 김 교수님의 강의는 어땠어요?
  나 : 제가 이해하기에는 조금 어렵**더라고요**.

예문 (1) 며칠 전에 부산에 갔다 왔는데 듣던 대로 예쁘**더라고요**.

(2) 어제 날씨가 굉장히 춥**더라고요**.

(3) 예전에는 김치를 못 먹었는데 계속 먹으니까 맛있**더라고요**.

(4) 가 : 한국 여름 날씨도 여기처럼 더워요?
   나 : 한국의 여름 날씨가 좀 더 덥**더라고요**.

(5) 가 : 이번 시험은 어땠어요?
   나 : 지난 시험보다 어렵**더라고요**.

자세히
알아
봅시다

	동사	형용사	명사+이다
과거	가다 → 갔**더라고요**	*	친구 → 친구**였더라고요**
	먹다 → 먹었**더라고요**		학생 → 학생**이었더라고요**
현재	가다 → 가**더라고요**	예쁘다 → 예쁘**더라고요**	친구 → 친구**더라고요**
	먹다 → 먹**더라고요**	곱다 → 곱**더라고요**	학생 → 학생**이더라고요**

1 '–더라고요'는 항상 말하는 사람이 보거나 들은 것을 말하기 때문에 '나'는 사용하지 않는다.

예 나는 동물원으로 소풍을 가더라고요. (×)

2 사람의 기분이나 감정을 말할 때는 '나'를 사용할 수 있다.

예 가 : 저는 비가 오면 기분이 좋아요.
   나 : 그래요? 저는 비만 오면 기분이 슬퍼지더라고요. (○)

☞ '나'가 아닌 다른 사람의 마음을 표현할 때는 '형용사+아/어하다'를 사용해야 한다.

예 누나는 그 드라마를 보고 슬퍼하더라고요. (×)
   누나는 그 드라마를 보고 **슬퍼해하더라고요**. (○)

3 '–더라고요'는 이미 알고 있는 사실을 말할 때는 사용하지 않는다.

예 우리 고향에는 산이 참 많더라고요. (×)
   (자기 고향에 산이 많다는 것은 이미 알고 있는 사실임)

연습문제 e x e r c i s e

01 서울을 여행하고 친구에게 이야기를 합니다. 다음 대화를 완성하십시오.

명수 : 서울에 다녀왔다면서요?

히로미 : 네, 정말 재밌었어요. _____.
(아름답다)

명수 : 그래요? 친구는 만났어요?

히로미 : 오랜만에 만났는데 _____.
(살이 많이 찌다)

명수 : 친구는 무슨 일을 해요?

히로미 : 원래 무역회사에 다녔는데 너무 힘들어서 _____.
(그만두다)

02 '–더라고(요)'를 사용해서 다음 대화를 완성하세요.

> **보기**
> 가 : 김 교수님 강의는 어땠어요?
> 나 : 제가 이해하기에는 조금 <u>어렵더라고요</u>. (어렵다)

(1) 가 : 새로 전학 온 학생이 잘 생겼다면서요?

　　나 : 네, _____. (키도 크다)

(2) 가 : 명수 씨는 무슨 일을 한대요?

　　나 : 가수 지망생이래요. 그래서 그런지 기타를 _____. (매고 있다)

(3) 가 : 지희 씨와 명수 씨가 사귄다면서요?

　　나 : 며칠 전에 봤는데 생각보다 _____. (잘 어울리다)

(4) 가 : 회사 면접은 어땠어요? 질문은 어려웠어요?

　　나 : 아니요, 생각보다 조금 _____. (쉽다)

–(으)ㄹ 걸 그랬다

의미   말하는 사람이 과거의 어떤 일을 하지 않은 것을 후회하거나 아쉬워할 때 사용한다.

- 가 : 어제 모임에 왜 안 왔어요? 재미있었는데.
- 나 : 재미있었어요? 저도 **갈 걸 그랬어요**.

예문

(1) 열심히 공부**할 걸 그랬어요**.

(2) 거짓말을 안 **할 걸 그랬어요**.

(3) 숙제를 미리미리 **할 걸 그랬어요**.

(4) 가 : 명수 씨, 돈 좀 빌려 줄 수 있어요?

     나 : 월급을 받은 지 얼마 안 되었는데 돈을 다 썼어요?

     가 : 그러게요. 좀 아껴 **쓸 걸 그랬어요**.

(5) 가 : 아까 왜 떡볶이를 왜 안 먹었어요? 얼마나 맛있었는데요.

     나 : 정말요? 매워 보여서 안 먹었는데 먹**을 걸 그랬어요**.

–(으)ㄹ 걸 그랬다	동사
	가다 → 갈 걸 그랬다
	먹다 → 먹을 걸 그랬다

① '–(으)ㄹ 걸 그랬다'는 문장 끝에 "그랬다"를 생략할 수 있다.

     예   공부할 걸 그랬어요.

        = 공부할 **걸**.

② '–(으)ㄹ 걸 그랬다'는 '–았/었어야 했다'로 바꿔 사용할 수 있다.

     예   미리 공부할 걸 그랬어요.

        = 미리 공부**했어야 했어요**.

③ 어떤 일을 한 것을 후회할 때는 '–지 말걸 그랬다' 또는 '안 –(으)ㄹ걸 그랬다'를 사용한다.

     예   이렇게 비가 많이 올 줄 알았으면 **안 갈걸 그랬어요**.

        이렇게 비가 많이 올 줄 알았으면 가**지 말걸 그랬어요**.

01 친구들이 어떤 일을 하고 나서 후회를 하고 있습니다. 보기 와 같이 '-(으)ㄹ 걸 그랬다'를 사용하여 문장을 완성하십시오.

> 보기　명수: "길에서 외국 사람을 만났는데 아무 말도 못했어요."
> → 미리 <u>영어 공부를 할 걸 그랬어요</u>.

(1) 수영 : "친구 집에 갔는데 아무도 없어서 그냥 돌아왔어요."

　→ 가기 전에 _____.

(2) 스티브 : "어제 친구랑 영화를 봤는데 너무 재미없었어요."

　→ 영화를 _____.

(3) 제시카 : "백화점에 가서 선물을 샀는데 너무 비싸게 샀어요."

　→ 세일을 할 때 _____.

(4) 현우 : "여자 친구와 놀이공원에 갔는데 비가 왔어요."

　→ 가기 전에 _____.

02 '-지 말걸 그랬다'를 사용해서 보기 와 같이 다음 문장을 완성하십시오.

> 보기　떡볶이가 너무 매워요.
> → <u>매울 줄 알았으면 먹지 말걸 그랬어요</u>.

(1) 가 : 오늘 연극 너무 재미없네요.

　나 : 그렇죠? _____.

(2) 가 : 기념품을 사고 보니까 다른 것보다 너무 비싼 것 같아요.

　나 : _____.

(3) 가 : 숙제를 오늘 밤에 다 하려니까 힘들지 않니?

　나 : 그러게. _____.

(4) 가 : 이 길은 차가 너무 많이 막히네요.

　나 : _____.

–만 못하다

의미 앞 대상과 비교하여 부족하거나 모자랄 때 사용한다.

- 가 : 이 옷은 어때요?
  나 : 처음에 본 것**만 못한** 것 같아요.

예문
(1) 지금 포기하면 안 하는 것**만 못하다.**
(2) 부부가 헤어져 사는 것은 결혼을 안 하는 것**만 못하다.**
(3) 나이가 드니까 건강이 예전**만 못하다.**
(4) 가 : 과유불급이라는 말이 무슨 뜻이에요?
  나 : 지나친 것은 모자람**만 못하다는 뜻**이에요.
(5) 가 : 이 찢어진 우산이라도 쓰세요.
  나 : 괜찮아요. 이 우산을 쓰느니 안 쓰는 것**만 못할** 것 같아요.

자세히
알아
봅시다

	명사
–만 못하다	친구 → 친구**만 못하다**
	애인 → 애인**만 못하다**

1 '–만 못하다'는 앞에 동사가 올 때는 '–느니만 못하다'의 형태로 사용한다.

  예 이 우산을 쓰느니 안 쓰**느니만 못할** 것 같아요.

연습문제 exercise

01 '−만 못하다'를 사용해서 다음 문장을 완성하십시오.

> **보기**
> 가 : 이 찢어진 우산이라도 쓰세요.
> 나 : 괜찮아요. 이 우산을 쓰느니 <u>안 쓰는 것만 못할 것 같아요</u>.

(1) 가 : 요즘 건강이 많이 안 좋아요.

　　나 : 맞아요. 나이가 드니까 건강이 _____. (예전)

(2) 가 : 저 사람은 설명을 잘 하지요?

　　나 : 아니에요. 설명이_____. (앞에 한 사람)

(3) 가 : 요즘은 너무 힘들어서 정말 포기하고 싶어요.

　　나 : 포기하지 말아요. 지금 포기하면 _____. (안 하다)

(4) 가 : 명수 씨, 일이 있어서 잠깐 인사만 하고 갈게요.

　　나 : 조금 더 있다가 가세요. 그렇게 일찍 가면 _____. (참석을 안 하다)

02 '−만 못하다'를 사용해서 다음 문장을 완성하십시오.

> **보기**　나이가 드니까 건강이 <u>예전만 못하다</u>.

(1) 어떤 일을 좋아하는 사람은 _____.

(2) 한 달만 일하고 회사를 그만두는 것은 _____.

(3) 멀리 있는 친척은 _____.

(4) 성의가 없는 사과를 하는 것은 _____.

–다니요?/–라니요?

의미 다른 사람의 말을 듣고 말하는 사람이 깜짝 놀라거나 믿을 수 없거나 감탄할 때 사용한다.

- 가 : 저 사람이 회사 사장이에요.

  나 : 사장이**라니요**? 경비 아니었어요?

예문 (1) 가 : 내일 고향으로 돌아가야겠어요.

  나 : 갑자기 내일 간**다니요**?

(2) 가 : 배가 불러서 못 먹겠어요.

  나 : 이제 와서 먹을 수 없**다니요**?

(3) 가 : 명수가 이번 시험에서 일등을 했대요.

  나 : 일등**이라니요**. 설마요.

(4) 가 : 지난 4월 15일에 눈이 왔어요.

  나 : 봄에 눈**이라니요**?

자세히 알아 봅시다

	동사	형용사	명사 + 이다
과거	가다 → **갔다니요**	예쁘다 → 예**뻤다니요**	친구 → 친구**였다니요**
	먹다 → **먹었다니요**	귀엽다 → 귀여**웠다니요**	사장 → 사장**이었다니요**
현재	가다 → 가**다니요**	예쁘다 → 예쁘**다니요**	친구 → 친구**라니요**
	먹다 → 먹**다니요**	귀엽다 → 귀엽**다니요**	사장 → 사장**이라니요**

1 '–다니요'는 '–다니'의 형태로 문장 가운데에서 사용할 수 있다.

예 회사가 망했**다니** 믿을 수가 없어요.

지희 씨가 학생이**라니** 정말 말도 안 돼요.

연습문제 e x e r c i s e

01 다음 보기 와 같이 대화를 완성해 보십시오.

> 보기
> 가 : 저 내일 고향에 돌아가요.
> 나 : 네? 내일 돌아간다니요? 우리 여행가기로 했잖아요.

(1) 가 : 아이가 상한 음식을 먹고 배탈이 났어요.

　　나 : ＿＿＿＿＿＿＿＿＿＿＿＿＿＿＿＿＿? 조금 전만 해도 괜찮았잖아요.

(2) 가 : 오늘 술이나 한잔 합시다.

　　나 : ＿＿＿＿＿＿＿＿＿＿＿＿＿＿＿＿＿? 내일 승진 시험이 있잖아요.

(3) 가 : 며칠 전에 지희 씨 고향에서 지진이 났다면서요?

　　나 : ＿＿＿＿＿＿＿＿＿＿＿＿＿＿? 어제 고향에서 돌아왔는데요.

(4) 가 : 명수가 여자 친구랑 헤어졌나 봐요.

　　나 : ＿＿＿＿＿＿＿＿＿＿＿＿＿? 어제 두 사람이 같이 가는 것을 봤는데요.

02 '-다니'를 사용해서 다음 대화를 완성하세요.

> 보기
> 탕홍 씨가 내일 고향으로 돌아간다니 믿을 수 없어요.

(1) 명수가 수업시간에 ＿＿＿＿＿＿＿＿＿＿＿＿＿＿＿＿＿ 믿을 수 없어요.

(2) 공연이 취소가 ＿＿＿＿＿＿＿＿＿＿＿＿＿＿＿＿ 황당하네요.

(3) 주문한 옷이 오지 않았는데 ＿＿＿＿＿＿＿＿＿＿＿＿＿＿ 어이가 없네요.

–기 나름이다

의미 어떤 일이 어떻게 하는 것에 따라서 달라질 수 있음을 나타낼 때 사용한다.

- 가 : 선생님, 어떻게 하면 한국어를 잘 할 수 있을까요?
  나 : 탕홍 씨가 노력하**기 나름이에요.**

예문
(1) 모든 것은 생각하**기 나름이다.**
(2) 아이들의 잘못된 버릇은 부모가 가르치**기 나름입니다.**
(3) 이 일을 어떻게 해결하느냐는 그 사람이 결정하**기 나름입니다.**
(4) 가 : 이 휴대전화 지난달에 샀는데 벌써 고장이 났어. 싸게 주고 사서 그런가.
  나 : 가격이랑은 상관없어. 전자제품은 사용하**기 나름이야.**
(5) 가 : 히로미 씨는 무슨 옷을 입어도 잘 어울리는 것 같아요. 정말 부러워요.
  나 : 하나 씨도 화장해서 꾸며 보세요. 여자는 꾸미**기 나름이라는** 말도 있잖아요.

자세히
알아
봅시다

	동사
–기 나름이다	하다 → 하**기 나름이다**
	먹다 → 먹**기 나름이다**

① '–기 나름이다'는 '–(으)ㄹ 나름이다', '–기에 달려 있다'로 바꿔 사용할 수도 있다.

- 예 성공과 실패는 자기가 하**기 나름이다.**
  = 성공과 실패는 자기가 **할 나름이다.**
  = 성공과 실패는 자기가 하기**에 달려 있다.**

  모든 일은 그 사람이 결정하기**에 나름입니다.**
  = 모든 일은 그 사람이 결정**할 나름입니다.**
  = 모든 일은 그 사람이 결정하**기에 달려 있습니다.**

② '나름'은 '나', '그', 또는 보통 명사에 붙여서 사용하기도 한다. 이때는 '자체적으로' 또는 '스스로 판단하여'라는 뜻을 나타낸다.

- 예 그는 **그 나름대로** 노력하고 있다.
  이번 일은 **나 나름대로** 애를 썼다.
  모든 나라의 음식은 **그 음식 나름대로**의 맛과 향이 있다.

연습문제 exercise

01 보기 의 단어를 골라서 문장을 완성하십시오.

| 보기 | 생각하다 | 가르치다 | 노력하다 | 결정하다 | 미루다 |

(1) 모든 일은 그 사람이 _____.

(1) 성공은 스스로 _____.

(2) 아이들의 잘못된 버릇은 부모들이 _____.

(3) 행복은 사람들이 스스로 _____.

02 보기 와 같이 대화를 완성하십시오.

보기
가 : 선생님, 어떻게 하면 한국어를 잘 할 수 있을까요?
나 : 그것은 노력하기 나름이에요.

(1) 가 : 제가 이번 한국어 시험에 합격할 수 있을까요?

　　나 : 걱정하지 말아요. 모든 일은 _____.

　　　　열심히 공부하면 이번 시험에 꼭 합격할 거예요.

(2) 가 : 요즘 신문뿐만 아니라 주위에 보면 이혼하는 사람들이 많아요.

　　　　그래서 그런지 결혼을 자꾸 망설이게 돼요.

　　나 : 결혼 생활도 모두 자기 _____.

　　　　결혼한다고 해서 모두 이혼 하는 것은 아니잖아요.

(3) 가 : 올해도 여자 친구 없이 혼자서 크리스마스를 보내게 됐어요.

　　　　나는 언제쯤 여자 친구가 생길까요?

　　나 : 명수 씨, 인연도 _____.

　　　　여자 친구를 만들려면 명수 씨도 노력해야지요.

(4) 가 : 요즘에 일이 많아서 계속 스트레스가 쌓여요. 게다가 스트레스를 풀 시간도 없어요.

　　나 : 스트레스도 자신이 _____. 편안하게 생각하세요.

-(으)ㄹ래야 (으)ㄹ 수가 없다

의미 말하는 사람이 의지를 가지고 아무리 노력해도 더 이상 어떻게 할 수 없음을 나타낼 때 사용한다.

- 가 : 소포는 부쳤어?

  나 : 미안. 지갑을 놓고 가서 소포를 **부칠래야** 부칠 **수가 없었어.**

예문 (1) 사람이 많아서 앉**을래야** 앉**을 수가 없었습니다.**

(2) 그는 도저히 믿**을래야** 믿**을 수 없는** 사람이다.

(3) 돈이 없어서 여행을 **갈래야 갈수가 없다.**

(4) 가 : 명수 씨, 얼굴이 안 좋아 보여요.

  나 : 어제 옆집에서 파티를 하는지 계속 떠들어 대서 잠을 **잘래야 잘 수가 없었어요.**

(5) 가 : 배고픈데 뭐 좀 먹을까? 냉장고에 먹을 거 없어?

  나 : 뭐가 있어야지 먹지. 아무 것도 없어서 먹**을래야** 먹**을 수가 없어.**

	동사
-(으)ㄹ래야 (으)ㄹ 수가 없다	가다 → **갈래야** 갈 수가 없다
	먹다 → 먹**을래야** 먹을 수가 없다

1 '-(으)ㄹ래야 -(으)ㄹ 수가 없다'는 '-(으)ㄹ래야'의 형태로도 사용한다.

  예 뭘 좀 먹**을래야** 먹을 것이 있어야 먹지요.

  ☞ 이때 '-(으)ㄹ래야' 뒤에는 '-이/가 없다'가 오기도 한다.

  예 사람이 많아서 앉**을래야** 앉을 곳**이 없다.**

2 '-(으)ㄹ래야 -(으)ㄹ 수가 없다'는 '-(으)려고 해도 -(으)ㄹ 수가 없다'와 바꿔 사용할 수 있다.

  예 사람이 많아서 앉**을래야** 앉을 수가 없었다.

    = 사람이 많아서 앉**으려고 해도** 앉을 수가 없었다.

  그는 믿**을래야** 믿을 수가 없는 사람이다.

    = 그는 믿**으려고 해도** 믿을 수가 없는 사람이다.

연습문제 e x e r c i s e

01 '-(으)ㄹ래야 (으)ㄹ 수 없다'를 사용하여 보기 의 단어를 골라 문장을 완성하십시오.

> 보기 먹다   일찍 일어나다   만들다   앉다   마시다

(1) 김치는 만드는 방법이 복잡해서 _____.

(2) 사람이 많아서 _____.

(3) 목이 너무 아파서 찬물을 _____.

(4) 어제 너무 늦게 자서 _____.

(5) 냉장고에 아무 것도 없어서 무엇을 _____.

02 보기 와 같이 대화를 완성하십시오.

> 보기
> 가 : 하나 씨, 아직도 점심 안 먹었어요?
> 나 : 네, 하도 일이 바빠서 점심을 <u>먹을래야 먹을</u> 시간이 없었어요.

(1) 가 : 명수 씨, 빌려 준 책을 다 읽었어요?

　　나 : 아니요, 요즘 일이 많아서 _____ 시간이 없었어요.

(2) 가 : 왜 집에 들어가지 않고 밖에 있어?

　　나 : 열쇠가 없어서 집에 _____ 들어갈 수가 있어야지.

　　　　너 올 때까지 얼마나 기다렸는지 몰라. 빨리 들어가자.

(3) 가 : 스티브 씨, 이번에 이사한다고 하셨지요?

　　나 : 이사하려고 했는데 집값이 너무 올라서 _____.

　　　　아무래도 이 집에서 계속 살아야겠어요.

01

> 가 : 죄송해요. 어제 너무 피곤해서 연락을 못 드렸어요.
>
> 나 : 아무리 피곤해도 연락을 ( ). 제가 얼마나 많이 기다린 줄 아세요?

① 했어야지요   ② 했겠지요

③ 해야했지요   ④ 해야겠지요

02

> 가 : 어제 잠을 못 잤어요? 피곤해 보여요.
>
> 나 : 잠이 ( ) 했는데 전화가 와서 잠이 깼어요.

① 들지 말지   ② 들든지 말든지

③ 들락 말락   ④ 들거나 말거나

03

> 가 : 목소리가 왜 그래요?
>
> 나 : 아이들 셋을 키우느라고 소리를 ( ) 목이 쉬어 버렸어요.

① 질러 내서   ② 질러 놓고

③ 질러 대서   ④ 질러 봐서

04

> 가 : 왕홍 씨는 수업이 끝나자마나 바로 집에 가네요.
>
> 나 : 지난번에 왕홍 씨가 아르바이트 한다고 ( ).

① 했을까요   ② 했더라고요

③ 했고 말고요   ④ 했잖아요

05

> 가 : 저 식당 음식이 맛있어요?
>
> 나 : 지난번에 왕홍 씨와 먹었는데 ( ).

① 맛있더라고요   ② 맛있겠는 걸요

③ 맛있고 말고요   ④ 맛있었어야 해요

06

> 가 : 이번 한국어능력시험이 쉬웠다면서요?
>
> 나 : 그러게요. 이렇게 쉬울 줄 알았으면 이번에 (   ) 그랬어요.

① 치는 걸   ② 칠 걸

③ 쳤을 걸   ④ 치겠는 걸

07

> 가 : 오늘 모임이 몇 시부터였어요?
>
> 나 : 모임이 취소됐어요. 미리 연락(   ) 죄송해요

① 했어야 했는데   ② 했으면 했는데

③ 했다면 했는데   ④ 했다시피 했는데

08

> 가 : 명수 씨, 벌써 이 문제의 답을 (   )?
>
> 나 : 네, 그렇게 어렵지 않은 걸요.

① 찾는 내다니요   ② 찾기 나름이에요

③ 찾아냈어요   ④ 찾고 말고요

09

> 가 : 조금 전에 누가 온다고 했어요?
>
> 나 : 왕홍 씨가 (   ).

① 오고 말고요   ② 온다고요

③ 오더라고요   ④ 오던데요

10

> 가 : 하늘을 보니까 비가 (   ) 하네요.
>
> 나 : 그래요? 혹시 모르니까 우산을 가지고 가세요.

① 올 걸 말 걸   ② 올지 말지

③ 올락 말락   ④ 올래야 올 수

11

> 가 : 어제도 잠을 못 잔거예요?
>
> 나 : 말도 마세요. 아이가 밤새도록 울어서 (   ) 잘 수가 없었어요.

① 잘래야 ② 잤어야
③ 잘락 말락 ④ 잤을까

12

> 가 : 이번 학기에 기말 시험이 없대요.
>
> 나 : 기말 시험이 (   )? 정말이에요?

① 없라니요 ② 없거든요
③ 없잖아요 ④ 없다니요

13

> 가 : 왜 더 안 드시고요?
>
> 나 : 목이 아파서 더 (   ) 먹을 수가 없네요.

① 먹었어야 ② 먹을래야
③ 먹는다가는 ④ 먹는다면

14

> 가 : 시험 날짜가 다가오니까 불안해요.
>
> 나 : 모든 일은 생각하기 (   ) 너무 걱정하지 마세요.

① 따름이니까 ② 나름이니까
③ 십상이니까 ④ 마련이니까

15~21 다음 밑줄 친 부분이 맞는 것을 고르십시오.

15 ① 여기 지난번에 먹어 보니까 맛있었던데요.
② 네가 동생이니까 먼저 형한테 사과해야지.
③ 다음 주에 학교 근처로 이사하기로 되었습니다.
④ 무슨 일이든지 열심히 하는 사람에게는 못 당할 법이에요.

16 ① 늦게 시작하면 일찍 왔어야 <u>하는 걸요</u>.
② 내일 비가 <u>온다고 해도</u> 약속을 취소했다.
③ 환경을 <u>보호하거든</u> 일회용 상품을 사용하면 안 된다.
④ 내일 중국에 <u>가다니요</u>? 도대체 무슨 일이 있는 거예요?

17 ① 네가 형이니까 싸우지 말고 <u>참았어야 했어</u>.
② 서두르다 보면 누구든지 실수를 <u>하는</u> 셈이다.
③ 제주도에서 한라산만 보더라도 다 <u>구경한 법이에요</u>.
④ 아이들 방이 조용한 걸 보니 잠이 <u>들기 마련이네요</u>.

18 ① 늦게 <u>일어나느라고</u> 지각했어요.
② 오랫동안 <u>일해 간</u> 직장을 그만두려니 아쉽네요.
③ 사람이 너무 많아서 친구의 목소리를 <u>들을래야</u> 들을 수가 없었다.
④ 많은 사람들이 <u>도와 준 탓에</u> 일찍 일을 마칠 수가 있었다.

19 ① 여름 원피스를 <u>살 바에</u> 구두도 같이 샀다.
② 계단에서 <u>넘어지느라고</u> 커피를 쏟아 버렸다.
③ 어제 일기예보를 <u>봤으니까</u> 오늘 비가 온대요.
④ 담배를 피우고 싶은 유혹을 <u>참아내기가</u> 가장 힘들었다.

20 ① 주말이라서 일찍 <u>퇴근했으려던</u> 참입니다.
② 이 회사에서 일한 지도 벌써 10년이 <u>되어 오네요</u>.
③ 그는 매일 아침 운동을 해서 그런지 <u>건강할 지경이다</u>.
④ 방학 때 중국에 여행을 갔는데 음식이 정말 <u>맛있더라고요</u>.

21 ① 행복은 마음먹기 나름이다.

② 배가 고파서 라면을 먹은 것만 못하다.

③ 차가 많이 막혀서 지각하고 말겠다.

④ 아침에 게시판을 보니 시험 날짜가 붙고 있었다.

22~25 다음 밑줄 친 부분과 바꿔 사용할 수 있는 말을 고르십시오.

22

> 가 : 비 오는 날에 그렇게 높은 신발을 신으면 넘어지기 쉬우니까 낮은 신발을 신고 가.
>
> 나 : 괜찮아요. 오후에는 그친다고 했어요.

① 나름이니까

② 십상이니까

③ 지경이니까

④ 하면 되니까

23

> 가 : 백화점에 가니까 네가 사고 싶은 노트북이 더 비싸졌던데.
>
> 나 : 응. 나도 봤어. 이렇게 비싸질 줄 알았으면 세일할 때 샀어야 했는데.

① 샀더라면 했는데

② 샀을 만했어

③ 산 다면 했는데

④ 살걸 그랬어

24

> 가 : 저 사람은 어려운 환경 속에서도 저렇게 성공하다니 정말 대단해요.
>
> 나 : 성공과 실패는 모두 자기가 <u>하기 나름이잖아요</u>.

① 하기에 달려 있잖아요   ② 하기에도 힘들잖아요

③ 하기 마련일 수 밖에 없잖아요   ④ 하기 따름일 수 밖에 없지요.

25

> 가 : 저 사람은 아무리 <u>믿으려고 해도</u> 믿을 수가 없어요.
>
> 나 : 그러게요. 거짓말을 좀 자주하는 것 같아요.

① 믿기에   ② 믿을래야

③ 믿어 봤자   ④ 믿으려고 하다가

–에 따라(서)

의미 앞의 명사를 기준으로 하여 뒤의 문장이 달라지거나 차이가 있음을 나타낸다.

- 가 : 한국 사람들은 무슨 일이든지 빨리 하는 것 같아요.
  나 : 아니에요. 사람**에 따라서** 달라요.

예문

(1) 날씨**에 따라** 사람의 기분이 변합니다.

(2) 학교**에 따라** 등록금이 다르다.

(3) 문화**에 따라서** 인사하는 방법이 다르다.

(4) 가 : 영어를 어렸을 때부터 배우면 더 잘 할 수 있어요?
   나 : 아니에요. 사람**에 따라** 달라요.

(5) 가 : 김치는 맛이 모두 같아요?
   나 : 김치는 지역**에 따라서** 맛이 조금씩 달라요.

자세히
알아
봅시다

–에 따라서	명사
	친구 → 친구**에 따라서**
	사람 → 사람**에 따라서**

1 '–에 따라서'가 그 기준으로 하여 차이가 있다는 의미로 사용될 때는 '–마다'와 바꿔 사용할 수 있다.

- 예 학교**에 따라서** 등록금이 다르다.
   = 학교**마다** 등록금이 다르다.

   날씨에 따라서 사람의 기분이 변합니다.
   날씨마다 사람의 기분이 변합니다. (×)
   (이때는 날씨에 따라서 사람의 기분이 달라진다는 뜻이기 때문에 '-마다'를 사용할 수 없다.)

연습문제 exercise

01 다음 보기 와 같이 대화를 완성해 보십시오.

> **보기**
>
> 가 : 와인은 정말 맛있는 것 같아요.
> 나 : 네, 또 먹는 방법에 따라 맛도 달라져요. (방법)

(1) 가 : 사람을 만날 때는 예의가 참 중요해요.

　　나 : 맞아요. ＿＿＿＿＿＿＿＿＿＿＿＿＿＿＿＿＿＿. (문화)

(2) 가 : 컴퓨터 가격은 다 똑같아요?

　　나 : ＿＿＿＿＿＿＿＿＿＿＿＿＿＿＿＿＿＿＿＿＿. (성능)

(3) 가 : 취업할 때 준비할 게 정말 많아요.

　　나 : 아니에요, ＿＿＿＿＿＿＿＿＿＿＿＿＿＿＿＿. (회사)

(4) 가 : 말하기 평가는 기준이 모두 똑같아요?

　　나 : 아니요, ＿＿＿＿＿＿＿＿＿＿＿＿＿＿＿＿＿. (선생님)

02 다음 보기와 같이 결과를 보고 그 기준을 이야기해 보십시오.

> **보기**　운동선수의 연금은 경기 결과에 따라 결정된다.

(1) ＿＿＿＿＿＿＿＿＿＿＿＿＿＿＿＿＿＿＿＿＿ 나라의 미래가 결정된다.

(2) 아이의 ＿＿＿＿＿＿＿＿＿＿＿＿＿＿＿＿ 미래가 결정되는 것은 아니다.

(3) 냉장고는 ＿＿＿＿＿＿＿＿＿＿＿＿＿＿＿＿＿＿ 가격이 달라진다.

(4) 이상형은 사람의 ＿＿＿＿＿＿＿＿＿＿＿＿＿＿＿＿ 다르다.

(5) 역사적으로 미인은 사람들의 ＿＿＿＿＿＿＿＿＿＿＿＿ 변해 왔다.

–(으)로 인해(서)

의미

앞 명사가 원인이나 이유가 될 때 사용한다.

- 가 : 지금 비행기가 출발하나요?
  나 : 죄송합니다. 태풍**으로 인해** 취소되었습니다.

예문

(1) 교통사고로 **인해** 길이 막혀서 대부분의 학생이 지각했다.
(2) 장마**로 인해** 비가 많이 올 것입니다.
(3) 과음**으로 인해** 건강이 나빠졌다.
(4) 가 : 요즘 과일 값이 많이 올랐지요?
  나 : 네, 가뭄**으로 인해** 가격이 오른 것 같아요.
(5) 가 : 병원에 입원했다고요?
  나 : 네, 담배**로 인해** 폐가 많이 나빠졌대요.

자세히
알아
봅시다

–(으)로 인해서	명사
	친구 → 친구**로 인해서**
	태풍 → 태풍**으로 인해서**

1. '–(으)로 인해서'는 청유나 명령과 같이 사용할 수 없다.

   예 환경오염으로 인해서 많은 문제가 생기세요. (×)
   환경오염으로 인해서 많은 문제가 생깁시다. (×)

2. '–(으)로 인해서'는 '–(으)로 인한'의 형태로도 사용된다.

   예 졸음운전으로 인한 사고가 해마다 늘고 있다.

3. '–(으)로 인해서'는 보통 뉴스나 신문기사 등에서 많이 사용된다.

   예 (텔레비전 뉴스에서) 어젯밤에 내린 비로 인해서 곳곳이 침수되고 있습니다.
   해마다 졸음음전으로 인한 사고가 늘고 있다고 합니다.

연습문제 e x e r c i s e

01 다음 보기 의 단어를 사용해서 문장을 완성하십시오.

| 보기 | 스트레스 | 폭설 | 불면증 | 식중독 | 수질 오염 |

(1) 요즘 사람들은 _____ 잠을 못자는 사람들이 많다고 해요.

(2) _____ 환경 파괴가 갈수록 심각해지고 있다고 합니다.

(3) 여름이라서 그런지 _____ 병원을 찾는 사람들이 많대요.

(4) 조사에 따르면 _____ 자살이 가장 많은 것으로 나타났습니다.

(5) 계속되는 _____ 발이 묶이거나 집이 무너지는 등 피해가 많이 생기고 있다.

02 다음은 기자의 인터뷰입니다. 보기 와 같이 기자의 질문에 답하십시오.

> 보기
> 가 : 4월인데 아직도 눈이 내리는 이유가 뭐라고 생각하십니까?
> 나 : 기후변화로 인해서 날씨가 변하고 있는 것으로 보입니다.

(1) 가 : 박사님, 무리한 운동은 건강에 어떤 영향을 끼칩니까?

　　나 : _____ .

(2) 가 : 요즘 아이들이 안경을 많이 쓰는 원인이 무엇이라고 생각하십니까?

　　나 : _____ .

(3) 가 : 요즘 비만인 아이들이 증가하는 원인이 무엇이라고 생각합니까?

　　나 : _____ .

(4) 가 : 이번에 개봉한 영화가 인기가 많은 이유는 무엇이라고 생각합니까?

　　나 : _____ .

-에다가

의미

어떤 장소 명사에 어떤 행위를 할 때 사용한다.

- 가 : 전화번호를 모르는데 어떻게 하죠?
  나 : **114에다가** 전화해 보세요.

앞 명사에 다른 명사를 더할 때 사용한다.

- 가 : 밀크커피는 어떻게 만들어요?
  나 : 커피**에다가** 우유를 넣어서 만들어요.

예문

(1) 중요한 서류는 금고**에다가** 넣으세요.

(2) 말씀하신 물건은 사무실**에다가** 맡겨 두었어요.

(3) 주머니**에다가** 손을 넣고 다니면 다칠 위험이 있어요.

(4) 가 : 회색 물감은 어떻게 만들어요?
　　나 : 검은색 물감**에다가** 하얀색물감을 섞어 보세요.

(5) 가 : 이름은 어디에 써요?
　　나 : 공책**에다가** 쓰세요.

자세히
알아
봅시다

	명사
-에다가	학교 → 학교**에다가**
	옷 → 옷**에다가**

1 '-에다가'는 '-에' 또는 '-에다'로 줄여서 사용할 수 있다.

　예 책꽂이에다가 책을 꽂아요.
　　 = 책꽂이**에** 책을 꽂아요.
　　 = 책꽂이**에다** 책을 꽂아요.

2 '-에다가'는 보통 '꽂다, 놓다, 넣다, 두다, (벽에) 걸다, 전화하다, 물어 보다, 알아 보다' 등
의 동사와 많이 사용한다.

　예 꽃병에다가 꽃을 **꽂았다.**
　　 관광 안내소에다가 길을 **물어 보세요.**

연습문제 e x e r c i s e

01 보기 와 같이 '-에다가'를 사용하여 문장을 완성하십시오.

> 보기
> 가 : 사전이 어디에 있는지 알아요?
> 나 : 아까 책상 <u>위에다가</u> 두었어요.

(1) 가 : 과장님, 이 서류는 어디에 넣을까요?

　　나 : 그 서류는 중요한 서류니까 _____ 넣으세요.

(2) 가 : 여보, 이 그림은 어디에 걸까요?

　　나 : 음, _____ 걸었으면 좋겠어요.

(3) 가 : 길에서 지갑을 주웠는데 어떻게 할까요?

　　나 : _____ 맡기는 것이 좋을 것 같아요.

02 보기 와 같이 '-에다가'를 사용하여 대답하십시오.

> 보기
> 가 : 여행 안내소 전화 번호 알아요?
> 나 : <u>114에다가 전화해 보세요.</u>

(1) 가 : 점심은 많이 먹었어요?

　　나 : 네, _____. (밥 / 물)

(2) 가 : 회색 물감은 어떻게 만들어요?

　　나 : _____. (까만색 / 하얀색)

(3) 가 : 춥지 않아요? 옷을 더 입으세요.

　　나 : 괜찮아요. _____. (티셔츠 / 코트)

(4) 가 : 엄마, 된장찌개가 왜 이렇게 짜요?

　　나 : 그럼, _____. (된장찌개 / 물)

–은/는 말할 것도 없고

의미 앞의 것은 당연하고 뒤 문장의 다른 사실을 더할 때 사용한다.

- 가 : 일본에 가 봤어요?
  나 : 일본은 **말할 것도 없고** 제주도도 안 가봤어요.

예문
(1) 저녁은 **말할 것도 없고** 점심까지 굶었어요.
(2) 똑똑한 것은 **말할 것도 없고** 노래까지 잘해요.
(3) 국내는 **말할 것도 없고** 해외에서도 인기가 많아요.
(4) 가 : 천원만 빌려 주세요.
  나 : 미안해요. 천 원은 **말할 것도 없고** 오백 원도 없어요.
(5) 가 : 저 가수는 어때요? 노래를 잘해요?
  나 : 노래는 **말할 것도 없고** 춤도 정말 잘 춰요.

자세히 알아 봅시다

–은/는 말할 것도 없고	명사
	학교 → 학교**는 말할 것도 없고**
	애인 → 애인**은 말할 것도 없고**

① '말할 것도 없고'는 '–뿐만 아니라'와 바꿔 사용할 수 있다.

　예　저녁은 **말할 것도 없고** 점심까지 굶었어요.
　　　저녁**뿐만 아니라** 점심까지 굶었어요.

② '말할 것도 없고'는 '–은/는커녕'과 바꿔 사용할 수 있지만 부정적인 표현에만 사용할 수 있다.

　예　똑똑한 것은 **말할 것도 없고** 노래까지 잘해요.
　　　똑똑한 것은**커녕** 노래까지 잘해요. (×)

　　　천원은 **말할 것도 없고** 오백 원도 없어요.
　　　천원은**커녕** 오백 원도 없어요. (○)

연습문제 e x e r c i s e

01 보기 와 같이 '–말할 것도 없고'를 사용하여 대답하십시오.

> 보기
> 비가 오다 / 바람까지 불다
> → 비는 말할 것도 없고 바람까지 불어요.

(1) 히로미 씨는 얼굴이 예쁘다 / 성격도 좋다

→ _____.

(2) 여행을 못 가다 / 쉬지도 못하다

→ _____.

(3) 남편이 없다 / 남자 친구도 없다

→ _____.

(4) 밥을 못 먹다 / 물도 못 마시다

→ _____.

02 보기 와 같이 '–말할 것도 없고'를 사용하여 문장을 완성하십시오.

> 보기
> 가 : 제주도에 가 본 적이 있어요?
> 나 : 제주도는 말할 것도 없고 부산도 못 가봤어요.

(1) 가 : 지희 씨의 남자 친구는 참 똑똑한 것 같아요.

나 : 그럼요. _____.

(2) 가 : 미안하지만 만 원만 빌려 주세요.

나 : 미안해요. _____.

(3) 가 : 저 가수는 참 인기가 많네요.

나 : 그럼요. _____.

(4) 가 : 새로 만난 남자친구는 어때요?

나 : _____.

01~04 다음 ( )에 알맞은 것을 고르십시오.

01

> 가 : 한국 사람들은 모두 성격이 급해요?
> 나 : 아니요. 사람에 ( ) 달라요.

① 의해서   ② 비해서
③ 만큼은   ④ 따라서

02

> 가 : 지금 배가 출발합니까?
> 나 : 죄송합니다. 태풍( ) 취소되었습니다.

① 만큼은   ② 덕분에
③ 에 따라   ④ 으로 인해

03

> 가 : 엄마, 이 화분은 어디에 둘까요?
> 나 : 아, 그 화분은 창문 ( ) 두어라.

① 옆에다가   ② 옆마저
③ 옆까지   ④ 옆까지

04

> 가 : 휴가 때 여행은 잘 다녀왔어요?
> 나 : 몸이 아파서 ( ) 제대로 쉬지도 못 했어요.

① 여행임에도 불구하고   ② 여행뿐만 아니라
③ 여행만큼은   ④ 여행은 말할 것도 없고

05~08 다음 밑줄 친 부분이 맞는 것을 고르십시오.

05 ① <u>아이치고</u> 장난감을 안 좋아하는 아이가 있어요.
    ② 돈을 줍는 <u>바람에</u> 기분이 좋아졌어요.
    ③ 백화점에서 신발을 <u>사는 길에</u> 다리를 다쳤어요.
    ④ <u>노래는 말할 것도 없고</u> 춤까지 잘 춰요.

06 ① 계단에서는 <u>주머니에다가</u> 손을 넣지 마세요.
② 기말고사가 <u>중간고사조차</u> 어려웠어요.
③ <u>10만 원커녕</u> 오만 원만 있어요.
④ 배가 고픈데 <u>물마저</u> 있어서 다행이에요.

07 ① 침대에 <u>눕었자마자</u> 잠이 들었다.
② 안경을 <u>쓸 대신에</u> 렌즈를 하는 것이 좋다.
③ <u>담배로 인해</u> 폐암 환자가 늘고 있다.
④ 손을 <u>다쳐 가지고</u> 병원에 가 보세요.

08 ① 문화는 국가에 <u>따라서</u> 조금씩 차이가 있다.
② 남은 반찬은 <u>포장하다가는</u> 집에서 먹었습니다.
③ 어색해서 그냥 인사만 <u>했고서</u> 헤어졌습니다.
④ 부자가 돼서 돈이 <u>많아 보니</u> 더 쓸쓸한 것 같다.

09~13 다음 밑줄 친 부분과 바꾸어 쓸 수 있는 것을 고르십시오.

09

> 가 : 왜 그렇게 저녁을 많이 먹었어요?
> 나 : <u>아침뿐만 아니라</u> 점심까지 굶었거든요.

① 아침이어서 그런지   ② 아침임에도 불구하고
③ 아침이야말로   ④ 아침은 말할 것도 없고

10

> 가 : 명수 씨가 그 회사에 취직했다면서요?
> 나 : 네, 좋지 않은 <u>조건임에도 불구하고</u> 취직했어요

① 조건은커녕   ② 조건이나마
③ 조건조차   ④ 조건인데도

11

> 가 : 춘천에 어떻게 갑니까?
> 나 : 여행 <u>안내소에다가</u> 물어 보세요.

① 안내소밖에   ② 안내소에
③ 안내소까지   ④ 안내소마저

12

> 가 : 요즘 과일을 사기가 너무 힘들어요.
> 나 : 네, <u>가뭄으로 인해</u> 가격이 많이 올랐대요.

① 가뭄조차   ② 가뭄 때문에
③ 가뭄에 덕분에   ④ 가뭄이나마

13

> 가 : 취직할 때는 준비할 것이 많아요.
> 나 : 네, <u>회사에 따라</u> 서류가 다르거든요.

① 회사로 인해   ② 회사 덕분에
③ 회사마다   ④ 회사에 의해서

연습문제 정답

실전문제 정답

Ⅰ 이거 모르면 떨어진다. (최다빈도)

1.간접화법

01 (1) 히로미가 내년에 캐나다에 여행을 할 거라고 이야기
했어요.
(2) 히로미가 수영에게 내일 같이 영화를 보자고 했어요.
(3) 히로미가 여자들에게 인기가 많다고 했어요.
(4) 히로미가 수영 씨에게 언제 학교에 갈 거냐고 물었어요.
(5) 히로미가 영어 선생님이라고 말했어요.

02 (1) o
(2) x   갈 거냐고
(3) o
(4) o
(5) x   좋겠다고 말했다.

2. 사동

01 (1) 깨웁니다
(2) 입히세요
(3) 읽히는

02 (1) 를
(2) 를
(3) 에게, 을
(4) 에게, 을
(5) 에게, 을
(6) 을

03 (1) 웃기지
(2) 붙이고
(3) 맡기려고 하는데

2. 피동

01 (1) 놓여
(2) 열려요
(3) 쌓였어요
(4) 팔렸다

02 (1) 을 – 이
(2) 이, 을 – 이, 에게
(3) 가, 에게 – 가, 에게
(4) 을 – 이
(5) 을 – 이

03 (1) 들려서
(2) 깨져

3. 높임

01 어머니께서는 요리를 하시고 계십니다
아버지께서 퇴근하셔서 집에 들어오십니다.
아버지께서는 텔레비전 뉴스를 보시고 계시고.
할머니께서는 꽃에 물을 주십니다.
형은 소파에서 자고 있습니다.

02 (1) x
(2) x
(3) x
(4) o
(5) o

4. 연결 표현

【 –아/어도 】

01 (1) 아무리 기다려도 버스가 오지 않아서 택시를 탔다.
(2) 푹 자도 계속 졸려서 커피를 다섯 잔이나 마셨어요.
(3) 아무리 비싸도 맛이 있으면 사람들이 많이 먹으러 간다.

02 (1) 빨아도
 (2) 마셔도
 (3) 다이어트를 해도
 (4) 봐도
 (5) 어려워도

【 −다가 】

01 (1) 텔레비전을 보다가 피곤해서 잤어요.
 (2) 아침에 비가 오다가 지금은 비가 안 오네요.
 (3) 집에 가다가 슈퍼마켓에 들렀어요.
 (4) 하늘이 맑다가 갑자기 흐려졌어요.
 (5) 그 사람은 계속 여자 친구가 있다가 지금은 없다.

02 (1) 오다가
 (2) 보다가
 (3) 졸다가

【 −았/었다가 】

01 (1) 방 안에 공기가 안 좋아서 문을 열었다가 추워서 닫았어요.
 (2) 아침에 코트를 입었다가 더워서 벗었어요.
 (3) 우체국에 갔다가 문이 닫혀서 돌아왔어요.
 (4) 물건을 찾으려고 불을 켰다가 다시 껐어요.

02 (1) 갔다가
 (2) 공부했다가
 (3) 갔다가
 (4) 탔다가

【 −(으)나 마나 】

01 (1) 물어보나 마나.
 (2) 치나 마나
 (3) 뛰어가나 마나
 (4) 가나 마나

02 (1) 부탁하나 마나
 (2) 물어보나 마나
 (3) 전화해 보나 마나
 (4) 뛰어가나 마나

【 −(으)ㄴ/는/(으)ㄹ 만큼 】

01 (1) 그냥 다른 사람이 마시는 만큼 마셔요.
 (2) 그냥 다른 사람이 먹는 만큼 마셔요.
 (3) 아무 일을 할 수 없을 만큼 여자 친구가 보고 싶어요.

02 (1) 공부한 만큼
 (2) 쓴 만큼
 (3) 부족한 만큼
 (4) 오라고 한 만큼

【 −더라도 】

01 (1) 조금 귀찮더라도 어머니의 심부름을 해야 해요.
 (2) 아무리 화가 나더라도 친구와 싸우면 안 돼요.
 (3) 비록 돈이 많더라도 나중을 위하여 돈을 아껴 쓰세요.
 (4) 아렵더라도 끝까지 포기하지 마세요.

02 (1) 어렵더라도
 (2) 바쁘더라도
 (3) 덥더라도
 (4) 늦더라도

【 −(으)ㄹ 텐데 】

01 (1) 오후에 비가 올 텐데 우산을 가지고 가세요.
 (2) 탕홍 씨가 아르바이트가 힘들 텐데 힘들다고 말하지 않아요.
 (3) 백화점은 비쌀 텐데 시장에서 사세요.
 (4) 배가 많아 고플 텐데 먼저 드세요.
 (5) 도와 달라고 하면 도와줄 텐데 왜 부탁을 안 해요?

02 (1) 예매해야 할 텐데
 (2) 비쌀 텐데
 (3) 바쁠 텐데

【 −(으)ㄴ/는 대로 】

01 (1) 집에 도착하는 대로 바로 전화를 할 거예요.
 (2) 첫 월급을 타는 대로 부모님께 선물을 할 거예요.
 (3) 아침에 일어나는 대로 물을 마시면 건강에 좋아요.
 (4) 회의가 끝나는 대로 집으로 돌아올 거예요.
 (5) 편지를 받는 대로 답장을 할 거예요.

02 (1) 말씀하신 대로
 (2) 생각한 대로
 (3) 하는 대로

【 −(으)ㄹ지 】

01 (1) 선택할지
 (2) 사람일지
 (3) 합격할지
 (4) 좋아할지

02 (1) 일본사람일지
 (2) 할지
 (3) 해결할지
 (4) 먹을지
 (5) 있을지

【 −든지 】

01 (1) 언제든지
 (2) 어디든지

02 (1) 공원에 가든지 영화를 볼 거예요.
 (2) 바다로 가든지 산으로 가요.

03 (1) 공부를 하든지 말든지
 (2) 가든지 안 가든지

【 −(으)ㄴ/는 김에 】

01 (1) 오랜만에 서면에 나온 김에 영화를 봤어요.
 (2) 고향에 간 김에 초등학교 친구를 만났어요.
 (3) 전화벨 소리에 잠이 깬 김에 공부를 했어요.
 (4) 모처럼 병원에 간 김에 건강 검진을 받았어요.

02 (1) 깎는 김에
 (2) 간 김에
 (3) 가는 김에

【 −느라고 】

01 (1) 말하기 대회 연습을 많이 하느라고 힘들었습니다.
 (2) 수영 씨는 아르바이트를 하느라고 오늘 저녁 모임에 못 갔습니다.
 (3) 명수 씨는 데이트를 하느라고 항상 시간이 없습니다.
 (4) 현우 씨는 늦게까지 일을 하느라고 약속 시간에 늦었습니다.

02 (1) 시험 공부를 하느라고 잠을 못 잤어요.
 (2) 공부하느라고 휴대전화를 꺼 놓았어요.
 (3) 아르바이트를 하느라고 시간이 없어요.
 (4) 일하느라고 잠을 못 잤어요.

【 −다시피 】

01 (1) 보시다시피
 (2) 들었다시피
 (3) 보시다시피
 (4) 아시다시피

02 (1) 노래를 좋아해서 노래방에서 살다시피 한다.
 (2) 다이어트를 위하여 매일 굶다시피 해서 살을 뺐다.
 (3) 시험 때문에 밤을 새우다시피해서 공부했다.

【 −더니 】

01 (1) 아침에 비가 오더니 지금은 안 와요.
 (2) 현우 씨는 지난 주에 바쁘더니 이번 주는 한가해요.
 (3) 어제 영화관에 사람이 많더니 오늘은 사람이 많이 않아요.
 (4) 수영 씨는 처음 한국에 왔을 때 한국 음식을 못 먹더니 지금은 한국 음식만 먹어요.

02 (1) 떨어지더니
 (2) 먹더니
 (3) 공부하더니
 (4) 운동하더니

【 −았/었더니 】

01　(1) 가방을 열었더니 다른 사람의 가방이더라고요.
　　(2) 아침에 일어났더니 9시라서 택시를 탔어요.
　　(3) 주말에 백화점에 갔더니 세일을 해서 구두를 샀어요.
　　(4) 오늘 은행에 갔더니 문이 닫혀 있었어요.

02　(1) 선물을 받았더니
　　(2) 너무 많이 울었더니
　　(3) 노래를 많이 불렀더니
　　(4) 밤 늦게까지 공부했더니

【 −(으)ㄴ/는 탓에 】

01　(1) 술을 마신 탓에
　　(2) 네가 늦게 온 탓에
　　(3) 결근을 자주 한 탓에
　　(4) 늦게 일어난 탓에

02　(1) 한 탓에
　　(2) 난 탓에
　　(3) 소심한 탓에
　　(4) 따뜻한 탓에

【 −(으)ㄴ/는 데다가 】

01　(1) 지하철이 가까운 데다가 큰 시장이 있어서
　　(2) 시험에 떨어진 데다가 남자친구랑 헤어져서
　　(3) 같은 중학교를 졸업한 데다가 아르바이트도 같이 해서
　　(4) 허리가 큰 데다가 나랑 안 어울려서

02　(1) 편한 데다가 예뻐서 자주 신는 것 같아요
　　(2) 일어난 데다가 차가 막혀서 늦었어요
　　(3) 가격도 싼 데다가 물건도 좋아서

【 −(으)ㄴ/는 대신에 】

01　(1) 밥을 먹는 대신에 빵을 먹었다
　　(2) 설탕을 넣는 대신에 소금을 넣었다
　　(3) 양복을 입는 대신에 티셔츠를 입었다
　　(4) 연극을 보는 대신에 영화를 보았다

02　(1) 비싼 대신에
　　(2) 일을 한 대신에
　　(3) 비싼 대신에
　　(4) 노래를 못하는 대신에

【 −(으)ㄴ/는 반면에 】

01　(1) 히로미는 똑똑한 반면에 눈치가 없다
　　(2) 유학생활은 재미있는 반면에 외롭다
　　(3) 가르치는 일은 힘든 반면에 보람이 있다
　　(4) 이 휴대전화는 기능이 많은 반면에 자주 고장이 난다.

02　(1) 듣기는 쉬운 반면에 읽기는 어려웠어요
　　(2) 예술성이 있는 대신에 상업성이 없대요
　　(3) 집이 학교와 가까운 반면에 너무 좁아요
　　(4) 재미있는 반면에 외로워요

5. 종결 표현

【 −(으)ㄴ/는 셈이다 】

01　(1) 한 셈이에요
　　(2) 싸게 산 셈이에요
　　(3) 다 한 셈이에요
　　(4) 친구인 셈이에요

02　(1) 여자친구를 만날 셈으로 학원에 갔다
　　(2) 보험금을 탈 셈으로 병원에 입원했다
　　(3) 영어공부를 할 셈으로 외국인 회사에서 일했다.
　　(4) 취직을 할 셈으로 서울로 갔다.

【 −(으)ㄹ 리가 없다 】

01　(1) 계산을 안 할 리가 없어요
　　(2) 떨어질 리가 없어요
　　(3) 5000원일 리가 없어요
　　(4) 기부를 할 리가 없어요

02　(1) 계산을 안 할 리가 있어
　　(2) 벌써 말을 할 리가 있어요
　　(3) 짤 리가 있어요
　　(4) 고향에 돌아갈 리가 있어요

【 −던데(요) 】

01　(1) 없던데요

　　　(2) 놀던데요

　　　(3) 크던데요

　　　(4) 아프던데요

02　(1) 재미없던데요

　　　(2) 볼거라고 하던데요.

　　　(3) 취직이 어렵던데요

　　　(4) 갈 곳이 많던데요

【 −(으)ㄹ 만하다 】

02　(1) 참을 만 했어요

　　　(2) 볼 만한

　　　(3) 쓸 만해요

　　　(4) 들을 만해요

01　(1) 먹을 만해요

　　　(2) 가 볼 만한

　　　(3) 볼 만한

　　　(4) 신을 만한

【 −(으)려던 참이다 】

01　(1) 가려던 참인데

　　　(2) 먹으려던 참이에요

　　　(3) 들르려던 참이에요

　　　(4) 교환하려던 참이에요

　　　(5) 사려던 참이에요

02　(1) 전화하려던 참이에요

　　　(2) 가려던 참이야

　　　(3) 시계를 고치려던 참인데

　　　(4) 바꾸려던 참이에요

【 −(으)ㄹ 뿐이다 】

01　(1) 좋아할 뿐이에요

　　　(2) 친구관계일 뿐이에요

　　　(3) 쉬고 싶을 뿐

　　　(4) 영어뿐이에요

　　　(5) 감사할 뿐이에요

02　(1) 사용했을 뿐이에요

　　　(2) 놀랐을 뿐이에요

　　　(3) 당신뿐이에요

　　　(4) 친구일 뿐이에요

【 −아/어 가다(오다) 】

01　(1) 회복되어 가서

　　　(2) 끝나 가니까

　　　(3) 지내 온

　　　(4) 키워 오셨다

　　　(5) 만들어 가겠습니다

02　(1) 닮아가는 것 같아요

　　　(2) 나빠져 가는 것 같아

　　　(3) 해 가니까

　　　(4) 사귀어 온

6. 보조사

【 −치고(는) 】

01　(1) 겨울치고는

　　　(2) 남자치고는

　　　(3) 아이치고는

　　　(4) 중학생치고는

02　(1) 한국어를 잘 하는 편이다

　　　(2) 질이 좋은 편이다

　　　(3) 덥지 않은 편이다

　　　(4) 연기를 잘하는 편이다

　　　(5) 키가 작은 편이다

【 −(이)야말로 】

01　(1) 대부야말로

　　　(2) 김치야말로

　　　(3) 제주도야말로

　　　(4) 아이들이야말로

　　　(5) 사랑이야말로

02 (1) 성실이야말로

　　(2) 스파게티야말로

　　(3) 장미야말로

　　(4) 식습관이야말로

【 −조차 】

01 (1) 물조차

　　(2) 라면조차

　　(3) 숨조차

　　(4) 눈물조차

02 (1) o

　　(2) x

　　(3) x

　　(4) x

【 −은/는커녕 】

01 (1) 택시는커녕

　　(2) 사과는커녕

　　(3) 4급은커녕

　　(4) 밥은커녕

02 (1) 재미있기는커녕

　　(2) 잘 하기는커녕

　　(3) 차는커녕

　　(4) 음식은커녕

【 −마저 】

01 (1) 아내마저

　　(2) 집마저

　　(3) 저마저

　　(4) 너마저

02 (1) x

　　(2) o

　　(3) o

　　(4) x

II 이거 모르면 불안하다. (고빈도)

1. 연결 표현

【 −(으)ㄹ까 봐(서) 】

01 (1) 어머니가 몸이 나빠질 까봐 걱정이에요

　　(2) 소풍가는 날에 비가 올 까봐 걱정이에요

　　(3) 면접을 볼 때 실수할 까봐 걱정이에요

　　(4) 시험에 떨어질 까봐 불안해요

02 (1) 잊어버릴까 봐 메모를 했어요

　　(2) 표를 못 구할까 봐 미리 예매했어요

　　(3) 살이 찔 까 봐 많이 안 먹었어요

　　(4) 약속을 잊어버릴까 봐 전화했어요

【 −(으)ㄹ 뿐만 아니라 】

01 (1) 가까울 뿐만 아니라 조용해요

　　(2) 더울 뿐만 아니라 비가 많이 와요

　　(3) 지혜로울 뿐만 자상해요

　　(4) 키가 클 뿐만 아니라 멋져요

02 (1) 음식이 맛있을 뿐만 아니라 싸서

　　(2) 주말뿐만 아니라 평일도

　　(3) 게으를 뿐만 아니라 돈도 없어서

　　(4) 친절할 뿐만 아니라 요리도 잘해요

【 −거든 】

01 (1) 목이 아프거든 따뜻한 물을 마시세요.

　　(2) 많이 바쁘거든 다음에 만납시다

　　(3) 심심하거든 저녁에 놀러오세요

　　(4) 약을 먹어도 안 낫거든 병원에 가세요.

02 (1) 공부가 힘들거든 좀 쉬어

　　(2) 단어가 잘 안 외어지거든 다른 공부를 하세요

　　(3) 내일 비가 오거든 우리 집으로 놀러 오세요.

　　(4) 긴장이 되거든 숨을 깊게 한 번 쉬어 보세요

【 −다 보니(까) 】

01 (1) 매일 운동하다 보니까 날씬해졌어요.

(2) 한국음식을 먹다보니까 익숙해졌어요.

(3) 아침마다 운동을 하다 보니까 건강해졌어요.

(4) 한국 사람과 어울리다 보니까 한국어 실력이 늘었어요.

02 (1) 좋아하는 축구 선수 경기를 보다 보니까

(2) 매일 운전을 하다 보니까

(3) 한국 드라마를 좋아하다 보니까

(4) 한국 노래를 좋아하다 보니까

【 −도록 】

01 (1) 빨리 나을 수 있도록 치료를 열심히 받으세요.

(2) 휴대폰이 고장나지 않도록 조심히 사용하세요.

(3) 단어를 잊어버리지 않도록 매일 외우세요.

(4) 다른 친구들이 공부할 수 있도록 조용히 하세요.

02 (1) 죽도록 사랑해요.

(2) 목이 터지도록 응원해서요.

(3) 미치도록 보고 싶어요.

(4) 12시가 되도록 안 들어 와요.

【 −(으)ㄴ/는/(으)ㄹ 듯(이) 】

01 (1) 그 남자는 부탁을 들어줄 듯이 웃었다.

(2) 곰을 만나면 죽은 듯이 누워 있어라.

(3) 그 사건에 대해 하나도 모르는 듯 시치미를 뗐다.

(4) 금방 쓰러질 듯이 펑펑 울었다.

02 (1) 흐르듯이

(2) 쓰듯이

(3) 비오듯이

(4) 밥을 먹듯이

【 −길래 】

01 (1) 명수가 가자고 하길래 같이 갔다.

(2) 누나가 배가 고프다고 하길래 라면을 끓였다.

(3) 동생이 심심하다고 하길래 같이 놀았다.

(4) 학생들이 말썽을 피우길래 벌을 세웠다.

02 (1) 날씨가 좋길래 소풍을 갔어요.

(2) 친구가 오길래 같이 먹었어요.

(3) 오후에 비가 온다길래 가지고 왔어요.

(4) 지희가 일등을 했길래 케이크를 만들었어요.

【 −기에는 】

01 (1) 보기에는 안 좋은 것 같아.

(2) 인사를 하기에는 시간이 늦어서 못 했어요.

(3) 해외 여행을 가기에는 돈이 부족해서

02 (1) 지금 전화하기에는

(2) 먹기에는

(3) 가기에는

(4) 다 하기에는

【 −(으)ㄹ 테니까 】

01 (1) 밥은 내가 할 테니까 너는 청소를 해.

(2) 어제 야근한다고 피곤했을 테니까 쉬세요.

(3) 지희 씨는 학생이라서 돈이 없을 테니까 내가 돈을 낼게요.

02 (1) 한턱 낼 테니까

(2) 공부할 테니까

(3) 도울 테니까

(4) 있을 테니까

(5) 기다릴 테니까

【 −는 바람에 】

01 (1) 늦잠을 자는 바람에 학교에 지각했다.

(2) 내 마음대로 결정하는 바람에 남편이 화가 났다.

(3) 아빠가 화를 내는 바람에 동생이 울었다.

(4) 집에서 급하게 나오는 바람에 숙제를 두고 왔다.

02 (1) 밥 늦게 먹는 바람에 살이 쪘어요.

(2) 야근하는 바람에 늦게 와요.

(3) 시키는 바람에 다 끝내지 못했어.

(4) 가까이에서 보는 바람에

【 -던 】

01 (1) 내가 타던 자동차를 친구에게 팔았다.
　　(2) 당신이 떠나던 그 날 나는 많이 울었다.
　　(3) 내가 먹던 빵을 다른 사람이 다 먹었다.

02 (1) 하던
　　(2) 놀던
　　(3) 하던
　　(4) 가던

【 -았/었던 】

01 (1) 갔던
　　(2) 작았던
　　(3) 봤던
　　(4) 다녔던
　　(5) 잘했던

02 (1) ○ / ×
　　(2) ○ / ×
　　(3) × / ○

【 -는 길에 】

01 (1) 집에 오는 길에 샀어요.
　　(2) 오는 길에
　　(3) 나가는 길에 버릴게.
　　(4) 집에 오는 길에

02 (1) 집에 가다가 친구를 만났다.
　　(2) 우체국에 가는 김에 명수 씨 편지도 보내 드릴게요.
　　(3) 출근하다가 회사 동료를 만나서 같이 갔다.
　　(4) 학교에 가는 김에 도서관에 가서 읽고 싶은 책을 빌렸다.

【 -기에 】

01 (1) 동대문시장이 옷이 싸고 예쁘다기에
　　(2) 아프다기에
　　(3) 히로미 씨가 간다기에
　　(4) 날씨가 좋기에

02 (1) ○
　　(2) ×
　　(3) ○
　　(4) ×

【 -는 둥 마는 둥 】

01 (1) 먹는 둥 마는 둥 했다.
　　(2) 듣는 둥 마는 둥 하신다.
　　(3) 수업을 듣는 둥 마는 둥 했다.
　　(4) 하는 둥 마는 둥 하면서

02 (2) 너무 바빠서 밥을 먹는 둥 마는 둥 했더니 살이 빠졌다.
　　(3) 현우는 항상 같은 이야기를 해서 현우가 이야기를 할 때 듣는 둥 마는 둥 한다.
　　(4) 친구랑 싸운 후 기분이 나빠서 수업을 듣는 둥 마는 둥 했다.

【 -(으)ㄴ 채로 】

01 (1) 옷도 입지 않은 채로
　　(2) 불을 켜 놓은 채로
　　(3) 켜 놓은 채로
　　(4) 물도 못 마신 채로

02 (1) 그는 옷을 입은 채로 자고 있어요.
　　(2) 그는 신발을 신은 채로 집에 들어 가고 있어요.

【 -(으)ㄹ 겸 】

01 (2) 쉴 겸 집안일을 할 거예요.
　　(3) 친구를 만날 겸 영화를 볼 거예요.
　　(4) 부모님을 뵐 겸 고향 친구를 만날 거예요.

02 (1) 고향 친구를 만날 겸해서 고향에 갈 생각이에요.
　　(2) 여행도 할 겸해서 상해로 여행 가려고 해요.
　　(3) 쉴 겸해서 집에 있었어요.
　　(4) 스트레스를 풀 겸해서 가요.
　　(5) 쇼핑도 할 겸해서 새내에 가요.

【 -아/어 봤자 】

01 (1) 한국이 추워 봤자 우리 고향만큼 춥지 않아요.
(2) 학교 식당에서 음식값이 비싸 봤자 밖에 있는 식당보다는 싸요.
(3) 명수 씨가 테니스를 잘 쳐 봤자 선수만큼은 잘 치지 못해요.
(4) 현우 씨가 컴퓨터를 잘해 봤자 명수 씨보다는 컴퓨터를 잘 하지 못해요.

02 (1) 쳐 봤자 공부를 안 해서 떨어졌을 거예요.
(2) 밤을 새워 봤자 다 하지 못 할 거예요.
(3) 수리해 봤자 낡아서 사용할 수 없을 거예요.
(4) 전화해 봤자 안 받을 거예요.

【 -자마자 】

01 (1) 저는 졸업하자마자 한국으로 유학을 왔어요.
(2) 명수 씨는 수업이 끝나자마자 식당을 갔어요.
(3) 이사를 하자마자 친구를 초대해서 집들이를 할 거예요.
(4) 부모님이 걱정하시니까 한국에 도착하자마자 전화를 하세요.

02 (1) 방학하자마자
(2) 받자마자
(3) 붙자마자
(4) 일어나자마자 / 일어나자마자 / 일어나자마자

【 -던데 】

01 (1) 아까 히로미 씨 얼굴이 안 좋아 보이던데 무슨 일이 있나봐요.
(2) 현우 씨가 컴퓨터를 잘 하던데 현우 씨에게 가르쳐 달라고 하세요.
(3) 김 선생님 생일이 오늘이던데 생일 선물을 샀어요?

02 (1) 모집하던데 / 하던데
(2) 많던데 / 있다던데
(3) 추시던데
(4) 가던데

【 -(으)려다가 】

01 (1) 청바지를 사려다가 마음에 들지 않아서 치마를 샀어요.
(2) 아르바이트를 하려다가 시험이 얼마 남지 않아서 공부를 하려고요.
(3) 머리를 자르려다가 파마가 유행이라서 파마를 했어요.
(4) 해외여행을 하려다가 비용이 많이 들어서 경주에 가려고 해요.

02 (1) 유학을 가려고 하다가 비용이 많이 들어서 못 갔어요.
(2) 설악산으로 여행을 가려고 하다가 여름이라서 해운대로 갔어요.
(3) 지각할까 봐 택시를 타려고 하다가 차가 막힐 것 같아서 지하철을 탔어요.
(4) 방학 때 고향에 가려다가 학비 때문에 아르바이트를 했어요.

【 -았/었더라면 】

01 (1) 공부했더라면
(2) 예매했더라면
(3) 갔더라면

02 (1) 같이 갔었더라면 좋았을 걸 그랬어요.
(2) 공부를 했더라면 좋았을 텐데 아쉬워요.
(3) 책을 많이 읽었더라면 좋았을 텐데 아쉬워요.
(4) 봤더라면 아침에 우산을 가져왔을 텐데.

【 -는 통에 】

01 (1) 오늘 아침에 차가 많이 막히는 통에 지각했어요.
(2) 어젯밤에 전화벨이 계속 울리는 통에 잠이 깼어요.
(3) 어제 오후에 갑자기 손님이 오는 통에 정신없이 바빴어요.
(4) 도서관에서 옆 사람이 왔다 갔다 하는 통에 공부를 못 했어요.
(5) 버스에서 친구가 서두르는 통에 정신이 없어서 지갑을 놓고 내렸어요.

02 (1) 떠드는 통에
(2) 오는 통에
(3) 서두르는 통에

【 −에 비하면/−에 비해서 】

01 (1) 네, 이번 시험이 저번 시험에 비해서 어려운 것 같아요.
  (2) 이 옷이 저 옷에 비해서 비싼 것 같아요.
  (3) 명수 씨가 현우 씨에 비해서 키가 크지 않은 것 같아요.
  (4) 서울이 고향의 물가에 비해서 비싼 것 같아요.

02 (1) 한국에 비해서
  (2) 크기에 비해서 / 서울에 비해서
  (3) 한국에 비해서
  (4) 1편에 비해서

【 −고 보니까 】

01 (1) 지하철을 타고 보니까 반대쪽으로 타서 다시 올아왔
    어요.
  (2) 그 음식을 먹고 보니까 고향음식과 비슷해서 놀랐
    어요.
  (3) 맞습니다. 실수입니다.

02 (1) 만나고 보니까
  (2) 정하고 보니까
  (3) 내리고 보니까

---

2. 종결 표현

【 −고 말다 】

01 (1) 떠나고 말았어요.
  (2) 떨어지고 말았어요.
  (3) 찾아 내고 말았어요.
  (4) 쏟고 말았어요.
  (5) 나고 말았어요.

02 (1) 서두르다가 커피를 쏟고 말았어요.
  (2) 차 사고가 나고 말았어요.
  (3) 뛰어가다가 넘어지고 말았어요.
  (4) 불이 나고 말았어요.

【 −기 마련이다 】

01 (1) 자기 마련이에요. / 졸기 마련이에요.
  (2) 살이 찌기 마련이니까
  (3) 있기 마련이에요
  (4) 좋은 일이 생기기 마련이에요.

02 (1) 〈생략〉
  (2) 〈생략〉
  (3) 〈생략〉

【 −(으)ㄹ 뻔하다 】

01 (2) 늦게 일어나서 기차를 놓칠 뻔했어요.
  (3) 네가 미리 말하지 않았으면 약속을 잊어버릴 뻔했어요.
  (4) 집에서 급하게 나오다가 숙제를 두고 올 뻔했어요.

02 (1) 너무 배가 고파서 죽을 뻔 했어요.
  (2) 너무 심심해서 죽을 뻔 했어요.

【 −기는요 】

01 (1) 말을 잘 듣기는요.
  (2) 쉽기는요.
  (3) 없기는요.
  (4) 안정되기는요.

02 (1) 저도다 히로미 씨가 더 잘하세요.
  (2) 어렸을 때 조금 배웠을 뿐이에요.
  (3) 하나 씨가 더 잘하는 걸요.
  (4) 현우 씨가 더 잘 입으세요.

【 −는 법이다 】

01 (1) 벌을 받는 법이야.
  (2) 원숭이도 나무에서 떨어지는 법이야.
  (3) 실수하는 법이에요.
  (4) 공짜는 없는 법이에요.

02 (1) 살이 찌는 법이다.
  (2) 고향 생각이 나는 법이다.
  (3) 인기가 많은 법이다.
  (4) 나도 상처를 받는 법이다.

【 -기만 하면 되다 】

01 (1) 데우기만 하면 돼요.

(2) 먹기만 하면 돼요.

(3) 예식장만 예약하기만 하면 돼요.

(4) 옷만 입기만 하면 돼요.

02 (1) 공부를 잘하기만 하면 소원이 없겠어요.

(2) 여름에 아이스크림을 먹기만 하면 배가 아파요.

(3) 면접을 보기만 하면 긴장해요.

(4) 상추만 먹기만 하면 잠이 와요.

【 -곤 하다 】

01 (1) 노래방에 가곤 해요.

(2) 드라이브를 하고 해요.

(3) 볼링을 치곤 해요.

(4) 도와주곤 해요.

02 (1) 시간이 있으면 아이들과 자주 놀아주곤 해요.

(2) 주말에는 지희 씨와 영화를 보곤 했는데 요즘에는 통 연락이 없네요.

(3) 처음 한국에 왔을 때 자주 가곤 했지요.

(4) 네, 학교 다녔을 때 자주 가곤 했지요.

【 -(으)ㄴ/는 척하다 】

01 (1) 모르는 척했어요.

(2) 아는 척했어요.

(3) 못 마시는 척했어요.

02 (1) 못 일어나는 척했다.

(2) 못 마시는 척했다.

(3) 자는 척했다.

(4) 바쁜 척했다.

【 -(으)ㄹ까 하다 】

01 (1) 취직을 할까 해요 / 아르바이트를 할까 해요.

(2) 축하 파티를 할까 해요.

(3) 집에서 쉴까 해요.

(4) 대학원에 갈까해요.

02 (1) 〈생략〉

(2) 〈생략〉

(3) 〈생략〉

(4) 〈생략〉

【 -(으)ㄴ/는/(으)ㄹ 모양이다 】

01 (1) 청소한 모양이에요.

(2) 산에 가는 모양이에요.

(3) 회사를 그만둘 모양이에요.

(4) 시험이 있는 모양이에요.

02 (1) 김밥을 좋아하는 모양이에요.

(2) 좋은 일이 있는 모양이에요.

(3) 영화가 재미있는 모양이에요.

(4) 태풍이 올 모양이에요.

【 -나 보다 】

01 (1) 더위를 많이 타나 봐요.

(2) 생겼나 봐요.

(3) 무리를 했나 봐요.

02 (1) 안 좋은 일이 있나 봐요.

(2) 김 대리가 지각을 했나 봐요.

(3) 시험에 떨어졌나 봐요.

(4) 바쁜가 봐요.

【 -아/어 있다 】

01 꽃이 들어 있습니다.

침대 옆 옷장 문이 열려 있습니다.

옷장에는 옷들이 걸려 있습니다.

책상 위에 책들이 쌓여 있습니다.

그리고 탁자 위에 꽃병이 놓여 있습니다.

꽃병에 꽃이 꽂혀 있습니다

그리고 하나 씨 방에 불이 켜져 있습니다

02 (1) 〈생략〉

(2) 〈생략〉

(3) 〈생략〉

(4) 〈생략〉

【 −기는 하다 】

01 (1) 이 옷은 디자인이 마음에 들기는 하지만 비싸요.
　　(2) 연극 보는 것을 좋아하기는 하지만 시간이 없어요.
　　(3) 집과 회사가 멀기는 하지만 교통이 편리해요.
　　(4) 술을 마시기는 하지만 예전보다 많이 안 마셔요.

02 (1) 덥기는 하지만
　　(2) 듣기는 했지만 잘 듣지 않아서
　　(3) 오기는 하지만
　　(4) 사람이 많기는 했어요.
　　(5) 재미있기는 했어요.

【 −듯하다 】

01 (1) 두 사람이 사귀는 듯해요.
　　(2) 집에 없는 듯해요.
　　(3) 아픈 듯해요.
　　(4) 감기에 걸린 듯해요.
　　(5) 비가 온 듯해요.

02 (1) 작은 듯해요.
　　(2) 대학원에 갈 듯해요.
　　(3) 감기에 걸린 듯해요.
　　(4) 학교 앞에 사는 듯해요.

【 −거든요 】

01 (1) 지갑을 놓고 왔거든요.
　　(2) 경주에 꼭 가보고 싶었거든요.
　　(3) 아침에 일찍 일어났거든요.
　　(4) 여자 친구 생일을 잊어버렸거든요.

02 (1) 요즘 날씨가 덥거든요.
　　(2) 유명한 배우가 많이 나오거든요.
　　(3) 서비스가 좋거든요.
　　(4) 전화벨 소리에 깼거든요.

3. 보조사

【 −밖에 】

01 (1) 택시를 탈 수밖에 없다.
　　(2) 비행기표가 비싸질 수밖에 없다.
　　(3) 혼자 밖에서 생활하다 보니까 밥을 사 먹을 수밖에 없다.
　　(4) 우등생일 수밖에 없다.
　　(5) 눈이 나빠질 수밖에 없다.

02 (1) 밖에
　　(2) 밖에
　　(3) 만
　　(4) 밖에
　　(5) 밖에

【 −(이)나마 】

01 (1) 라면이라도
　　(2) 조금이라도
　　(3) 선풍기라도

02 (1) 이나마, 이라도
　　(2) 이라도
　　(3) 이라도
　　(4) 이나마, 이라도
　　(5) 이라도, 이나마

Ⅲ. 이것도 알면 고득점 (저빈도)

1. 연결표현

【 −(으)ㄴ/는다면 】

01 (1) 크다면 좋겠다.
　　(2) 친구라면 좋겠다.
　　(3) 된다면 좋겠다.
　　(4) 너라면

02 (1) 키가 크다면

(2) 간다면

(3) 온다면

(4) 나만 좋아한다면

【 -(으)ㄴ 나머지 】

01 (1) 며칠 밤을 샌 나머지 쓰러지고 말았다.

(2) 너무 당황한 나머지 사람들 앞에서 울어 버리고 말았다.

(3) 다른 일에 너무 집중한 나머지 수업을 잊어버리고 말았다.

(4) 내 동생은 너무 미래만을 생각한 나머지 현실을 파악하지 못 하다

02 (1) 가난한 나머지

(2) 사랑한 나머지

(3) 긴장한 나머지

(4) 집중한 나머지

【 -고도 】

01 (1) 졸업하고도

(2) 먹고도

(3) 벌고도

(4) 당하고도

(5) 보고도

02 (1) 그 남자는 그 여자에게 여러 번 거절당하고도 또 다시 데이트를 신청했다.

(2) 내 남편은 금방 아침밥을 먹고도 배가 고프다고 한다

(3) 숙제를 알고도 숙제를 하지 않았다.

(4) 약속을 지키지 않고도 미안해 하지 않았다.

【 -게 】

01 (2) 사고가 나지 않게 조심해서 운전하세요.

(3) 나이가 들어서도 음식을 잘 먹을 수 있게 이를 잘 관리하세요.

(4) 일을 빨리 끝내게 도와줄래요?

02 (1) 춥지 않게

(2) 지나가게

(3) 아프지 않게

(4) 불편하지 않게

【 -(으)면서(도) 】

01 (1) 좋아하면서도

(2) 하면서

(3) 미안하면서도

(4) 갔으면서도

02 (1) ○

(2) ×

(3) ○

【 -는 한 】

01 (1) 옛날 남자친구가 그 모임에 있는 한

(2) 내가 학생들을 가르치는 한

(3) 내 남편이 옆에 있는 한

(4) 엄마가 결혼을 허락하지 않는 한

02 (1) 시간이 되는 한

(2) 경기가 좋은 한

(3) 돈이 없는 한

(4) 우리가 사랑하는 한

【 -느니 】

01 (2) 돈이 많은 남자와 사귀느니 성격이 좋은 남자와 사귀겠다.

(3) 매일 택시를 타느니 차를 사겠다.

(4) 집에서 빈둥거리느니 청소하겠다.

02 (1) 결혼하느니

(2) 수선하느니

(3) 먹느니

(4) 걱정하느니

【 −던지 】

01 (1) 안 했던지
(2) 예뻤던지
(3) 공부를 열심히 하던지
(4) 재미있던지

02 (1) 얼마나 울던지
(2) 얼마나 예뻤던지

【 −(으)ㄹ 바에 】

01 (1) 성격이 나쁜 남자와 결혼할 바에 혼자 살겠다
(2) 재료가 신선하지 않은 햄버거를 먹을 바에 굶는 것이 낫다.
(3) 월급이 많지만 늦게 마치는 회사에서 일할 바에 월급이 적지만 일찍 마치는 회사에서 일하겠다.

02 (1) 수리할 바에 하나 사자.
(2) 저 컴퓨터를 살 바에 이 컴퓨터를 사는 게 낫겠다.
(3) 보고서를 제출할 바에 중간시험을 보는 게 낫겠다.
(4) 생선을 살 바에 소고기를 사자.

【 −(으)ㄴ 가운데 】

01 (1) 시끄러운 가운데 공부를 열심히 했다.
(2) 손자 손녀들이 지켜보는 가운데 할머니가 숨을 거두셨다.
(3) 바쁘신 가운데 찾아 주셔서 감사합니다.
(4) 비가 오는 가운데 경기는 계속 진행되었다.

02 (1) 모인 가운데
(2) 아프신 가운데도
(3) 오는 가운데도
(4) 정신이 없는 가운데

【 −(으)ㄴ들 】

01 (1) 선생님인들
(2) 라면인들 먹을까요?
(3) 간들
(4) 혼낸들

02 (1) 선생님인들 풀 수 있을까요?
(2) 히로미인들
(3) 천재인들
(4) 딴들

【 −(으)ㄴ 셈치고 】

01 (1) 기부한 셈치세요
(2) 속는 셈치고
(3) 인생 공부한 셈쳐야지요
(4) 공부한 셈치세요.

02 (1) 운동한 셈치고
(2) 사 먹은 셈치고
(3) 공부한 셈치고
(4) 못 받는 셈치고

【 −(으)ㄴ 덕분에 】

01 (1) 잘 가르쳐 주신 덕분입니다
(2) 의사 선생님 덕분입니다
(3) 길이 안 막힌 덕분에 늦지 않았어요
(4) 구조대원 덕분에 살았어요

02 (1) 덕분에 재미있었어요
(2) 먹은 덕분에 괜찮아요
(3) 친구들 덕분에
(4) 깨워준 덕분에

【 −(으)ㄴ/는 데도 불구하고 】

01 (1) 공부했는데도 불구하고
(2) 잤는데도 불구하고
(3) 재미있는데도 불구하고
(4) 더운데도 불구하고
(5) 비싼데도 불구하고

02 (1) 청소했는데 불구하고
(2) 비싼데도 불구하고
(3) 했는데도 불구하고
(4) 먼데도 불구하고

2. 종결표현

【 -아/어 놓다(두다) 】

01 (1) 맞춰 놓았다/두었다
(2) 해 두/해 놓
(3) 만들어 놓았으니까/두었으니까
(4) 먹어 두세요/놓으세요
(5) 써 두셨다/놓으셨다

02 (1) 해 두었어요/놓았어요
(2) 켜 두어서/놓아서
(3) 열어 둔/놓은
(4) 넣어 두었거든요/놓았거든요

【 -게 되다 】

01 (1) 오게 되었다
(2) 좋아하게 되었다
(3) 이해하게 될 거예요
(4) 살게 되었다
(5) 잘하게 됩니다

02 (1) ○/×
(2) ○/×
(3) ×/○
(4) ○/×

【 -고 말고(요) 】

01 (1) 가능하고 말고요
(2) 있고 말고요
(3) 먹을 수 있고 말고요
(4) 크고 말고요

02 (1) 되고 말고요
(2) 예쁘고 말고요
(3) 가고 말고
(4) 하고 말고요

【 -(으)ㄹ걸(요) 】

01 (1) 힘들걸요
(2) 있을걸요
(3) 끝났을걸요
(4) 시작했을걸요

02 (1) 좋은걸요
(2) 다녔는걸요
(3) 있는걸요
(4) 결혼했는걸요

【 -(으)ㄹ 지경이다 】

01 (1) 더워서 죽을 지경이에요
(2) 추워서 죽을 지경이에요
(3) 미안해 죽을 지경이에요
(4) 예뻐서 미칠 지경이에요

02 (1) 죽을 지경이에요
(2) 미칠 지경이에요
(3) 추워서 쓰러질 지경이에요
(4) 몰라서 미칠 지경이에요

【 -았/었으면 하다/싶다 】

01 (1) 먹었으면 합니다
(2) 갔으면 합니다
(3) 쉬었으면 해요
(4) 집에 있었으면 해요

02 (1) 여행을 갔으면 싶어요/해요
(2) 선생님이 되었으면 하십니다
(3) 착한 남자와 결혼했으면 합니다
(4) 기부를 했으면 싶어요

【 -(으)ㄴ 편이다 】

01 (1) 많이 마시는 편이에요
(2) 안 매운 편이어서
(3) 더운 편이에요
(4) 잘하는 편이에요

02 (2) 제시카 씨는 활발한 편이에요
　　(3) 히로미 씨는 소극적인 편이에요
　　(4) 탕홍 씨는 부지런한 편이에요

【 −어/아야지(요) 】

01 (1) 한국 사람을 자주 만나야지요
　　(2) 일찍 와야지요
　　(3) 이제 공부해야지
　　(4) 먼저 사과해야지요
　　(5) 들어가서 밥을 먹어야지

02 (1) 살을 빼야지
　　(2) 운전면허 시험을 봐야지
　　(3) 여자 친구를 만들어야지
　　(4) 세계여행을 해야지
　　(5)

【 −았/었어야 하다 】

01 (1) 전화했어야 했는데
　　(2) 갔어야 했는데
　　(3) 사과했어야 했다
　　(4) 이야기했어야 했는데

02 (1) 미리 연락을 했어야 했는데 하지 못해서 죄송하다
　　(2) 소금을 적게 넣어야 했는데 소금을 많이 넣어서 짜다
　　(3) 그는 합격하기를 바랐으면 열심히 공부를 했어야 했는데 놀기만 했다
　　(4) 오래 걸을 줄 알았으면 편한 신발을 신어야 했는데 구두를 신었더니 발이 아프다

【 −아/어 내다 】

01 (1) 참아 냈다
　　(2) 해 냈다
　　(3) 이겨 내는
　　(4) 기억해 내려고
　　(5) 알아 낼

02 (1) 참아 내느라고
　　(2) 찾아 냈어요?
　　(3) 기억해 내려는데
　　(4) 이겨 내고

【 −다고(요) 】

01 (1) 1등을 했다고요
　　(2) 제주도로 여행을 가려고 생각 중이라고요
　　(3) 내일 비가 온다고요
　　(4) 조금 전에 먹었다고요
　　(5) 얼마나 컸다고요
　　(6) 얼마나 많이 마셨다고

【 −아/어 대다 】

01 (1) 아침부터 고함을 질러 대서 목이 쉬었다
　　(2) 아이가 장난감을 사 달라고 졸라 대면서 운다
　　(3) 도서관에서 옆사람이 떠들어 대서 공부를 하지 못했다
　　(4) 날씨가 덥다고 아이스크림을 먹어 대면 배탈이 난다

02 (1) 사 대서
　　(2) 노래를 불러 대서
　　(3) 질러 대니
　　(4) 떠들어 대서

【 −(으)ㄹ락 말락 하다 】

01 (1) 선반 위에 가방이 떨어질락 말락해서 밑에 두었다
　　(2) 그는 무슨 말을 할락 말락 하다가 그만두었다
　　(3) 돈이 떨어질락 말락 해서 부모님께 돈을 부쳐 주셨다
　　(4) 아기가 잠들락 말락 할 때 전화벨이 울려서 아기가 깼다

02 (1) 올락 말락 하네요
　　(2) 떨어질락 말락 해서
　　(3) 들릴락 말락 해요
　　(4) 할락 말락

【 −기 십상이다 】

01 (1) 실패하기 십상이다
　　 (2) 시험에 떨어지기 십상이다
　　 (3) 쓰러지기 십상이다
　　 (4) 사고가 나기 십상이다
　　 (5) 배탈이 나기 십상이다

02 (1) 건조해지기 십상이다
　　 (2) 시험을 망치기 십상이어서
　　 (3) 살이 찌기 십상이다
　　 (4) 오해를 받기 십상이다

【 −잖아(요) 】

01 (1) 히로미는 내일 오잖아요
　　 (2) 왕홍은 공부를 잘하잖아요
　　 (3) 일찍 일어나라고 했잖아요
　　 (4) 조심하라고 했잖아요

02 (1) 멀잖아요
　　 (2) 못 먹잖아요
　　 (3) 돈이 없잖아요
　　 (4) 있잖아요

【 −더라고(요) 】

01 (1) 아름답더라고요
　　 (2) 살이 많이 쪘더라고요
　　 (3) 그만두었더라고요

02 (1) 키도 크더라고요
　　 (2) 매고 있더라고요
　　 (3) 잘 어울리더라고요
　　 (4) 쉽더라고요

【 −(으)ㄹ 걸 (그랬다) 】

01 (1) 전화할 걸 그랬어요
　　 (2) 안 볼 걸 그랬어요
　　 (3) 살 걸 그랬어요
　　 (4) 일기예보를 볼 걸 그랬어요

02 (1) 다음에 볼 걸 그랬어요
　　 (2) 다른 것을 살 걸 그랬어요
　　 (3) 미리 할 걸 그랬어
　　 (4) 다른 길로 갈 걸 그랬어

【 −만 못하다 】

01 (1) 예전만 못해요
　　 (2) 앞에 한 사람만 못해요
　　 (3) 안 한만 못해요
　　 (4) 참석을 안 한만 못해요

02 (1) 즐기는 사람만 못하다
　　 (2) 안 한만 못하다
　　 (3) 가까운 이웃만 못하다
　　 (4) 안 한만 못하다

【 −다니요?/−라니요? 】

01 (1) 배탈이 났다니요
　　 (2) 술이라니요
　　 (3) 지진이 났다니요
　　 (4) 헤어졌다니요

02 (1) 좋았다니
　　 (2) 되었다니
　　 (3) 취소가 안 된다니

【 −기 나름이다 】

01 (1) 생각하기 나름이다
　　 (2) 노력하기 나름이다
　　 (3) 가르치기 나름이다
　　 (4) 결정하기 나름이다

02 (1) 노력하기 나름이에요
　　 (2) 하기 나름이에요
　　 (3) 찾기 나름이에요
　　 (4) 생각하기 나름이에요

【 −(으)ㄹ래야 (으)ㄹ 수가 없다 】

01 (1) 만들래야 만들 수가 없다
    (2) 앉을래야 앉을 수가 없다
    (3) 마실래야 마실 수가 없다
    (4) 일찍 일어날래야 일어날 수가 없다
    (5) 먹을래야 먹을 수가 없다

02 (1) 읽을래야 읽을
    (2) 들어갈래야
    (3) 이사갈래야 이사갈 수가 없어서

---

3. 기타

【 −에 따라(서) 】

01 (1) 문화에 따라서 다르거든요
    (2) 성능에 따라 달라요
    (3) 회사에 따라 달라요
    (4) 선생님에 따라 달라요

02 (1) 대통령에 따라
    (2) 성적에 따라
    (3) 크기에 따라
    (4) 기준에 따라
    (5) 기준에 따라

【 −(으)로 인해(서) 】

01 (1) 불면증으로 인해
    (2) 수질 오염으로 인해
    (3) 식중독으로 인해
    (4) 스트레스로 인해
    (5) 폭설로 인해

02 (1) 무리한 운동으로 인해 건강을 해칠 수 있습니다
    (2) 식습관으로 인해 눈이 나빠지고 있습니다
    (3) 패스트 푸드로 인해 비만이 증가하고 있습니다
    (4) 주인공으로 인해 인기가 많은 것 같습니다

【 −에다가 】

01 (1) 금고에다가
    (2) 창문 옆에다가
    (3) 경찰서에다가

02 (1) 밥에다가 물을 말아 먹었어요
    (2) 까만색에다가 하얀색을 섞으세요
    (3) 티셔츠에다가 코드를 입었어요
    (4) 된장찌개에다가 물을 넣으세요

【 −은/는 말할 것도 없고 】

01 (1) 히로미 씨는 얼굴이 예쁜 것은 말할 것도 없고 성격도 좋다
    (2) 여행을 못 가는 것은 말할것도 없고 쉬지도 못하다
    (3) 남편이 없는 것은 말할것도 없고 남자 친구도 없다
    (4) 밥을 못 먹는 것은 말할것도 없고 물도 못 마시다

02 (1) 똑똑한 것은 말할것도 없고 착하기까지 해요
    (2) 만원은 말할것도 없고 천원도 없어요
    (3) 인기가 많은 것은 말할것도 없고 멋있잖아요
    (4) 착한 것은 말할것도 없고 키도 커

실전문제 정답

I 이거 모르면 떨어진다. (최다빈도)

1. 간접화법

p.15

01 ①　　　02 ④　　　03 ①

2. 사동
3. 피동

p.20

01 ②　　　02 ④　　　03 ②

4. 높임

p.24

01 ②　　　02 ④　　　03 ②　　　04 ③

5. 연결 표현

p.50

01 ①　　02 ④　　03 ③　　04 ④
05 ②　　06 ②　　07 ③　　08 ②
09 ④　　10 ②　　11 ④　　12 ②
13 ①　　14 ④　　15 ③　　16 ③
17 ①　　18 ②　　19 ②　　20 ①
21 ②　　22 ④　　23 ④　　24 ③
25 ②　　26 ③　　27 ①　　28 ③

p.76

01 ③　　02 ③　　03 ②　　04 ①
05 ①　　06 ②　　07 ②　　08 ④
09 ③　　10 ①　　11 ②　　12 ①
13 ②　　14 ①　　15 ③　　16 ①
17 ④　　18 ③　　19 ③　　20 ③

21 ④　　　22 ①　　　23 ④

6. 종결 표현

p.95

01 ④　　02 ①　　03 ②　　04 ①
05 ④　　06 ②　　07 ③　　08 ④
09 ②　　10 ②　　11 ②　　12 ②
13 ①　　14 ③　　15 ④　　16 ③

7. 보조사

p.109

01 ④　　02 ④　　03 ③　　04 ④
05 ②　　06 ③　　07 ①　　08 ①
09 ④　　10 ②　　11 ①　　12 ④
13 ①

II 이거 모르면 불안하다. (고빈도)

1. 연결 표현

p.132

01 ②　　02 ④　　03 ①　　04 ④
05 ②　　06 ①　　07 ①　　08 ④
09 ④　　10 ④　　11 ③　　12 ②
13 ②　　14 ④　　15 ④　　16 ④
17 ③　　18 ④　　19 ①　　20 ①
21 ④　　22 ②

p.158

01 ②　　02 ③　　03 ①　　04 ②
05 ③　　06 ④　　07 ①　　08 ③
09 ②　　10 ②　　11 ③　　12 ④

III. 이것도 알면 고득점 (저빈도)

색 인

빈도별
토픽
문법
(개정판)